打开红色记忆

发扬光荣传统

迟浩田

湘江血泪

中央红军长征突破四道封锁线纪实

李涛 著

长征出版社
CHANGZHENG PUBLISHING HOUSE

图书在版编目（ＣＩＰ）数据

湘江血泪：中央红军突破四道封锁线纪实 / 李涛著.
— 北京：长征出版社，2012.10
ISBN 978-7-80204-748-8

Ⅰ.①湘… Ⅱ.①李… Ⅲ.①中国工农红军长征 – 史
料 Ⅳ.①K264.406

中国版本图书馆CIP数据核字(2012)第235281号

书　　名：湘江血泪：中央红军突破四道封锁线纪实
丛书策划：樊易宇　陈锡祥
作　者：李　涛
责任编辑：陈锡祥
编　务：芦　笛
监　制：张永超
出版发行：长征出版社
社　址：北京阜外大街34号 邮编：100832
电　话：68586781
经　销：新华书店
印　刷：三河市南阳印刷有限公司
开　本：787×1092 1/16
字　数：280千字
印　张：22
版　次：2012年11月第1版
印　次：2012年11月北京第1次印刷
定　价：49.80元
ISBN 978-7-80204-748-8

1934 年 11 月 25 日至 12 月 1 日，接连突破国民党军三道封锁线后的中央红军在兴安、灌阳、全州之间的湘江两岸，与国民党近 30 万"追剿"大军血战四天四夜，终于突破了蒋介石精心设计的第四道封锁线。

湘江之战，中央红军付出了惨重的代价。中央红军及中央机关长征出发时 8.6 万余人，经过湘江战役的损失加上此前通过第一、二、三道封锁线的损失，锐减到 3 万余人。湘江之战成为中央红军在长征途中战斗最为激烈、损失最为惨重的一次战役。

相对失败而言，成功总是更能获得人们的尊敬和认可，也会拥有更多的花环和掌声。但就其价值而言，失败的教训可能会比成功的经验更有价值，更为宝贵。从失败的血与泪的阵痛中总结出来的经验和教训，往往会比从成功中总结出来的更刻骨铭心，也更有价值。

一个人如此，一支部队如此，一个国家、一个政党亦然。

如果说长征是震惊寰宇的壮举，那么湘江血战便是这一壮举中令人瞩目的巨大红色惊叹号。它因惨烈、悲壮和辉煌而格外令人刻骨铭心。

今天，回顾这段历史，悲壮而厚重，带给我们无尽的遐思和启迪。

当我在浩瀚的史料中寻找那幅血与火、生与死、存与亡的历史画卷，寻找那段不朽传奇，同时更在寻找一个答案——在那生死存亡的绝境中，我们的先辈是以怎样一种大无畏的革命精神和坚忍不拔的意志，杀出一条血路，把中国革命的火种和希望带向前方？

前事不忘，后事之师。时值中共十八大召开之际，回顾 77 年前那悲壮的一页，不禁感慨万千——我们党走过的并非一条平坦大道，经历过苦难，遭受过挫折，甚至陷入过绝境。我们党为什么能绝处逢生，在挫折中奋起，从苦难走向辉煌？

就因为我们党能及时总结历史的经验教训，勇于纠正自己的错误，更敢于坚持经过实践检验的真理。

这也正是我写此书的初衷。

在写作过程中，参考了一批历史文献和当事人的回忆文章，得到了军事图书资料馆等单位和有关同志的大力支持与帮助，军事科学院刘志青研究员审阅了书稿，长征出版社原副总编辑陈锡祥为此书最终付梓作了艰辛的劳动，在此一并表示感谢。

由于本人水平，以及查阅资料等因素所限，书中难免有不当之处，恳请读者批评指正。

李　涛

2012 年 10 月于京西

目 录

前言

引子

第一章　惜别赤都 / 001

　　年仅 24 岁、连中央委员都不是的博古被王明选为接班人，推上了中共中央负责人的宝座，将"左"倾冒险主义路线在中央苏区"发扬光大"。宁都会议上，毛泽东被剥夺了红军领导权，中央苏区第五次反"围剿"的指挥大权掌握在博古和共产国际派来的军事顾问李德手里。在"御敌于国门之外"的错误战略方针下，红军以"堡垒对堡垒"，盲目地与蒋介石调集的 50 万强敌拼消耗，结果屡战失利，人越打越少，地越战越小，在苏区里打破敌人的"围剿"已毫无希望。"最高三人团"匆忙中决定放弃中央苏区，甚至连政治局委员都不清楚去向何方。1934 年 10 月，中央红军主力 8 万余人乘着夜幕，在萧瑟的秋风中告别苏区，悄然踏上了充满艰辛与危险的西征之路……

第二章 漫漫征程 / 023

在国民党将领中素以骁勇善战而著称的陈济棠,独揽广东军政大权,人送绰号"南天王"。面对中央红军日益临近的"大转移",愈发心神不定起来。因为在他心里阻敌"向南发展"的不仅仅是红军,当然还包括蒋介石的中央军。于是他请来了过去的死对头、素有"小诸葛"之称的桂军主将白崇禧共商大计。最终,"南天王"派人与红军秘密谈判,达成了借道协议。大战即开,陈济棠传令各部:敌不向我射击,不许开枪;敌不向我袭来,不准出击。于是,红军得以顺利通过了粤军防守的第一道封锁线,但红四师师长洪超不幸中弹牺牲,成为倒在长征路上的第一位红军高级指挥员……

第三章 曙光初现 / 047

担任中央红军长征左翼先锋的是善于机动、长于伏击的红一军团,军团长就是被蒋介石称为"战争魔鬼"并悬赏10万大洋通缉的、只有27岁的林彪。红军迅速逼近湘南,蒋介石大为震惊,急令粤军、湘军部署第二道封锁线。陈济棠虚与委蛇,再次为红军让出了前进的通道,气得老蒋破口大骂"娘希匹",发电训斥道:"此次按兵不动,任由共匪西窜,贻我国民革命军以千秋万世莫大之污点",责令着即集中兵力堵截,否则将执法以绳。李汉魂与自己的旧部下林彪在延寿打了一仗,战果不大却收获不少,蒋委员长终于弄清了红军的意图。为抢占九峰山,林彪和聂荣臻争吵了起来,彭德怀指挥红三军团轻取宜章城,红军没费太大气力就突破了第三道封锁线……

第四章　一箭三雕 / 073

眼见"剿共"大局已定，蒋介石踌躇满志，下庐山视察华北，继续兜售"攘外必先安内"之策。不料，红军弃苏区突围而去。蒋介石与众谋士冥思苦想，判断红军将去向何方。在得出红军西进实施战略转移的结论后，蒋委员长喜上眉梢，不仅红军"流徙千里，四面受制，虎落平阳，不难就擒"，而且又可借"追剿"红军之机，进一步削弱湘、粤、桂军势力，进而染指大西南，收拾黔、滇、川等地方军阀，以结束割据局面。于是，他打起了"一箭三雕"的如意算盘，亲自部署第四道封锁线——在湘江东岸构置一个以湘军和桂军两边夹击、中央军和粤军尾追配合的口袋式大包围圈。然而"大敌当前"，人人都有自己的如意小算盘……

第五章　各怀鬼胎 / 095

一向拥兵自重、尾大不掉的"小诸葛"白崇禧，深知"防共防蒋并举"的道理，但在重赏之下也险些上了蒋介石的当。桂军在桂北"四关"大修工事、高筑碉堡、张贴标语、散发传单、舆论宣传、坚壁清野，摆出一副与红军决一死战的架式。这时，一封从上海发来的密电，使白崇禧惊出了一身冷汗：老蒋果然没安好心，用的是"驱虎吞狼"之计，欲一举险三害。两害相较取其轻，在高参刘斐的协助下，桂军确定了"不拦头，不斩腰，只击尾"的送客方针，准备专从红军后卫部队上做文章，以便"送客"早走，敷衍蒋介石。眼见红军兵临城下，白崇禧下令"工事星夜挖去"，放开全（州）兴（安）灌（阳）铁三角，向红军敞开了湘江大门……

第六章　湘军善战 / 123

　　打游击出身的湘军统帅何键，一生反共，双手沾满了共产党人的鲜血，不仅枪杀过毛泽东的夫人杨开慧，还派人挖了毛氏祖坟。此番湘江会战，何键荣任"追剿"军总司令，统辖中央军、湘军、桂军和粤军数十万人马，好不威风得意，对委员长的栽培重用更是感激涕零，出奇地卖力，精心炮制了五路"追剿"计划。然而，何总司令却把与红军决战的地点放在黄沙河，看似无意实则有心。毕竟防堵红军不入湘境才是他的最终目的。在保境安民上，无论是粤军的陈济棠、桂军的白崇禧，还是湘军的何键都是一致的。白崇禧突然撤防，使得湘江防线出现了一个大漏洞。为阻止红军向湘境推进，湘军悍将刘建绪如同一台加足马力的战车，猛然起动了……

第七章　急转直下 / 145

　　红四、红五团飞兵百里，智夺道县城，粉碎了蒋介石利用潇水天堑围堵红军的企图。蒋介石调集了近30万重兵，在湘江东岸布下了一个绝杀之阵，只等红军来钻。心系红军危亡的毛泽东再三提出转兵建议，但均遭博古、李德的断然拒绝。红军连续突破了敌军的三道封锁线，洋顾问信心倍增，要在绝艰奇险中带领这支远征大军创造出无人可比的奇迹，亲自制订了四路入桂计划，以实现与红二、红六军团会合的计划，不料一头撞进了蒋介石早已布好的陷阱里。就在形势危急之时，白崇禧为保桂军实力，主动撤防，向红军敞开湘江防线。然而面对无人防守的全州城，李德犹犹豫豫，军委纵队如同"叫花子搬家"，两天才走了14公里，原本可以兵不血刃顺利渡过湘江的天赐良机，被轻而易举地丢掉了。于是，一场空前残酷的血战不可避免地打响了……

第八章　新圩血战 / 173

按照"不拦头，不斩腰，只击尾"的作战方针，在桂军日历上红军通过的第五天，白崇禧狠狠地杀了红军一个回马枪。没想到，对手竟是五年前百色起义中从桂军脱胎换骨出来的红五师，更为巧合的是，师长李天佑还是他的小同乡。红五师昼夜兼程抢在桂军之前占领了全灌公路咽喉——新圩，彭德怀电令李天佑要"不惜一切代价，全力坚持三天到四天"。一场惊心动魄、惨烈而又悲壮的血战就此打响。面对桂军七个团在飞机重炮掩护下的疯狂进攻，红五师仅以两个团顽强抗击了三天两夜，师参谋长胡浚、团长黄冕昌为苏维埃共和国流尽了最后一滴血。全师以伤亡三分之二的巨大代价，为军委纵队和后续军团撑开了一条渡过湘江的西进通道……

第九章　界首阻击 / 195

红军抢占界首渡口，"小诸葛"白崇禧一声令下，桂军蜂拥而至。小叫花出身的军团长彭德怀有着"红军中第一号善战的湖南人"之称，为确保军委纵队渡过湘江，别无选择，只能在光华铺背水结阵，拼死一搏。彭德怀的红三军团作风硬朗，能打硬仗，而白崇禧的桂军战斗力也不容小觑，一场惊天地泣鬼神的血战打响了。红十团一日之内竟有两位团长战死。彭德怀厉声命令：再给军委纵队发报，十万火急，迅速渡江！面对岌岌可危的局势，中革军委发出了"我们不为胜利者，即为战败者"的电文，用词之严厉前所未有。湘江岸边，顽强坚守阵地的红三军团将士们早已杀红了眼，赤膊上阵，挥舞着大刀，扑向敌人……

第十章　脚山之役 / 219

　　湘军从全州猛然扑向湘军，林彪捉襟见肘，要以三个团对抗四个师，而对手是不怕死的湘军。湘人好勇，自古便有"无湘不成军"之说，此番在家门口作战，更是恶如虎狼。正在打摆子的红四团团长耿飚，大吼一声：拿马刀来！冲入敌阵，只杀得浑身血肉模糊；红五团政委易荡平身负重伤，举枪自戕；在"保卫中央纵队安全渡江"、"保卫苏维埃新中国"的口号声中，英勇的红军将士用血肉之躯抵挡住湘军一次又一次的疯狂进攻。面对擅长穿插迂回、分割包抄的红一军团，湘军的穿插也十分凶猛，林彪的军团部差点儿被连窝端掉。向来披坚夺锐的红一军团，对自己的战斗能力还能支撑多久发生了动摇。一向沉稳的林彪下达了一道死命令：绝不允许敌人突破白沙铺……

第十一章　壮士扼腕 / 245

　　数万红军将士以鲜血和生命突破了国民党军第四道封锁线，湘江成为一条血洗的河，打得最苦的当属作为全军后卫的董振堂的红五军团。这是一支由宁都起义的冯玉祥西北军改编而成的红军主力军团，作风顽强坚韧、善打阻击。为掩护军委纵队和红军主力迅速渡江，董振堂紧咬牙关，凄然而悲壮地指挥着红五军团的将士们苦苦地支撑在后面，像一道铁闸般紧紧堵住尾追之敌。红三十四师被阻隔在湘江东岸，演绎了这支英雄部队的最悲壮的绝唱。身负重伤的师长陈树湘宁死不做俘虏，用力扯断了自己的肠子。最后过江的红八军团损失最为惨重，这支几乎全部用新兵组建的、毫无战斗经验的部队，溃不成军，折损五分之四，只剩下一千余人，被迫取消番号。军团政治部主任罗荣桓徒涉过江后，回头一看，不禁热泪盈眶——身后只剩下一个年龄很小的小红军，肩上居然还扛着一架油印机……

第十二章　转兵贵州 / 269

　　面对如血的湘江，年轻的中共中央负责人博古痛悔交加，想要以死谢罪。前所未有的惨败，令红军指战员们再也无法忍受"左"倾冒险主义者的瞎指挥，但李德、博古仍坚持与红二、红六军团会合的原定计划，硬要往蒋介石的口袋阵里钻。生死存亡之际，毛泽东终于不再沉默，连说三遍：要讨论失败的原因！长征路上中央纵队里两副著名的担架，竟承载了中国革命的前途和命运。通道会议上，"中央队三人集团"首先向"最高三人团"发难，毛泽东又有了发言权。红军转兵入黔，吓坏了"双枪将"王家烈，一封"请军电"给自己闯了个弥天大祸。黎平会议上，毛泽东力主在川黔边创建新根据地，得到赞成。失去兵权的李德大发雷霆，一向温文尔雅的周恩来向洋顾问发火了……

第十三章　三士争功 / 299

　　湘江一役，蒋介石取得了"剿共"以来最辉煌的战绩，却意犹未尽，连声叹惜：无异纵虎归山，数年努力，功败垂成！面对为保存实力、出工不出力的各路地方军阀，更是破口大骂，但也无可奈何。其实，这正是由他自己一手造成的。大战过后，委员长论"功"行赏，重奖湘军，"老虎仔"薛岳醋意大发，愤愤不平道：湘、桂军不是我们中央军监视压迫他们，一仗也不会打呀。"小诸葛"气得直骂娘，李宗仁也"义愤填膺"，既不能让红军进入广西，但也决不容许中央军的一兵一卒进入广西。清水关，桂军上演了一出"捉放曹"的好戏，领教了桂军厉害的中央军再也不敢踏入广西境内半步。一部精心拍摄、宣传桂军"追剿"战绩的影片——《七千俘虏》，在全国各地公开放映，导演便是白崇禧……

尾声　雄关漫道 / 319

在 1935 年辞旧迎新的鞭炮声中，中央红军强渡乌江，突破天险。守将侯之担弃城而逃，一路狂奔到重庆。蒋委员长龙颜大怒，下令：缉拿侯之担，以儆效尤。暂时摆脱了追兵的红军终于在遵义城豪华气派的柏公馆里，坐下来反思第五次反"围剿"失利的原因。在残酷的现实和血的教训面前，博古、李德再也无法继续掩盖他们的错误，红军再也不能容许他们"瞎指挥"了。遵义会议上，众望所归的毛泽东重新恢复了在党和红军中的领导地位，中国革命自此得救了……

参考书目 / 337

引 子

　　发源于广西壮族自治区灵川县海洋山西麓的湘江，自西向东蜿蜒而下，流经广西兴安、全州两县，在汉江入湘，经永州、祁阳、祁东、常宁、衡南、衡阳、衡东、衡山、株洲、湘潭、长沙、望城，由湘阴县芦林潭汇入洞庭湖。

　　湘江贯通湖南全境，又称湘水，正如它的名字一样，是一条名符其实的湖南"母亲河"。它滔滔南来，汩汩北去，不仅给予三湘儿女宁静、富饶和殷足的生活，更以其博大精髓哺育了湘人，赋予湘人无以匹敌的灵秀之气。千百年来，数不胜数的风流名士诞生在这片热土，书写了一个个传奇故事，如湘江之水般奔流不息……

　　正所谓：一湘定天下，湘水孕伟人。

　　1925年深秋，长沙城西湘江中的一个狭长的小岛——橘子洲上。

　　一位身着长衫、体形修长的年轻人，久久伫立在岸边。深秋的寒风从耳边吹过，滔滔的江水在脚下激荡、咆哮，不可阻挡地向北方奔流。

　　只见年轻人远望群山，近观水流，不禁雄心勃发，一股壮志豪情油然而生，长歌高吟……

　　独立寒秋，湘江北去，橘子洲头。看万山红遍，层林尽染；漫江碧透，百舸争流。鹰击长空，鱼翔浅底，万类霜天竞自由。怅寥廓，问苍茫大地，谁主沉浮？

　　携来百侣曾游。忆往昔峥嵘岁月稠。恰同学少年，风华正茂；书生意气，挥斥方遒。指点江山，激扬文字，粪土当年万户侯。曾记否，到中流击水，浪遏飞舟？

　　他便是一代伟人毛泽东。

　　当时，轰轰烈烈的大革命正在神州大地掀起一个又一个的高潮，共产党人领导的工人运动、农民运动如火如荼。

　　这年6月中旬，毛泽东创建了中国共产党在农村最早也是最坚强的支部之一——中共韶山支部。从此，韶山冲一片沸腾。平抑谷价、增加雇农工钱、减租、抵制日货，终日劳作的农民紫红的脸膛把韶山冲映得火亮火亮。

　　韶山的农民运动搞得红红火火，地主豪绅却如热锅上的蚂蚁，坐立不安。湖南省长赵恒惕电令湘潭县团防局火速缉拿毛泽东。幸亏得到开明绅士郭麓宾的通报，毛泽东才得以脱险，秘密回到长沙，就在赵恒惕的眼皮底下，向中共湘区委报告韶山农民运动的情况。

这一天，毛泽东来到了橘子洲头。

湘江，对毛泽东来说，具有一种无法言表的情愫，寄予了他多少梦想与希冀。他出生在湘江流经的湘潭县，青年时期又在湘江岸边的长沙城求学，可谓是生于斯长于斯。

1913年春，20岁的毛泽东给父亲留下了一首《出乡关》后，怀着寻求强国富民的梦想，走出韶山冲，考入了湖南第四师范学校。在这里，毛泽东如饥似渴地汲取新思想，探索救国真理；在这里，毛泽东与志同道合的朋友一起激扬文字、指点江山，创办了《湘江评论》，开始了伟大的革命生涯；在这里，毛泽东遇到了秀外慧中的杨开慧，演绎了一曲超凡脱俗的爱情之歌……

望着秋水澄澈、秋波碧透的湘江，毛泽东回想起当年风华正茂的师范生生活，回想起恩师杨昌济的谆谆教导，回想起与爱妻杨开慧一起评论时事的情景，由感而发，写下了这首气势磅礴的《沁园春·长沙》。

古语道：器大者声必宏，志高者意必远。那时的毛泽东意气风发，心比天高，视帝王将相如粪土，立志要主宰大地之沉浮。

"问苍茫大地，谁主沉浮？"这是何等的气魄！

这就是发生在1934年11月底至12月初的湘江战役！

惜别赤都

年仅 24 岁、连中央委员都不是的博古被王明选为接班人，
推上了中共中央负责人的宝座，
将"左"倾冒险主义路线在中央苏区"发扬光大"。宁都会议上，毛泽东
被剥夺了红军领导权，
中央苏区第五次反"围剿"
的指挥大权掌握在博古和共产国际派来的军事顾问李德手里。
在"御敌于国门之外"的错误战略方针下，
红军以"堡垒对堡垒"，盲目地与蒋介石调集的 50 万强敌拼消耗，
结果屡战失利，人越打越少，地越战越小，
在苏区里打破敌人的"围剿"已毫无希望。
"最高三人团"匆忙中决定放弃中央苏区，
甚至连政治局委员都不清楚去向何方。
1934 年 10 月，中央红军主力 8 万余人乘着夜幕，
在萧瑟的秋风中告别苏区，
悄然踏上了充满艰辛与危险的西征之路……

● 朱毛红军中没有了毛泽东

1934 年 9 月，硝烟弥漫的赣南战场，秋风萧瑟。中央苏区第五次反"围剿"斗争已进入到生死存亡之际。

就在一年前，蒋介石调集国民党军 64 个师又 7 个旅 50 余万人，空军 5 个航空大队 50 多架飞机，分为北路军、南路军、西路军及其他堵截部队，对中央苏区发动了规模空前的第五次"围剿"。

为"聚歼朱毛匪军于赣南地区"，蒋介石决心毕其功于一役，不仅请来以德军退役上将汉斯·冯·赛克特为首的军事顾问团，还在庐山举办军官训练团，按照"三分军事、七分政治"的原则训练参加"围剿"作战的各级军官，并精心炮制了"堡垒政策"。

此次卷土重来，蒋介石一改过去"长驱直入"、"分进合击"的战法，采用持久战和"堡垒主义"的新战略，层层修筑碉堡，逐步向苏区内部推进，最后寻找主力红军决战，用"竭泽而渔"的办法，达到消灭红军的目的。

庐山军官训练团旧址

这回，蒋委员长是一定要做出个样子来，以挽回历次"围剿"丢失的颜面。但他并不知道，此时的对手已不是神出鬼没、声东击西、善打游击战、令国军将士闻风丧胆的朱德和毛泽东了，而换成了中共中央临时负责人博古与共产国际派来的军事顾问——德国人李德。

前三次反"围剿"，红军在毛泽东、朱德的指挥下取得了胜利，第四次反"围剿"在周恩来、朱德的指挥下也大获全胜。可以说，红军已有了自己英明杰出的统帅，初步找到了打破敌人"围剿"的制胜法宝。客观地讲，第五次"围剿"规模空前，敌人又采取堡垒主义新战略，红军反"围剿"确实比前几次困难更大，但打破"围剿"的有利条件也很多。

蒋介石对日本帝国主义侵略采取不抵抗政策和集中人力、物力、财力打内战的反动政策，日益引起全国人民以及国民党军广大官兵的不满；国民党军队在数量上占很大优势，但各派系之间矛盾重重，难以协同作战。

红军的情况恰恰相反，中央苏区在接连取得四次反"围剿"胜利后，范围扩大到30多个县，苏区军民对打破敌人进攻的信心高涨；苏区的政权建设、土地革命和经济建设取得了很大成就，广大群众热烈拥护中国共产党和工农红军，支援革命战争；中央红军发展到10万人，地方武装也有5万人。

从敌我兵力对比上看，与前几次反"围剿"相差无几。如果有正确的领导和正确的军事战略，是有可能打破敌人的这一次"围剿"的。

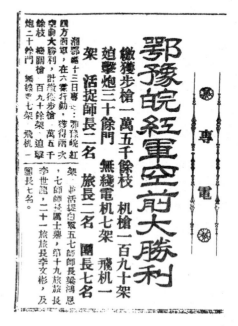

《红色中华》刊载的苏区反"围剿"胜利的消息

然而经过"残酷斗争、无情打击"后，毛泽东路线已被彻底摒弃。毛泽东本人也被剥夺了党和军队领导职务，只任中华苏维埃中央临时政府主席，专做地方工作。红军的指挥大权全部掌握在有着"黑面木偶"之称的博古手中，"左"倾冒险主义路线得以在苏区和红军中畅通无阻，贯彻执行。

1931年10月，年仅24岁、连中央委员都不是的博古，由于坚决拥护和执行王明"左"倾冒险主义路线，一跃而成为中共中央总负责人。

博古，原名秦邦宪，字则民，1907年生于江苏无锡一个书香世家。1925年加入中国共产党。1926年11月受党组织委派赴苏联学习。

这年12月，博古从海参崴登上了开往莫斯科的列车。当火车穿越一望无际的西伯利亚时，到处是白茫茫的草原和树林，到处都是严寒和冰雪。此时，博古的心里却是热血沸腾，一想到克里姆林宫上空的红星，就抑制不住想大喊大叫上几句。最后凭着顽强的毅力，博古战胜了严寒、饥饿和孤独，终于来到了莫斯科中山大学。在中山大学，他取俄文名"博古诺夫"，这便是化名"博古"的由来。

当时，中山大学的教授多数是托洛茨基派，第一任校长卡尔·拉狄克就是托洛茨基派的忠实拥趸者。博古到校时，正值拉狄克讲中国革命运动史的课。博古平生第一次从拉狄克的嘴里听到沙俄帝国主义对中国的狼子野心和晚清政府的腐败无能，认为拉狄克是位了不起的校长。

但没过多久，拉狄克因卷入托洛茨基与斯大林的权力斗争旋涡，丢掉了校长职务。原来的副校长、时年26岁的米夫接替了拉狄克。上任伊始，米夫就把托洛茨基派的教授一律免职，并在学校里建立了中国问题研究所，十分器重和信任他的中国弟子王明。

博古在苏联学习工作了4年，大大提高了马克思列宁主义理论水平，增强了为共产主义理想献身的坚强信念和为中国革命事业奋斗的信心与勇气。但由于他不了解中国革命的实际情况，回国后，特别是在担任中共中央总负责人期间，把学到的一套苏联革命的经验和理论，生搬硬套地推广到中国革命中去，给中国革命造成了严重损失。1945年，他在回顾苏联学习的情况时说：

"教条主义的思想方法，也就是在这个时期种上根。"

在中山大学学习期间，博古的另一大"收获"就是结识了比他高一届的王明等人，并以王明为核心，形成了一个由博古、凯丰（何克全）、何子述、洛甫（张闻天）等28个中国学生组成的小团体。

博古是一位天生的宣传鼓动家，声音响亮，配上大幅度的手势，演讲极富煽动力。

有"黑面木偶"之称的博古

而他的热情奔放也很快赢得了米夫的喜爱。

1930年5月，博古回国。当时，中共中央总书记是向忠发，实际负责人则是李立三。出于对中国革命现状的估计过高，这年6月11日召开的中共中央政治局会议，提出并通过了《新的革命高潮与一省或几省的首先胜利》的决议，犯了"左"倾冒险主义错误。

7月9日，中共中央机关在上海举行政治讨论会。博古第一个站出来批评李立三，接着何子述、王稼祥等一一发言，矛头直指李立三的"左"倾路线。最后，王明作了长篇发言，声称李立三犯了"托洛茨基主义、陈独秀主义和布朗基主义的混合错误"。

原来，从苏联回国不久的王明野心勃勃，早就想取代李立三，便事先与博古等人商量好，借机发难。

然而，大权毕竟还是掌握在李立三的手中。几天后，向忠发出面找王明、博古等人谈话，宣布对他们纪律处分，这反倒使博古跟王明贴得更近了。

几个月后，米夫以共产国际代表的身份来到上海，王明立即得势。不久，中共中央迫于米夫的压力，取消了对王明、博古等人的处分。

1931年1月7日，在中共六届四中全会上，王明一步登天，当上了中共中央政治局委员。曾与他"共患难"的博古自然受到重用，担任中国共产主义青年团中央总书记。随后，王明在远赴莫斯科前，把博古推上了中共中央总负责人的宝座。

王明让博古负总责，而不让他担任总书记，可谓用心良苦。其一，博古既是王明在中山大学的同学，其二，博古年纪轻、资历浅，斗争经验少，而对共产国际和王明又忠心耿耿，这非常有利于王明遥控指挥。其三，王明一旦从苏联回国，仍可以名正言顺地坐上总书记这把交椅。

于是，博古在中共党史上创下了两项迄今未止都不曾被打破的"纪录"：第一，他被指定为中共中央负责人时，连中央委员都不是，这样的"跃升"是前无古人、后无来者的；第二，他当时不过24岁，是中共历史上最年轻的领袖，人称"中共中央的小伙子"。

美国记者艾德加·斯诺在《红星照耀中国》一书里，是这样介绍博古的：

博古是我遇见过最有风度、有趣的中共领导人之一，也是政治局最年轻的成员。他个子较高，身材瘦长。确实，他总处在极度兴奋之中，动作急促而不协调，常常爱神经质的哈哈大笑，他的牙齿前突，眼睛外鼓，特别是透过深度近视眼镜，眼球好像向外突出。阿奇博尔德·克拉克尔爵士称他是"怪人"。他喜欢打网球，打扑克，他总是理着很短的寸头，好似一把硬刷子在头顶，他头脑反应很快也许比周恩来还要敏锐……

果然，王明的眼光不错，博古作为"总负责"，确实非常忠实地执行他的路线。博古有个外号叫"黑面木偶"。这是由于他动作幅度大、显得有点僵硬而得名。此时，他也确实有点"木偶"的味道——一举一动都受着身在莫斯科的王明的遥控。

王明的指示传入苏区主要是通过派"钦差大臣"及连接"上海——瑞金"之间的红色电台。

然而好景不长。随着蒋介石对中央苏区加紧"围剿"，并对处于白区的中共党组织进行疯狂地搜捕，设在上海的中共临时中央面临日益危险的困境。

1932年11月，国民党中统局上海行动区正式成立，特派员史济美（化名"马绍武"）坐镇上海，以侦破中共中央在上海的秘密机关为行动目标。中统局上海行动区逐日向南京递送《每日情报》，报告中共临时中央在上海的一举一动。

为此，中共临时中央规定了严格的联络暗号。白天，只有阳台上放着一盆作为暗号的红色的花，夜晚那间亮着灯光的房间的窗帘拉开一角泻出亮光，才表明是安

20世纪初期的上海

全的，可以进入联系。

在王明去了苏联后，周恩来、张国焘、项英、任弼时等人也相继奉命去了苏区，留在上海的中共临时中央成了空架子，经常在那里值班的只有博古和洛甫两个人。

1933年初，中共临时中央在上海越来越难以立足，遂决定迁入中央苏区。临行前，博古在上海另行组织中共上海中央执行局，作为中共中央的派出机构，由康生负责领导白区的工作。随后，博古与陈云一起，在秘密交通站的护送下，通过国民党的严密封锁，历经艰难曲折，进入了中央苏区。

至此，中共临时中央全部由上海迁入苏区。这样，原有的中共苏区中央局也就失去了存在的意义。最初，两者并存了一段时间，有时下达的文件联署"中共中央局、中共苏区中央局"。到了1933年6月，"中共苏区中央局"的字样消失了。这样，周恩来的中共苏区中央局书记的职务，也就随之消失。博古成为中央苏区的最高首长，很快就把党政军大权全部抓到自己手里。

毕竟博古只是一介书生，当10万红军命运的决策权，一下子落到了自己的手中，还是感到惶惑不安。他本人是凭借死记硬背一些马列主义教条和不折不扣地执行共产国际与王明的指令，才一跃而成为中共中央总负责人的。谈起理论，他口若悬河，滔滔不绝。但在军事上，却几乎没有任何实践经验。就连仅有的那点儿可怜的作战理论，也是在莫斯科中山大学时经短期集训所获得的。这种纸上谈兵的短训，对指挥10万红军将士打破蒋介石几十万大军的"围剿"毫无用处。

恰巧此时，密切关注中国革命的共产国际"雪中送炭"，派军事顾问李德来到了中央苏区。对不懂军事而寄希望于共产国际的博古来说，洋顾问的到来可谓正是时候。

后来的历史证明，李德给中央苏区和中央红军带来的不是福音，而是更为沉重的灾难。

顾问，顾名思义，不过是看看问问，是请来出主意想办法供主人参考的人。没承想，在敌军重兵围攻下，惶惶无主的博古却把这个顾问推到了前台，奉若神明。

对博古送上的红军指挥大权，狂妄自大的李德毫不客气，照单全收。上任伊始，他就把以前红军那套已被实践证明是行之有效的战略战术原则统统抛到一边，认为那不过是"游击主义"、"逃跑主义",并把它们斥之为"毛泽东的把戏"。取而代之地则是将李德过去的那点儿可怜的"街垒战"经验搬来了,把从苏联学来的那套东西原封不动地搬到了中国反"围剿"的战场上。

在军事指挥上有了洋顾问的鼎力支持,博古顿感底气十足,完全抛弃了毛泽东灵活机动的战略战术,提出"御敌于国门之外"的方针,企图以阵地战、正规战在苏区外克敌制胜,保卫苏区的每一寸土地。

这就好比是一局中国象棋,请来了一位国际象棋高手,还未弄清车马炮的关系便仓促上阵了。第五次反"围剿"的"棋局"处处被动、连连失利,乃至最终失败,也就不足为奇了。

反"围剿"作战打响后,虽然红军将士依旧英勇,军民士气依然高涨,但苏区却越打越小,红军也越打越少。正如毛泽东所说的:"这真是'乞丐要和龙王比宝',未免滑稽可笑!"

忧心如焚的毛泽东不顾自己抱病在身,也不管"左"倾教条主义者对自己的排斥打击,以革命事业为重,多次

1931年1月,中国共产党苏区第一次代表大会在瑞金召开
(主席台中坐者为毛泽东,右四为朱德)

提出正确主张:只有跳出敌人的"碉堡阵",才能打破"围剿"。

博古、李德等人嗤之以鼻,批评这是"脱离中央革命根据地的冒险主义",坚持"乞丐要和龙王比宝"。

比的结果,毫无悬念,自然是"乞丐"输了。

聂荣臻元帅在回忆录中写道:

第五次反"围剿"的失败,不是偶然的,而是战略错误,路线错误。是王明"左"倾分子在中央排斥了毛泽东同志正确路线领导的必然结果,是否定了一至四次反"围剿"制胜的积极防御方针,执行单纯防御方针的必然结果。

● 连政治局委员都无法得知的"机密"

到 1934 年 9 月上旬，中央苏区仅存瑞金、会昌、雩都、兴国、宁都、石城、宁化、长汀等县的狭小地区，人力、物力极度匮乏，红军损失惨重，失去了在内线打破国民党军"围剿"的可能。

毛泽东曾向"最高三人团"提出"以主力向湖南前进，不是经湖南向贵州，而是向湖南中部前进，调动江西敌人至湖南而消灭之"的建议。

具体计划是将红军主力全部集中于兴国方向突围，攻万安、渡赣江，经遂川以北的黄坳，走井冈山南麓，越过罗霄山脉中断——万洋山，迅速进入湖南境内。再攻灵县、茶陵、攸县，在衡山附近跨过粤汉路，到有农民运动基础的白果一带休整，补充兵员，尔后直取永丰，攻兰田或宝庆。在这一地区消灭"围剿"之敌后，返回赣南闽西。

反"围剿"斗争时期，红军写在墙上的标语

理由很简单，湖南中部一带，敌人还没有建成堡垒封锁线，力量也比较空虚；如果红军主力打过去，威胁敌人的战略要地长沙、湘潭、株洲，"围剿"中央苏区的敌人势必回援湖南，这就有利于红军寻找战机，在运动战中歼灭敌人，从而变被动为主动，扭转战局。

但博古、李德等人再次拒绝了毛泽东的正确建议，"打破第五次'围剿'的希望就最后断绝，剩下长征一条路了"。

面对敌人步步向苏区中心地域逼进，在兵日少、地日蹙的危急情况下，中共中央、中革军委开始考虑红军主力撤离中央苏区、实行战略转移的问题。这是关系到党和红军前途命运的重大问题，因此在很长一段时间里，都是机密中的机密。只有李德和政治局常委五个人知道，甚至在中央政治局会议上都没有讨论这个问题。毛泽东、朱德这些政治局委员，竟一点都不清楚。

许多年后，李德在《中国纪事》一书中回忆道：

突围成功的最重要因素是保守秘密。只有保守秘密，才能确保突然行动的成功，这是取得胜利的不可缺少的前提。因此，当时关于突围的传达范围只限于政治局和革命军事委员会的委员，其他人，包括政治领导干部和部分高级干部，只知道他们职权范围内需要执行的必要措施。但是从9月初开始，中央红军的军团已经陆续回到休整地点。9月底10月初，最后的决定作出后，这些军团被调到待命地点，同时，向主要干部进行了相应的传达，而中层和基层干部，不管是民政干部还是军事干部，直到最后还不知道上面提到的政治口号以及关于蒋介石企图大举进攻的情况说明，出发前一星期，他们才知道其中的含义。

李德所说的不假。9月3日，红一军团军团长林彪和政治委员聂荣臻在打完温坊战斗后，奉命率部回瑞金待命。聂荣臻回忆说：

周恩来同志找我们单独谈话，说明中央决定红军要作战略转移，要我们秘密做好准备，但目前又不能向下透露，也没有说明转移方向。

为准备这次战略转移，中央书记处决定由博古、李德、周恩来组成"最高三人团"。其中，政治决策权在博古手中，军事决策权在李德手中，周恩来的职责范围仅仅限于监督军事计划的实施，实际上相当于"总参谋长"。开会时，他们不用翻译。博古精通俄语；李德会讲德、英、俄三种语言；周恩来英语最为流利，法语、日语次之。他们用俄、德、英、汉四种语言，可自由地进行交谈。

虽说"最高三人团"是临时性的组织，但却是统一指挥苏区党、政、军、民一切事务的最高权力机构。这样，中央政治局和中革军委实际上已经没有了重大政治问题和军事问题的决策权，一切均由"最高三人团"说了算。撤离中央苏区、实行战略转移，如此重大的问题，自然也是由"最高三人团"研究后，一锤定音的。

随着历史的延伸，博古越来越深刻地认识到这是一次重大失误。正如1943年11月13日，他在延安中央政治局会议上发言时所谈到的：

"长征军事计划，未在政治局讨论，这是严重政治错误。……当时'三人团'处理一切。"

张闻天在《延安整风笔记》中也曾提到:

"当时关于长征前一切准备工作,均由李德、博古、周恩来三人所主持的最高'三人团'决定,我只是依照'三人团'的通知行事。

9月19日,时任中华苏维埃共和国人民执行委员会主席的张闻天发出《关于边区战区工作给各省各县苏维埃的指示信》,对战区、边区在"万一"失陷情况下的苏区工作作了具体的布置。

中华苏维埃共和国临时中央政府所在地——江西瑞金

十天后,也就是9月29日,中共中央又以张闻天的名义在《红色中华》报第239期上发表了《一切为了保卫苏维埃》的署名社论,指出:

为了保卫苏区,粉碎五次"围剿",我们在苏区内部求得同敌人的主力决战,然而为了同样的目的,我们分出我们主力的一部分深入敌人的远后方,在那里发动广大的群众斗争,开展游击战争,解除敌人的武装,创造新的红军主力与新的苏区……我们有时在敌人优势兵力的压迫之下,不能不暂时的放弃某些苏区与城市,缩短战线,集结力量,求得战术上的优势,以争取决战的胜利。四川红四方面军就是这样取得了空前胜利。而在有些地方,由于敌人堡垒的层层封锁线,使突破封锁线转移地区,保持红军主力的有生力量,以便在新的有利条件之下,继续粉碎五次"围剿",成为当时必要的任务,如鄂豫皖苏区就是由于这种转移,保持了实力,并取得了部分的胜利。

这个社论,实际上是中央红军准备实行战略转移的第一个公开信号。

至于为什么退出中央苏区、当前任务是什么、退到哪里去等问题,始终秘而不宣。中共中央、中革军委所下达的一系列命令、指示、通知,对这个问题的解释都是极其简单和笼统的,对这次转移的目的地,更是含糊不清,并多以"绝对秘密"为由,严禁向干部和部队传达,致使广大指战员毫无思想准备。到了月底,才在政治局和中革军委中进行传达,以至许多高级干部都不了解中央的战略意图。

时任中共中央组织局局长（不久又改称组织部部长）的罗迈（李维汉）回忆道：

> 长征的所有准备工作，不管中央的、地方的、军事的、非军事的，都是秘密进行
> 的，只有少数领导人知道，我只知道其中的个别环节，群众一般是不知道的。当时我
> 虽然是中央组织局主任，但对红军转移的具体计划根本不了解。第五次反"围剿"的
> 军事情况，他们也没告诉过我。据我所知，长征前中央政治局对这个关系革命成败的
> 重大战略问题没有提出讨论。
>
> 1934年7、8月间，博古把我找去，指着地图对我说，现在中央红军要转移了，到
> 湘西建立新的根据地。你到江西省委、粤赣省委去传达这个精神，让省委作好转移的
> 准备，提出带走和留下的名单，报中央组织局。他还说，因为要去建立新苏区，需要
> 选择一批优秀的地方干部带走，也让省委提出名单。听了博古的话，我才知道红军要
> 转移了。根据博古的嘱咐，我分别到江西省委、粤赣省委去传达。那时，江西省委书
> 记是李富春，粤赣省委书记是刘晓。

事实上，就连这次战略转移行动的最高决策者博古和李德他们自己也是"叫花子打狗——边打边走"，都不清楚明确的目的地，当然其他的人也就不会知道了。

据说出发前，博古对这次重大的军事战略行动还是有些茫然，曾很认真地问李德：

"我们的目的地究竟在哪里？"

红六军团部分人员合影

而李德的回答竟是：

"我们首先需要突围，至于突围后到什么地方去，说实话，我现在也不清楚，也许我们应该去找贺龙他们，或者去别的什么地方。"

因此有人猜测，将去湖南，或者江西的某地，或者是云南、四川、贵州，更多的人则认定是向西走。

理由很充分——就在两个多月前，任弼时、萧克、王震率红六军团离开湘赣苏区，正是西征向湘鄂西地区转移的。

● 走，还是留？

既然是战略转移，就不可能把所有人都带走，于是也就存在着人员的去留问题。

随主力西征，前途渺茫。但留下来，更是生死未卜。谁都清楚主力转移后，留守部队将面临几十万国民党大军的疯狂反扑。而且，留守部队16000余人中多数是伤员，有好多还是重伤员，根本不能参加战斗。这些人中受过正规训练的只有六七千人，其余的都是赤卫队员，很多人连枪都没有握过。十万红军主力尚不能保卫苏区，留下的这不足两万弱旅难道就能使苏区不陷入敌手吗？

答案是显而易见的。

同转移计划只有少数几个人知道一样，留守人员名单也是由"最高三人团"一手决定的。在研究留守名单时，军事方面的干部征求了周恩来的意见，其他方面只告诉他一个数字。关于高级干部去留的标准，基本上是以李德等人的个人好恶划线的。

第一个被考虑留下的是项英。项英时任中共中央政治局常委、中央政府副主席、中革军委代理主席，具有党、政、军全面工作经验，委任他为留守人员总负责，显然是最恰当的人选。项英临危受命，表示坚决服从。以后，项英在坚持南方三年游击战争中作出过重大贡献，但也有些失误。

第二个被列入留守名单的是江西军区司令员陈毅。一个多月前，陈毅在兴国前线指挥作战时负伤，坐骨碎裂，此时正躺在医院的病房里休养。

曾任中革军委代主席的项英

对于留下体弱多病的瞿秋白，许多同志表示了不同意见。周恩来找到博古等人，希望他们多些仁爱之心，再慎重考虑一下。但博古坚持，理由很简单——瞿秋白正患肺病，不宜长途行军。项英更是直言不讳：那是资产阶级的感情，在阶级的不可调和的你死我活的搏斗中，只有残酷的斗争和无情的打击，才是坚强的革命者的党性！

1943年12月，张闻天在延安整风时曾回忆说："瞿秋白同志曾向我要求同走，我表示同情，曾向博古提出，博古反对。"

另外，犯了"右倾机会主义错误"的何叔衡

被留下；江西"罗明路线"的代表人物——毛泽覃和古柏被留下。刘伯承因反对过李德的瞎指挥，也被列入留守名单。后经周恩来力争，才允许随主力红军转移。

据叶剑英回忆：出发前，秘密准备，搞了登记表。对干部都审查，对出身不好的，犯过错误的，起义过来的，分成三类，一类可以随队出发，一类留在苏区，一类杀掉。还有的被视作犯过错误的红军指挥员，是被捆绑着出发的，被编在劳改队里。

许多年后，李维汉也在回忆中写道：

长征前，干部的去留，不是由组织局决定的。属于省委管的干部，由省委决定报中央；党中央机关、政府、部队、共青团、总工会等，由各单位的党团负责人和行政领导决定报中央。决定走的人再由组织局编队。中央政府党团书记是洛甫，总工会委员长是刘少奇，党团书记是陈云。这些单位的留人名单，是分别由他们决定的。部队留人由总政治部决定，如邓小平随军长征就是总政治部决定的。我负责管的是苏区中央局的人。中央局有组织局、秘书处、宣传部。组织局还管妇女工作。中央局的秘书长是王首道，当时机要工作是邓颖超管的，李坚真也搞机要工作，他们三人都是随军长征的。

毛泽东全家为中国革命先后牺牲了六位亲人，弟弟毛泽覃是其中第三个牺牲的

中央政治局常委决定留下一个领导机关，坚持斗争，叫中央分局。成员有项英、陈毅、瞿秋白等同志，由项英负责。关于留人问题，我没有参加意见，也未过问，是由中央政治局常委讨论决定的。但我负有直接责任的有4个人，他们是毛泽覃、周以栗、陈正人、贺昌。

毛泽覃在组织局工作，我问过博古，是否让他走。博古不同意，我就没有带他走。以后毛泽覃在保卫苏区的战斗中牺牲了。对毛泽覃同志的不幸牺牲，我长期感到内疚。谢唯俊也在组织局工作，我把他带走了。

周以栗曾任红一方面军总政治部主任，是李立三领导中央工作时派去的。他是主张打长沙，攻打大城市的，后来毛泽东把他说服了，放弃了攻打长沙和大城市的计划。我在湖南时就认识他，而且很熟悉。1933年我到中央苏区时，他已在养病，没有工作。长征时，博古决定把他留下，我也同意了。

陈正人，原是江西省苏维埃政府主席，原来我不认识他，与他没有什么工作关系。我到苏区时他在养病，长征时，也被博古留下了。

贺昌，我对他很熟悉。立三路线时，他是北方局书记，六届四中全会时被撤职。长征前他负了伤，曾到我那里要求随军走。我问过博古，博古不同意。后来他牺牲了。

上述4个同志当时都在养病，没有工作，归组织局管。他们可以留下，也可以带走，病人可以坐担架长征嘛。他们如果不应该留而被留，我是负有一定责任的。虽然博古不同意他们走，但我是组织局局长，还有一定发言权，我可以争一下，但我没有争。

古柏，当时是江西省委决定把他留下的。我与古柏没有打过交道，但我曾在江西反对过邓（小平）、毛（泽覃）、谢（唯俊）、古（柏），我也是有责任的。古柏留在苏区，后来也牺牲了。

何叔衡留下，是博古他们决定的，我没有参与其事。除了苏区中央局机关归我管以外，我还分管中央党校，从这儿调来的干部归我负责，我把他们都带走了。长征时中央宣传部部长是潘汉年，我把这个部的正、副部长都带走了。

尽管自己的处境不佳，毛泽东对战友的生死去留挂怀于心，多次向中央领导人提建议。

博古等人曾想把王稼祥作为重伤员留在当地老百姓家养伤，毛泽东知道后马上提出反对意见，说王稼祥是中革军委副主席和红军总政治部主任，身负重任，必须随军行动。其他一些同志也提过同样建议，博古最后只好同意。

事后证明：王稼祥参加长征，是对党的集体领导的有力加强，对遵义会议的成功召开和长征的最终胜利发挥了重要作用。

瞿秋白、何叔衡、贺昌、刘伯坚等一批战友没能一同参加转移，毛泽东心情相当沉重，为他们留下后的命运而担忧。事实上，毛泽东就连自己的去留也把握不了。

据作家黎汝清在《湘江之战》中记述：带不带毛泽东长征，博古、李德和项英还颇费了一番斟酌。1934年10月7日夜晚，三巨头交换了对苏区中央分局的工作和去留的人事安排。项英叮咛博古、李德要"警惕毛泽东"和"注意周恩来"。

他们谈到，是周恩来提议毛泽东应该随军长征，因为他是中央红军的创始人，因为他雄才大略，高瞻远瞩，指挥娴熟，应该在红军中发挥作用。

李德、博古本来不同意毛泽东随军出发，他们怕毛泽东难于驾驭，怕他在红军中施加影响，夺回失去的权力，但他们反复权衡，认为带毛泽东长征利大于弊。毛泽东在军内已无职无权，中华苏维埃共和国主席在离开他的"共和国"后也毫无实际意义，他在路上起不了多大作用。如果把毛泽东留下，项英的苏区中央分局书记就可能当不稳，毛泽东很可能在苏区原来的深厚根基上东山再起。李德、博古不愿看到这个局面出现，宁愿冒着风险带毛泽东踏上长征路，置于自己的眼皮底下。

如此看来，毛泽东差一点被取消长征资格！

1933年6月，毛泽东在中央苏区八县贫农代表大会上讲话

事实的确如此。伍修权在《我的历程》一书中回忆道：

他们（指"左"倾冒险主义领导人——作者注）还打算连毛泽东同志也不带走，当时已将他排斥出中央领导核心，被弄到雩都去搞调查研究。后来，因为他是中华苏维埃执行委员会主席，在军队中享有很高威望，才被允许一起长征。

如果毛泽东没有参加长征，那中国革命将会出现什么样的情景呢？

历史就是历史，历史没有如果。

经过一番"认真"研究后，"最高三人团"最后决定的留守名单是：由项英、瞿秋白、陈毅、贺昌、邓子恢、张鼎丞、谭震林、梁柏台、陈潭秋、毛泽覃、汪金祥、李才莲等组成中共苏区中央分局、中央军区和中华苏维埃共和国中央政府办事处，项英任中央分局书记、中央军区司令员兼政治委员，陈毅任办事处主任，贺昌任军区政治部主任，统一领导留下的红24师和10多个独立团及地方部队共16000余人，以瑞金、会昌、雩都、宁都四县之间三角地区为最后基本的游击区和最后坚持阵地，继续坚持革命根据地的斗争。

果然不出所料，红军主力撤离后不久，国民党军就占领了瑞金，中央苏区全部沦陷。留下坚持斗争的许多人都相继英勇而悲壮地牺牲在敌人的屠刀下——

瞿秋白，中共早期的领导人之一。1935年2月24日在从江西转移到福建长汀时，与敌遭遇，不幸落入敌手，6月18日英勇就义。临刑前，他点燃了一支香烟，镇定自若地走向刑场，边走边用俄语高唱《国际歌》。

何叔衡，中共创始人之一，一大代表最年长者。他是与瞿秋白一起转移时，落崖受伤，被敌人发现后枪杀，实现了他"要为苏维埃流尽最后一滴血"的誓言。

贺昌，中共中央苏区分局委员、中央军区政治部主任。1935年3月率部向粤赣边突围，在江西会昌地区被敌军重兵包围，战斗中身负重伤，高呼"革命万岁"的口号，把最后一颗子弹射向自己的头部，英勇牺牲，年仅29岁。

中共一大代表——何叔衡

刘伯坚，赣南军区政治部主任。1935年3月4日在江西信丰与敌军作战时受伤被俘，临刑前写下著名的《带镣行》——"带镣长街行，志气愈轩昂。拼作阶下囚，工农齐解放"，当月21日英勇就义。

毛泽覃，中共中央苏区分局委员、闽赣军区司令员。1935年4月26日在江西瑞金红林山区与敌军作战中壮烈牺牲，成为第二个为中国革命献身的毛家人。国民党军得知他是毛泽东的弟弟后，便将毛泽覃的尸体运到瑞金示众，并在报纸上刊登照片，大肆宣传。

留下的人中牺牲的和失踪的还有许多许多……

● 红军依依惜别雩都河

根据"最高三人团"的计划，转移行动安排在 10 月底 11 月初实施。

不料，8 月下旬，中共中央上海局领导机关遭国民党破坏，领导人李竹声、盛忠亮被捕叛变。当时中央红军的各项重大行动都要报告共产国际，中共中央与共产国际的联系是通过上海局派人秘密送到苏联赴上海总领事馆，由领事馆用大功率电台发往苏联海参崴，再转往莫斯科。因此，蒋介石可能获知中央红军将向西突围的情报。

李德回忆道：

当时上海局的领导人李竹声和盛忠亮，在或者被枪杀或者叛变二者必居其一的情况下，选择了后一条路，投靠了国民党秘密警察。他们供出他们一切熟悉或者知道的情况，导致了白区很多领导干部被捕，中央和地方党的组织被摧毁，很多重要文件被丢失。

蒋介石很可能就是这样知道了红军的突围意图，幸好只是一个大体轮廓，因为具体的细节，特别是突围路线和日期，当时尚未最后决定，所以也没有告知上海局。从很多情况来看，蒋介石其实已经得到一些关于红军基本决定的情报。第一，我在上面已经提到，8、9 月份第六和第七军团开始突围以后，国民党在后方加强了封锁区的堡垒设置。第二，陈济棠突然递交停战声明。第三，我们从破译的电报中获悉，蒋介石指示把发动新的大规模进攻的日期提前了一个月。

在 9 月的最后几天中，蒋介石的主攻部队的确同时行动起来了。由于我们的侦察工作做得十分出色，党和军队的领导才能及时对计划作出相应的修改。

9 月 26 日，蒋介石一声令下，国民党"围剿"军主力发起总攻。第三、第十、第五纵队共 6 个师向石城攻击，第八纵队向兴国攻击，第七纵队向古龙冈攻击，第四纵队向长汀攻击，南路军向会昌进逼。

10 月 6 日晚，一份惊人的电报摆在"最高三人团"面前：石城失守，国民党军拟于 14 日总攻瑞金、宁都。

这时，中央苏区还有兴国、宁都、石城、宁化、长汀、瑞金、会昌、雩都等县之间地区，中央红军可以利用敌人暂时不敢长驱直入之间隙，让部队进行必要的休整和动员教育，然后突破敌人的包围，实行战略转移。

但博古、李德已是方寸大乱，匆忙中作出了从 10 日开始实行战略转移的决定。

军史上记载："这时，国民党军的行动仍十分谨慎，不敢长驱直入。但是'左'倾冒险主义领导者对于石城之失惊慌失措，他们没有足够的胆略利用敌人暂时不敢冒进的时机，对部队进行必要的动员教育，然后突破其包围圈，寻机作战"，"而是被敌人的气势汹汹所吓倒，匆忙决定退出中央苏区，向湘西实行战略转移。在转移中，他们又实行逃跑主义，致使红军又遭受严重的损失。"

7日，中共中央和中革军委命令红24师和地方武装接替中央红军主力的防御任务，主力集中瑞金、雩都地区，准备执行新的任务。

8日，中共中央给中央分局发出关于红军主力突围转移的训令，指出：

虽然我们取得了许多胜利，还只是部分的胜利，还没有能够最后的完全的粉碎敌人的进攻，在这一地区延迟了敌人的前进，但是敌人以极大的优势兵力侵入到了我们基本的苏区。现在敌人占领了石城，东西两路的敌人正向着汀州、兴国前进。这一形势下在为着保卫苏区与彻底粉碎敌人的五次"围剿"的继续作战的战斗方式上，在我们党面前摆着这样的问题，全部红军继续在苏区内部与敌人作战，或是突破敌人的封锁到敌人后面去进攻。很明显的，如果红军主力的全部照旧在被缩小的苏区内部作战，则将在战术上重新恢复到游击战争，同时因为地域上的狭窄，使红军行动与供给补充上感觉困难，而损失我们最宝贵的有生力量。并且这也不是保卫苏区的有效的方法。因此，正确的反对敌人的战斗与彻底粉碎敌人五次"围剿"必须使红军主力突破敌人的封锁，深入敌人的后面去进攻敌人……

9日，红军总政治部发布《关于准备长途行军与战斗的政治指令》，要求"加强部队的政治、军事训练，发扬部队的攻击精神，准备突破敌人的封锁线，进行长途行军与战斗"。

1934年10月9日，红军总政治部下发关于战略转移的政治训令

10日，中央军委发布行动命令，并要求"保守军事秘密，应加强警戒封锁消息，各部队机关一律用代字，极力隐蔽原来番号名称，关于行动方向，须绝对保守秘密，每日出发前须检查驻地不得遗留关于秘密的文字"。

奉命参加战略转移的红军部队有：红一、红三、红五、红八、红九军团。据《中国人民解放军军史》记载，各军团编制如下：

红一军团，军团长林彪，政治委员聂荣

臻，参谋长左权。下辖3个师：第1师，师长李聚奎，政治委员赖传珠；第2师，师长陈光，政治委员刘亚楼；第15师，师长彭绍辉，政治委员萧华。每师下辖3个团，连同新补充的2600多人，全军团共1.9万余人。

红三军团，军团长彭德怀，政治委员杨尚昆，参谋长邓萍。下辖3个师：第4师，师长洪超，政治委员黄克诚；第5师，师长李天佑，政治委员钟赤兵；第6师，师长曹德清，政治委员徐策。每师下辖3个团，连同新补充的2000多人，全军团共1.7万余人。

红五军团，军团长董振堂，政治委员李卓然，参谋长刘伯承。下辖2个师：第13师，师长陈伯钧，政治委员罗华民；第34师，师长陈树湘，政治委员程翠林。每师下辖3个团，连同新补充的1300多人，全军团共1.2万余人。

中央红军长征时发布的约法十章

红八军团，军团长周昆，政治委员黄甦，参谋长唐濬。下辖2个师：第21师，师领导机关由军团领导机关兼；第23师，师长孙超群，政治委员李干辉。第21师下辖3个团，第23师下辖1个团，连同新补充的1900多人，全军团约1.1万人。

红九军团，军团长罗炳辉，政治委员蔡树藩，参谋长郭天民。下辖2个师：第3师，师领导机关由军团领导机关兼；第22师，由粤赣军区划归红9军团建制，师长周子昆，政治委员黄开湘。每师下辖3个团，连同新补充的1300多人，全军团共1.1万余人。

中共中央、中央政府、中革军委机关和直属部队编为2个纵队，随军行动。

第一野战纵队由红军总部和干部团组成，称"红星"纵队。叶剑英任纵队司令员兼政治委员，钟伟剑任参谋长，王首道任政治部主任。下辖4个梯队：第1梯队由军委总部第1、第2、第3局及无线电3台、电话1排、通讯队、警备连、工兵连、运输两排组成，负责人彭雪枫；第2梯队由军委总部第4、第5局及总政治处、警卫营、红军总政治部、医务所、运输1排组成，负责人罗彬；第3梯队由军委工兵营、炮兵营、运输1大队、附属医院组成，负责人武亭；第4梯队由干部团、医务所、运输1排组成，负责人陈赓、宋任穷。其中干部团是由红军大学、公略步兵学校、彭杨步兵学校、特科学校合并组成，陈赓任团长，宋任穷任政治委员，毕士悌任参谋长，莫文骅任政治部主任。下辖4个营，第1、第2营为步兵营，第3营为政治营，第4营为特科营。另有上级干部队（简称上干队），分指挥科、政治科等，属干部团指挥。博古、李德、周恩来、朱德等随该纵队行动。

第二野战纵队由中共中央机关、中华苏维埃中央政府机关、后勤部队、卫生部门、总工会、青年团等组成，称"红章"纵队。罗迈任司令员兼政治委员，邓发任副司令员兼副政治委员，张宗逊任参谋长，后为张经武、姚喆代理，邵式平任政治部主任。毛泽东、张闻天、王稼祥等随该纵队行动。

中央红军长征出发地、二万五千里长征零公里处——中复村（钟屋村）

美国作家哈里森·索尔兹伯里在《长征——前所未闻的故事》中公布的数据是："根据花名册上的数字，一九三四年十月八日红军的实际人数为八万六千八百五十九人"，其中红一军团19880人，红三军团17805人，红五军团12168人，红八军团10922人，红九军团11538人，军委第一纵队4695人、第二纵队9853人。以上5个军团和2个纵队组成中央红军战略转移的野战军。

既然是突围转移，就应该轻装简行。但在撤离中央苏区时，博古、李德等人不仅下令带上了众多非战斗人员，而且将中共中央和中央政府直属兵工厂制造枪弹的机床、出版报纸刊物的印刷机、医院的X光机、印钞机等各类笨重机器，成包成捆的图书文件，甚至桌椅板凳和整担整担的苏区钞票都搬上了。为携带这些"坛坛罐罐"，雇请了上千名挑夫，加上中央教导师和各单位原有人员，组成了庞大而笨重的运输队伍，肩挑人抬，构成了一个流动着的"共和国"。

斯诺在《西行漫记》中写道：

兵工厂拆迁一空，工厂都卸走机器，凡是能够搬走的值钱东西，都装在骡子和驴子的背上带走，组成了一支奇怪的队伍……

索尔兹伯里在《长征——前所未闻的故事》中写道：

几千名挑夫（一天付一块银元），挑着苏区大量的财物——印刷机、纸币镌版、造子弹的机器、重新装填空弹筒的压床、爱克斯光机、满载重要（及不重要）文件资料的箱子，红军储备的银元、金条、大米、药品、备用的枪炮、收发报机、电话设备、大卷的电话线，等等。毛泽东后来说："就像大搬家一样"。艾德加·斯诺则称之为"整个国家走上征途"。

时任中央教导师特派员的裴周玉回忆道：

这些担子，有用稻草捆绑的机器部件，小件的三五个人抬着，大件的要十来个人才能抬得动；有用青的、蓝的、灰的、黑的、绿的各色破布包扎捆绑的大包裹，战士们用肩扛或用扁担挑着走；有用锡铁皮、木板或竹片制作的各式箱子，两个人一前一后抬着走。这些东西夹在队伍中，弄得队不成队，行不成行，拖拖沓沓，全师拉了足有十几里长。当天下午6点从高围出发，经麻地、宽田，第2天上午10点才到达洛口，16个小时，行程50华里。

军史是这样记载的：

1934年10月10日，中共中央、中革军委率第一、第二野战纵队，乘着夜幕，分别由江西瑞金田心、梅坑、九堡地区出发，悄然踏上了充满艰辛与危险的西征之路。
尽管中央机关和红军转移的决定只在极小的范围内传达，但还是迅速在苏区军民中传开了。雩都河畔，成千上万的男女老少伫立在渡口边，手里提着鸡蛋、糯米团等各种食品和草鞋、布鞋、雨伞，等候在路旁，为他们最可亲的人送行。

聂荣臻在回忆录中是这样记述当时的情景的：

一军团的部队，是十月十六日以后，先后离开瑞金以西的宽田、岭背等地，告别了根据地群众，跨过于都河走向了长征之途。过于都河，正当夕阳西下，我像许多红军指战员一样，心情非常激动，不断地回头，凝望中央根据地的山山水水，告别在河边送别的战友和乡亲们。这是我战斗了两年十个月的地方，亲眼看到中央根据地人民为中国革命做出了重大的牺牲和贡献，他们向红军输送了大批优秀儿女，红军战士大多来自江西和福建，根据地人民给了红军最大限度的物质上和精神上的鼓励和支持。想到这些，我不胜留恋。主力红军离开了，根据地人民和留下来的同志，一定会遭到敌人残酷的镇压和蹂躏，我又为他们的前途担忧。依依惜别，使我放慢了脚步，但"紧跟上！紧跟上！"由前面传来的这些低声呼唤，又使我迅速地走上了新的征程。

湘江血泪

时任红一军团第 1 师第 1 团团长的杨得志几十年在他的回忆录中记下了这样难舍的一幕：

以往，部队的指战员们听说要上前线，不用动员也会"嗷嗷"地叫起来。但这次出发，气氛却截然不同。虽然当时谁也不知道这是要撤离根据地；谁也不知道要进行一次跨越十一个省的万里长征；谁也不知道此一去什么时候才能转回来，但那种难舍难分的离别之情，总是萦绕在每个人的心头。

赶到雩都河边为我们送行的群众中，除了满脸稚气、不懂事的小孩子跑来跑去，大人们脸上都挂着愁容，有的还在暗暗地流泪。老俵们拉着我们的手，重复着一句极简单的话："盼着你们早回来呀！"连我们十分熟悉的高亢奔放的江西山歌，此时此地也好像变得苍凉低沉了。我难以忘怀的是，那些被安排在老乡家里治疗的重伤员和重病号也来了。他们步履艰难地行走在人群之间，看来是想寻找自己的部队和战友，诉诉自己的衷肠……

在博古、李德等人的指挥下，红军采取"甬道式"队形，红一、红三军团为左右前卫，红九、红八军团掩护左右两翼，红五军团担任后卫压阵，中央和军委机关及直属队编成两个纵队居中。

一送里格红军，
介支个下了山，
秋雨里格绵绵介支个秋风寒。
树树里格梧桐叶落尽，
愁绪里格万千压在心间。
问一声亲人红军啊！
几时里格人马介支个再回山？
……

中央红军长征出发时经过的瑞金武阳桥

望着周围熟悉的一景一物，听着耳边愁绪的江西民歌，红军将士们的心中无不感慨万千，回想几个月来，为保卫苏维埃政权与敌人殊死拼杀，如今却要从这里撤退，真不知如歌中所唱的"几时里格人马介支个再回山"？

当时，谁也没有想到会走向何处，更没有人想到这一去竟会是十几年，这一走竟会是二万五千里，并在人类历史上产生了空前无比的影响。

漫漫征程

在国民党将领中素以骁勇善战而著称的陈济棠，
独揽广东军政大权，人送绰号"南天王"。
面对中央红军日益临近的"大转移"，
愈发心神不定起来。
因为在他心里阻敌"向南发展"的不仅仅是红军，
当然还包括蒋介石的中央军。
于是他请来了过去的死对头、素有"小诸葛"之称的
桂军主将白崇禧共商大计。最终，"南天王"派人与红军秘密谈判，
达成了借道协议。大战即开，陈济棠传令各部：
敌不向我射击，不许开枪；敌不向我袭来，不准出击。
于是，红军得以顺利通过了粤军防守的第一道封锁线，
但红四师师长洪超不幸中弹牺牲，
成为倒在长征路上的第一位红军高级指挥员……

● 骁勇善战的"南天王"

10 月 16 日,奉命转移的中央红军各部队在雩都河以北地区集结完毕后,于次日分别从雩都、华桥、潭头圩、赖公庙等 10 个渡口南渡雩都河,向突围前进阵地开进。

按照中革军委的预先部署,红军将突围行动的突破点选定在南线粤军防区,计划抢在蒋介石部署新的包围圈之前,向湘鄂西方向转移,实现与贺龙、萧克的红二、六军团会合之目的。

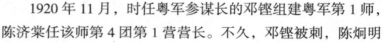

防守南线的粤军主将便是 20 世纪 30 年代独揽广东军政大权,进行封建割据,保持广东半独立局面长达 8 年之久,有"南天王"之称的陈济棠。

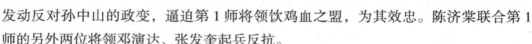
"南天王"陈济棠

陈济棠,字伯南,国民党陆军一级上将。1890 年 2 月生于广东城防(今属广西)。1907 年入广东陆军小学,次年经广东革命先驱、陆军小学教官邓铿介绍加入同盟会。辛亥革命后转入陆军速成学校步兵科,毕业后在广东地方部队任职。

1920 年 11 月,时任粤军参谋长的邓铿组建粤军第 1 师,陈济棠任该师第 4 团第 1 营营长。不久,邓铿被刺,陈炯明发动反对孙中山的政变,逼迫第 1 师将领饮鸡血之盟,为其效忠。陈济棠联合第 1 师的另外两位将领邓演达、张发奎起兵反抗。

1923 年,陈济棠升任第 1 师第 2 旅旅长。1925 年 7 月,粤军第 1 师扩编为国民革命军第 4 军,即北伐战争中著名的"铁军"。陈济棠任该军第 11 师师长,率部参加了第二次东征陈炯明和南征邓本殷战役。1926 年兼任钦廉警备司令。

陈济棠在国民党将领中素以骁勇善战而著称。当时,桂系军队强悍无比,又有人称

参加东征的官兵

"小诸葛"的白崇禧指挥，更是目空一切，但却数败于陈济棠之手。

1929年蒋桂战争后，败退回广西的李宗仁、白崇禧、黄绍竑倾全桂之兵向广东进攻。粤军徐景唐率第5军在广东起兵响应，直逼广州。时任第八路军总指挥的陈济棠以保境安民为号召，动员全部粤军同桂军决战。他采取各个击破的战术，大败桂军，统一了广东全省，并乘胜追至广西边境，占据梧州，扼制了广西唯一通向海口的咽喉。

随着军事上的节节胜利，陈济棠积极扩军，在极短时间内便将粤军由1个师扩充为5个师。

一年后，中原大战全面爆发。李宗仁、白崇禧、黄绍竑、张发奎为策应北方的阎锡山、冯玉祥，挥师北上，入湘作战，占领长沙，前锋直抵平江、岳阳。陈济棠则率部入湘，支援蒋介石作战。

6月10日，粤军攻占桂军战略后方重地衡阳，将其拦腰斩断。桂军首尾不能兼顾，被迫放弃长沙，回师返攻衡阳。衡阳之战，双方皆倾其精锐，战况空前惨烈。桂军遗尸遍野，被毙伤俘12000余人。

战后，李宗仁万分痛心地说：

"衡阳久攻不下，而敌人援军云集。……不得已，再向广西撤退，情形狼狈不堪。官兵对战事都十分消极，情况的艰窘，实我军作战以来所未曾遇过的。"

陈济棠的勇猛令蒋介石刮目相看，与桂军数度交战更是取得了蒋的信任。尤为重要的是，在反共问题上，他也同蒋介石一样，是毫不含糊的。

1927年，蒋介石在上海发动"四·一二"反革命政变。正在苏联考察的陈济棠立即回国，亲自向蒋呈报反苏反共的意见，称"共产党是本党的反对党，是危害本党的唯一敌人"。

同年9月，南昌起义部队进入广东，陈济棠与薛岳等粤军将领率部驰赴潮汕阻击，与叶挺、贺龙部主力在汤坑东南的白石遭遇。结果激战三昼夜，起义军伤亡2000余人，被迫退出战斗。

此役后，陈济棠愈加见重于蒋介石，升任国民党军第4军军长，随后任广东各部队编遣特派员。

为笼络住陈济棠，蒋介石也是不惜血本，专门指定中央政府将粤税收全部拨给陈济棠作军费。广东为富庶之区，税源甚丰，加上广西梧州税款，陈济棠每月可收入大洋500万元以上。按当时的标准，每师每月的军费为大洋30万元。而粤军不过5个师，只需大洋150万元，剩余超额的经费足够陈济棠再养11个师！

李济深

然而，陈济棠尽管骁勇善战、积极反共，但在善于玩弄权术、一心想削弱地方军阀势力的蒋介石眼中充其量不过是一颗棋子。

在陈济棠之前，掌握广东大权的是他在粤军第1师的老上司——李济深。

身为广西人的李济深政治上属于粤系，但私人感情却偏向桂系。他利用乡土关系，长期与桂系结为一体：广东支援广西军费，广西支援广东兵力。粤桂两省密切配合，使蒋介石无法插手。

常言道：堡垒往往是从内部瓦解的。老谋深算的蒋介石深知其理，决定从派系甚多的粤军内部找出一颗棋子打入其间，拆散粤桂联盟。

这颗棋子便是陈济棠。

陈济棠果然没有辜负蒋介石的期望，在蒋桂战争中取代了李济深，成为新一代"南天王"。作为对蒋介石的回报，陈济棠率粤军数败桂军。粤桂两家从此结怨，联盟土崩瓦解。

能够取代李济深独霸广东，陈济棠自然不是一个只会拼杀的草莽武夫，也绝非蒋总司令手下驯驯服服、点头哈腰的小马仔。

陈济棠深知自己不是蒋介石的嫡系，因为拥蒋反桂，才取得了"南天王"的地位。但靠蒋介石搞掉了别人的人，最怕蒋介石再用别人来搞掉自己。故上台伊始，陈济棠与蒋介石之间的貌合神离、同床异梦，乃至于反目成仇、兵戎相见便不可避免地出现了。

中原大战后期，随着桂军节节败退，陈济棠陷入了进退两难的境地。一方面，他对蒋介石感激涕零；另一方面，又唯恐蒋介石在收拾了桂军后，回过头来吃掉自己。在反复权衡利弊后，陈济棠决定效仿他的前任李济深，重建粤桂联盟。于是便采取消极避战的策略，任由桂军退守广西，同时派出秘使与李宗仁、白崇禧联系，表示修好。就这样，在防共防蒋问题上同病相怜的一对冤家，因为共同的利害关系又由敌人变成了朋友。

正如一位史学家所言：国民党的失败，决非败于智商，却有一个高于智商的因素——平衡。

一时间，宁、粤、桂三方势力相互制衡。陈济棠也因此牢牢地坐稳了"南天王"的宝座。1931年，陈济棠扩编所部为第1集团军，自任总司令，并接管驻广东的海、空军，连同陆军，总兵力达15万之多，独霸广东，成为一方诸侯。

这年2月，蒋介石把国民党元老胡汉民扣留在南京汤山。消息传到广州，军政各界无不震惊。

几天后，蒋介石由南京发来"解释电文"，声称：

"胡先生对国民会议，坚持主张不得议及约法，恐因此引起党内无穷纠。日晚特与详细讨论，胡先生以政见纷，不合，欲辞本兼各职，并欲择地静居，谢见宾客，故于本日往汤山暂住。乃闻谣传扣留，殊觉失实。"

此文欲盖弥彰，反倒证实胡汉民确已被蒋介石囚在汤山了。

陈济棠与胡汉民本有师生之谊，感情自然容易冲动。加之胡派首脑古应芬等人，

陈济棠（右）、李宗仁在两广事变中，宣誓反蒋

上窜下跳，煽风点火。不久，广州等地便掀起反蒋高潮。

4月30日，国民党四位中央监察委员邓泽如、林森、萧成弗、古应芬以通电形式发布"弹劾蒋中正提案"。

5月3日，陈济棠率先发表响应通电。李宗仁、白崇禧、张发奎、唐生智等人亦发出响应通电。孙科以调解宁粤争端为名南下，到香港后与汪精卫合流，相继抵达广州。

27日，广州组织国民党中央执行委员会非常会议，通过国民政府组织大纲，推汪精卫、孙科、唐绍仪、古应芬、陈济棠、李宗仁、李烈钧、唐生智等为国府委员，成立国民政府。次日，发表宣言并对蒋介石发出最后通牒，限于24小时内即行引退。

12月15日，蒋介石被迫下野。这便是著名的"宁粤分裂"。

1932年宁粤之争弥合后，陈济棠与蒋介石"重归于好"，任国民党中央执监委员会西南执行部和国民党政府西南政务委员会常务委员、广东绥靖公署主任，以"均权分治"的幌子，行拥兵自重、军阀割据之实，将广东搞成半独立状态，妄想永踞"南天王"宝座。

可惜好景不长。随着红军的日益强盛和苏区的不断扩大，蒋介石接而连三地发动对苏区的"围剿"作战，陈济棠的宝座开始晃动了。

粤北紧邻中央苏区，英勇善战、战术灵活的红军则是陈济棠长期畏惧的力量。

7年前在汤坑与南昌起义军血战的一幕，一直萦绕在陈济棠的脑海里，挥之不去。当时双方为争夺一块高地互相投掷手榴弹，谁也不肯退去。战至第三日黄昏，双方在均付出了上千人伤亡的代价后，同时撤退。如今，红军已发展到10万人，又有了巩固的根据地，其战斗力早已今非昔比。这怎能不叫陈济棠后怕呢？

在内心里，陈济棠既不希望共产党过于强大，也不热衷于参与蒋介石的"围剿"

漳州战役后，红一军团指战员在漳州码头合影

行动。在他看来，正是有闽赣红军拖住蒋介石的主力和隔断蒋介石从江西进攻广东之路，广东才得以偏安一时。从某种意义上讲，共产党的根据地就是他防堵蒋介石的中央军进入广东的一道屏障。

更为关键的是，从第一次"围剿"中央苏区开始，陈济棠就看出蒋介石乘"围剿"红军之机，借刀杀人、兼并异己的毒计。但若公然抗命，不参加"围剿"，就会给蒋介石兴师问罪的把柄。陈济棠自知论政治、军事、经济实力，绝非蒋介石的对手，更知自己对蒋反复无常，由拥蒋、反蒋到"分庭抗礼"，蒋绝不会轻易放过他。因此，陈济棠对蒋介石始终保持高度警惕，采取若即若离态度，避免与蒋翻脸，发生直接冲突。

与其他地方军阀一样，陈济棠能高居"南天王"之位，在粤境地面称老大，很大程度上是赖于他的粤系"子弟兵"。正因如此，他视地盘和实力为性命；也正因如此，他一切行动的准则是以保存实力和地盘为基点的。从这点上讲，在共产党和蒋介石之间，他是既防共又防蒋。

思前想后，陈济棠决定依旧采取"剿共与防蒋并举"的策略，既派兵参加"围剿"苏区，但又绝不能远离广东，同时避免与红军过多纠缠，以防蒋介石的中央军乘虚南下，袭取广东。

1932年2月，红三军团围攻赣州，守城的第34旅一再告急求救。在蒋介石连电督促下，陈济棠极不情愿地派范德星旅驰援。结果范旅遭到红军打援部队的伏击，损失了两个营。而蒋介石的嫡系干将陈诚则率部乘机突破红军拦截，解了赣州之围。

陈济棠白白丢了两个营，痛心不已，对部属谆谆叮嘱：

"今后与红军作战要特别慎重，各部均以固守为主，不要轻易出击。"

● 问计"小诸葛"

1933 年秋，蒋介石坐镇南昌，亲任"剿匪"军总司令，苦心筹划对中央苏区的第五次"围剿"。

此次进攻中央苏区的国民党军总数为 64 个师又 7 个旅，共计 50 余万人，分为北路军、南路军、西路军及其他堵截部队。其中，南路军下辖粤军 11 个师又 1 个旅，陈济棠为总司令，筑垒扼守赣粤边境之武平、安远、赣县、上犹地区，阻止红军南进及渡江西进，并逐步向筠门岭、会昌地区推进，协同北路军作战。

对陈济棠来说，阻敌"向南发展"的不仅是红军，当然还包括蒋介石的中央军。于是，他一面积极调兵遣将，摆出要与红军决一死战的架式；一面又严令所部要慎重行动，不得轻易出击。

见南线粤军只喊不打，迟迟不出击，蒋介石大为恼火，三番五次严令陈济棠率南路军进剿出击。但陈济棠仍旧我行我素，虚与委蛇，采取"你敲你的锣、我打我的鼓"的应付策略，和红军保持着相对平静，静观其变。

此次"围剿"，国民党军一改以往的轻率冒进，一边筑碉堡，一边紧缩包围圈，屡屡得手，步步进逼。而红军在中共中央总负责人博古和共产国际派来的军事顾问李德的"左"倾冒险主义的错误指挥下，试图以"堡垒对堡垒"、"短促突击"来打破敌人的进攻，结果接连失利，根据地日益缩小。

1934 年初，反蒋的福建政府垮台，十九路军迅速溃败。蒋介石嫡系部队李玉堂第 3 师部立即调闽南边界，对广东构成威胁。

这时，蒋介石双管齐下，对陈济棠威逼利诱，一方面以粤糖免税办法为诱，另一方面在军事上进一

国民党军修建碉堡，对中央苏区进行第五次大规模的"围剿"

步威胁，摆出一副出兵粤境的架势。

陈济棠苦思冥想后，认为红军主力元气大伤，且重点布防在北线，南线的红军多为地方部队，不仅人数少，战斗力也较弱，可以打一打，弄出点战绩，也好向蒋介石交差。

4月中旬，陈济棠借北线蒋军大举进攻广昌之机，以李扬敬第3军为骨干，增编为南路军第二纵队，共投入2个军、1个独立师、1个航空大队和1个重炮团的兵力，向寻乌、安远、重石、清溪、筠门岭等地区发动猛烈进攻。

筠门岭，东临福建，南瞰广东，北距会昌55公里，距红色首都瑞金只有100公里，是水陆交通要道，粤赣边区的重镇，也是历来兵家必争之地。

在粤军大举进攻筠门岭时，老奸巨猾的陈济棠深恐驻粤东兵力抽调后，蒋介石嫡系会乘虚突袭，便授意李扬敬夸大驻寻乌、筠门岭地区的红军人数，向蒋虚报。并借机增调第2军第5师加入第二纵队，名为加强前线作战，实为增强粤东兵力，以防蒋军突袭。

坚守筠门岭的是红22师。该师是一支新成立的部队，1933年6月由红23军改编而成，下辖第64、第65、第66团，共8000余人。

在"左"倾冒险主义的错误指挥下，红22师与数倍于己的粤军打起了阵地战、堡垒战。虽浴血奋战数日，但终因伤亡过大，被迫撤出筠门岭，留给粤军一座空城。

进占筠门岭成为粤军参加第五次"围剿"中央苏区以来的第一次"重大胜利"，陈济棠大肆宣扬，向蒋介石请功。

蒋委员长心知肚明，但在"围剿"的关键时刻还需要利用地方军阀为他冲锋陷阵，于是传令嘉奖粤军，赏大洋五万元，并命粤军乘胜追击，直捣会昌，以配合北线夺占广昌。

蒋介石的心思，陈济棠自然也是一清二楚，赏钱收下，至于"直捣会昌"，还是免了吧。

中华苏维埃共和国临时中央政府所在地——江西瑞金

4月28日，历时18天的广昌战役结束。此役，国民党军借助碉堡、飞机、大炮的掩护，以伤亡2400余人的代价，攻占了素有中央苏区"北大门"之称的广昌。而中央红军在"左"倾错误指挥下，以"短促突击"与强敌大打阵地战、堡垒战，虽作战英勇顽强，但自身伤亡惨重，多达5500余人，约占红军参战总兵力的四分之一。

占领广昌，也就打通了通往中央苏区腹地瑞金之门，蒋介石欣喜若狂，急忙调整部署，指挥各路"围剿"大军气势汹汹地合围上来，欲全歼红军。

眼见"围剿"作战形势风云突变，陈济棠又坐不住了。

综合近期多方情报，他察觉到红军有突围实施战略转移的动向。而蒋介石又不怀好意，想借此时机逼迫红军进入粤境，这一点陈济棠早有思想准备。第五次"围剿"的部署本来就是北重南轻。在北面，蒋介石先后集中了40多个师的重兵，步步为营向南推进，明显是要把红军压入粤境。

如今红军转移的迹象日益明显，被迫入粤的可能性也越来越大。试想如果10万红军倾巢入粤，决非粤军所能力敌。螳螂捕蝉，黄雀在后。蒋介石数十万中央军紧随红军入粤，广东数年之经营成果必然灰飞烟灭，毁于一旦。

想到这些，陈济棠心情不定，愈发紧张起来。

于是，他请过去的死对头、有"小诸葛"之称的桂军主将白崇禧来粤，共商大计。

粤桂之间在历史上素有恩怨，既有李济深时期的联盟，又有陈济棠时期的血战，但在防共防蒋问题上，却一直是同病相怜，可谓"同仇敌忾"。

白崇禧来粤后，马不停蹄，旋作赣南之行，经赣州、南康、大庾（今大余）、信丰、安远等地，最后经筠门岭返回广州，历时月余。

广州，粤军司令部作战室。

陈济棠召集军参谋长以上诸将官，端坐会议桌前认真聆听白崇禧对形势的分析。

白崇禧站起身来，环顾四周，操着浓重的广西口音，慢条斯理地说：

"伯南兄，健生不虚此行啊。就目前形势而言，蒋介石采纳了德国军事顾问的意见，对共匪采取了碉堡政策，使共匪的根据地逐步缩小。这一战略战术，已收到了显著的效果。如果共匪继续留在江西，将会遭到防地越缩越窄的失败危险。如果要求生路，必须突围。至于共匪突围的方向，这是个关键问题。"

长于分析的白崇禧，一席开场白就把当前的形势讲得相当透彻，立即抓住了在座粤军将领们的中枢神经，纷纷竖起耳朵听。

白崇禧转身走到巨幅军事地图前，边指着地图边侃侃而谈：

"从地形判断，共匪以走湖南和广东的可能性较大。由南康、新城一带可入湘南；由古陂、版石一带可入粤北。根据当地防军汇报，近日在韩坊、古陂等地，每隔十日左右，常发现有共匪军官乘骑，少者五六人，多者七八人，东张西望，用望远镜进行地形侦察，这很可能是共匪准备突围的象征。至于共匪突围的时机，我估计在秋冬之间，那时正是农民收获季节，可以解决粮食问题，否则千里携粮，为兵家所忌。"

红军写的"彻底粉碎敌人第五次围剿"的标语

陈济棠大为信服,暗想:

"这个白健生果然了得,此番精辟之言,将共军转移的方向和时间分析的有理有据,不负'小诸葛'之名啊!"

粤军诸将也有如拨开浓云重见日之感,纷纷点头称是。

见陈济棠仍是眉头紧蹙,一副忧心忡忡的模样,白崇禧便问:

"伯南兄,你意如何呀?"

陈济棠不无担忧地说:

"健生兄分析得极是。但共匪如果从粤境突围,问题就大啦,能否堵住他们尚未可知。如果堵住了,我们的实力也要耗去十之七八,蒋介石收拾我们易如反掌;如果我们不能堵住,蒋介石便会驱军掩杀过来,我们同样难免厄运。"

白崇禧微微一笑,说:

"伯南兄言之有理,这正是我们要商榷的。"

说到此,白崇禧故意卖了一个关子,不再继续说下去,而是笑眯眯地看着在场诸将。

陈济棠知道白崇禧肯定是有了良策,忙问:

"那依健生之见呢?"

白崇禧胸有成竹地说:

"这叫做夹缝中求生存之道。就目前的处境而言,当侧重一个'防'字。置重兵于边界各线,广筑坚固工事,达到让共匪知难而退、寻找新的突围方向的效果,最好让共产党觉察你的意图,如能彼此心照不宣而各行其是,当为上乘之策。"

说完,白崇禧冲陈济棠笑了,笑意中充满着自得。

陈济棠也会意地笑了,他自然明白白崇禧所说的"让共产党察觉你的意图"是指与共产党谈判。此后，他果真把白崇禧的话奉若圣旨，采取了其后数十年秘而不宣的行动。

其实早在这一年3月，陈济棠即以南路军总指挥的名义，对所属部队重新进行了调整和部署，以第1军置于西路主要方向，重心在于防止红军向南突围。这种调整和部署颇见"南天王"的心机：

第1师第1团移驻重石，第2团移驻新田，师部和第3团移驻古陂，教导团移驻版石；第2师主力则仍驻信丰及王母渡方向；第4师驻防赣州及南康；第3师接替桂军第44师驻防安远；独立第3师驻防韶关、乐昌、连县、南雄等地。

在东线的粤赣闽边境，陈济棠则以李扬敬第3军一字排开，最前端伸至与苏区鸡犬相闻的筠门岭。

至此，粤军从安远至信丰再到赣州构筑了一条完整的封锁线，并突出了安远、信丰段。

粤军按部署移防后，陈济棠又督令各部大筑坚固工事，依山傍水垒石结寨，摆出一副固守架势，同时尽可能避免与红军发生大规模的冲突。

不仅如此，陈济棠还默许所部与红军在经济上有一些暗中来往。

当时蒋介石对中央苏区实施"经济围剿"，苏区所必需的食盐、布匹、药品等物资十分缺乏，价格昂贵。陈济棠的一线部队指挥官颇具经济头脑，看到了其中的商机，便和当地豪绅串通，偷偷将食盐、布匹、药品贩入苏区，牟取暴利，狠狠地赚了一笔。

对渴中求水的红军而言，这自然是件巴不得的事。

● 有道是：没有永远的敌人，也没有永远的朋友

1934年4月，粤军进占筠门岭后，陈济棠采纳了白崇禧的建议，立即停止交战行动，开始寻觅建立与红军的直接联系。

的确，中国人是特别睿智的民族，如果能够达成适当的安排，是决不会执意非兵戎相见不可的。中国传统的兵家之道尤其推崇外交，《孙子兵法·谋攻篇》云："上兵伐谋，其次伐交"。在中国历史上的许多大战中，都始终贯穿着斗智斗谋的激烈角逐，同时还伴随着丰富多彩的外交活动。

但凡出色的政治家、军事家都很清楚：在外交上没有永远的敌人，也没有永远的朋友，只有永远的利害关系。因此，取得外交的成功，对自身的生存和发展都是至关重要的。

周恩来，这位新中国成立后的首任外交部长，就是一个天才的外交家。他深知在错综复杂的中国政治棋局中，蒋介石并不总是万能的。由地方军阀和政治掮客排列组合成的万千世界，联合也好，结盟也罢，无时不在变化之中。地方军阀们担心蒋介石一旦过于强大，自己的地盘被吞掉，财路就会丧失。对他们而言，无论是蒋介石还是共产党变得过于强大都是他们所不愿意看到的。如果和共产党搞交易可以捞到好处，他们又何乐而不为呢？何况他们中间有些人也很爱国，对共产党建立抗日统一战线的爱国主张表示欢迎。

经过长征到达陕北的周恩来

从南线粤军的种种迹象间，周恩来把准了陈济棠的脉搏，并在随后与陈济棠谈判中又一次显示出高超的外交才能。

7月底，周恩来派专使秘密潜入广州，辗转和陈济棠接上了关系，向他宣传"中国人不打中国人，枪口应一致对外"的道理。

陈济棠正巴不得红军有此一举，便爽快答应，表示赞成中共在三个条件下"同全中国武装队伍联合起来共同抗日"的主张，愿意通过谈判来协调双方的关系。

双方经过谈判，很快就达成了停战协议，并建立了秘密通讯联系。

9月，国民党北路军、东路军向中央苏区核心地带逼近。陈济棠即派出一个称为

"李君"的代表，秘密赴苏区面见朱德，要求举行秘密谈判。

红军此时正在寻找战略转移的突破口。

两者一拍即合。朱德立即给陈济棠复信，同意谈判。

时任粤赣军区司令员兼政治委员的何长工回忆道：

一九三四年，大概是秋天，陈济棠派来了姓李的代表，此人系黄埔学生，来到我们中央苏区，要求和我们谈判。因我是南线红军的负责人之一，并提议由我担任我方军事全权代表。之前军委主席朱德即致信陈济棠，首先申述民族主义和建立抗日反蒋统一战线的必要性。信中说："华北大好山河，已沦亡于日本，华南半壁亦岌岌可危。中国人民凡有血气者，莫不以抗日救国为当务之急。陈等深知为达此目的，应与国内诸武装部队做作战之联合，二年前苏维埃政府即宣告，任何部队，如能停止进攻苏区，给民众以民主权利及武装民众者，红军均愿与之订立反日作战协定"。它对协定具体提出了如下几条。这就是：

一、双方停止作战行动，而在赣州沿干河至信（丰）而龙南、安远、寻乌、武平为分界线。上列诸城市及其附近十里之处统归贵方管辖，线外贵军，尚祈令其移师反蒋。

二、立即恢复双方贸易之自由。

三、贵军目前及将来所辖境内，实现出版、言论、结社之自由，释放反日及一切革命政治犯。

中国工农红军北上抗日先遣队告农民书

四、真正切实实现武装民众，即刻开始反蒋贼卖国及法西斯阴谋之政治活动，并切实作反日反蒋各项准备工作。

五、请代购军火，并经（筠）门岭迅速运输。

如蒙同意，尚希一面着手实行，一面派负责代表来瑞金共同协商作战计划。日内得当派员至筠门岭黄师长处就近商谈……

对此，周恩来深表赞同：

"我们可以利用陈济棠的反蒋态度，我们必须吸取在十九路军问题上失败的教训。"

9月中旬，周恩来委派颇有谈判经验的何长工、潘汉年作为红军代表，从寻乌、平远两县交界处进入陈济棠的独立第1师第2旅防地。

何长工回忆道：

何长工

一九三四年九、十月间，忽接周恩来同志的通知，要我急去瑞金有要事相商。于是我迎着朝霞，策马扬鞭，急驰在绵水河畔的崎岖道路上。抵目的地后，周恩来同志亲切地握着我的手说："南天王"陈济棠电约我们，要举行秘密军事谈判，这很好，我们可以利用陈、蒋之间的矛盾。朱德同志已给陈复信。根据目前党的统战策略思想及政策，我们准备与陈谈判。我们商定，派你和潘汉年（公开职务为中共中央宣传部部长）为代表，到陈管区寻乌附近和陈派来的代表——第一集团军总部少将参谋杨幼敏及两个师长，一个是独立第七师师长黄质文，另一个是独立第一师师长黄任寰，举行密谈。

周恩来同志亲切而又郑重地对我说：长工同志，这是中央给你的重任，望你勇敢沉着，见机而作。他还向我交代可联络密语等项事宜。在场的军委副参谋长叶剑英同志，兴致勃勃地嘱托道：此去白区谈判，任务重大，谈成了，是很有益处的，要尽力而为；谈不成，也不要紧，关键是沉着灵活。于是，我们带着朱德同志署名的一封介绍信上路了。

信的内容是这样的：

黄师长大鉴：

兹应贵总司令电约，特派潘健行（即潘汉年）、何长工两君为代表前来寻乌与贵方代表幼敏、宗盛两先生协商一切，予接洽照拂为感！专此，顺致

戎祺

朱德手启

十月五日

当何长工、潘汉年赶到筠门岭赤白交界处的羊角水附近时，天色已晚，前来迎

接的是粤军独立第1师第2旅旅长严应鱼。

严应鱼，字碧生，广东省平远县仁居乡人。早年毕业于日本陆军军官学校炮兵科，长期率部驻守赣粤闽边，即寻乌、平远、武平三县交界处，是陈济棠的心腹爱将。

同何长工一见面，严应鱼就颇为感慨地说：

"何先生，我听到了你们的宣传，看到了你们的宣传，是啊，我们与贵军都是炎黄子孙，真不愿意看到中国人打中国人！"

与红军谈判事关重大，陈济棠极为小心，严应鱼也不敢大意，派其心腹旅参谋长兼军法处长韩宗盛负责接洽，并派特务连连长严直率全连负责警卫保护。

为掩人耳目，严直还为何长工、潘汉年专门准备了两顶花轿。四名轿夫原是湖南人，后来都落籍于平远仁居乡。其中一人名叫李春凌。许多年后，他回忆道：

何、潘俱"斯文"，和蔼可亲，轿到罗塘镇，何送给轿夫每人大洋一元。广东都行使"双毫"，见到大洋甚觉名贵，将它储藏不用。

沿途每遇岗哨盘问，严直就高喊：

"这是司令请来的贵客。"

哨兵自然不敢上前盘查。就这样，何长工、潘汉年在严直的护卫下，一路畅通无阻，来到平远县罗塘镇一处寂静的山村。

轿子在一幢崭新的两层小洋楼门前停下了。这里是独立第1师第2旅旅部所在地。

何长工、潘汉年住在二楼。陈济棠派出的代表——第3军独立第1师师长黄任寰、独立第7师师长黄质文及第1集团军总部参议杨幼敏就住在楼下。

第3军是粤军中陈济棠的基础。之所以做出这种安排，没有让常年防堵红军的余汉谋第1军参加谈判，自然是因为陈济棠深知这种谈判或成或败皆非同小可，不能不小心提防。

次日，在二楼一间不大的会议室里，密谈开始了。

经过三天三夜的谈判，双方终于达成了五项协议：

1. 就地停战，取消敌对局面；

2. 互通情报，用有线电通报；

3. 解除封锁；

4. 互相通商，必要时红军可在陈的防区设后方，建立医院；

5. 必要时可以互相借道，红军有行动事先告诉粤军，粤军撤离四十华里。红军人员进入粤军的防区用粤军护照。

为了保密，协议没有形成正式文本，而是由双方代表将协议各自记在了自己的笔记本上。

谈判即将结束时，何长工接到了周恩来的电报：

"长工，你喂的鸽子飞了。"

粤军代表对此很敏感，满腹狐疑地问：

"是否你们要远走高飞了？"

何长工平静而婉转地回答：

"不是，这是说谈判成功了，和平鸽上天了。"

其实，这是何长工与周恩来事先商定的密语：第五次反"围剿"遭到失败，红军已经决定实行战略转移。

何长工、潘汉年随即离开寻乌，返回会昌。当时中央军委机关已从瑞金的白石山转移到雩都去了，周恩来特地派人等候他们，并留下了一封信，要二人立即赶赴雩都。

在雩都，何长工、潘汉年向周恩来详细汇报了谈判情况。

周恩来异常高兴地说：

"这对于我们红军、中央机关的突围转移，将起重大作用。"

● 陈济棠沉思良久，下令："敌不向我射击，不许开枪；敌不向我袭来，不准出击"

借道协议的达成，不仅周恩来高兴，陈济棠也是喜上眉梢。

毕竟他的最终目的就是希望中央红军在突围时绕道而行，不要进入广东，那么蒋介石的中央军自然也就没有借口进入广东，乘机侵占他的地盘了。

欣喜之余，陈济棠为表示诚意，特向红军赠送步枪子弹 1200 余箱、食盐及医药用品若干，另外还送给红军几张军用地图，由巫剑虹的第 4 师负责运送至乌径附近交接。

为保密起见，陈济棠将协议内容只传达到旅以上军官，告知红军只是借路西行，保证不侵入粤境。考虑到协议不下达给团，怕下面掌握不好，于是他又增加了一道命令：

"敌不向我射击，不许开枪；敌不向我袭来，不准出击。"

这实际上就是在湘粤边境划定通路，让红军通过。

想当初，蒋介石将陈济棠当棋子用的时候，一定没有想到，他注定会输在这颗棋子上。

10 月初，红军主力部队秘密集结，行动虽然高度保密，但正所谓"没有不透风的墙"，国民党军还是从红军的频繁调动中嗅出了一些异样。

对"围剿"中央苏区、彻底"剿灭"朱毛红军成竹在胸的蒋介石，认为这只是红军实

陈济棠视察"剿共"部队

施小规模战术性部署调整，至多不过是对南线的粤军实施反击。这也正中他的下怀，因此并没放在心上。遂于 10 月上旬偕夫人宋美龄下了庐山，视察华北，频频接见军政大员，兴致颇高地畅谈"围剿"战绩，可谓风光异常。

10 月中旬，忽接东路军报告：称在占领瑞金后发现的资料中发现，红军主力有

西进的意图。蒋介石如梦方醒，原来红军的行动不是战术调整，而是战略转移；不是南下反击，而是西进突围。

蒋介石匆忙赶回南昌行营，召集他的谋士幕僚们商议对策，调动兵力，在红军的前进道路上设置封锁线，企图阻止红军突围。

经过一番深思熟虑后，蒋介石想当然地判断红军的行动方向定会从赣南入湘南或入湘南后出鄂皖苏区再北进，于是便急速调兵遣将，将阻止红军西进和北上的重点放在湖南。具体部署是：

以北路军第六路军总指挥薛岳率嫡系中央军吴奇伟、周浑元两个纵队组成"追剿"部队，对红军主力实施追击；令何键将西路军总部移至衡阳，除以一部继续"清剿"赣西红军外，湘军主力悉数调往湘南布防，并依湘江东岸构筑工事进行堵截；令南路军陈济棠将总部推至韶关，除以一部留置赣闽边"清剿"外，主力进至粤湘边乐昌、仁化、汝城间构筑防线进行截击；令桂系李宗仁、白崇禧的第4集团军将总部转至桂林，主力集中桂北，准备参加堵击作战。

蒋介石的基本意图是：以粤军、湘军正面封堵，桂军侧击，中央军跟踪追击，从而对中央红军形成了围追堵截的作战态势。

然而，蒋介石的部署终究慢了半拍。各路国民党军尚未开始行动，红军的突围行动已经开始。更令他始料不及的是，红军偏偏选择了广东作为突破口。而奉命进剿的南路军总司令陈济棠竟"私下通共"，早已与红军达成了"借道"协议。

国民党军的第一道封锁线就设在赣西南的安远和信丰之间，是由碉堡群筑成的，号称牢不可破的"钢铁封锁线"。这些碉堡群大都建于公路两旁、重要路口和山头，堡垒之间可以互相策应。碉堡多以砖石砌成，根据地形分一至三层不等。平时守军扼守在碉堡内，有无数枪眼可向外射击，称之为"乌龟壳"。当时红军的武器装备极差，尤其缺乏攻坚的重武器，这些碉堡对红军的军事行动妨害极大。

防守第一道封锁线的便是陈济棠的粤军。粤军沿桃江构筑的防线，位于赣州以东，沿桃江向南，经大埠、王母渡，转向东南，经韩坊、新田等地，共有4个师另1个独立旅。具体部署是：

第4师驻赣州、南康，第2师驻信丰、王母渡，第1师主力驻古陂、新田、重石、版石等地，独立第3师驻韶关、乐昌、连县、南雄等地，独立第2旅驻安远。

10月20日，中革军委发布命令：

（一）三军团未能赶到二十日的指定地点，其他各军团尚无报告。

（二）为保证各兵团行动之协调及同时动作，总攻击改在二十一日夜至二十二晨举行。

（三）三军团及其他未能按时抵达之各兵团，应于二十一日晨全部抵达指定地点（命令上二十日晨地点）。特别后方机关，不应在指定的后方分界线以北。

（四）已抵达二十日指定地点之各兵团，应隐蔽配置一日。

（五）各兵团利用二十日及二十一日应进行：

（a）加强侦察敌情与地形。

（b）肃清进攻出发地区与向前接敌地区之铲共团及可疑分子。

（c）最后制定进攻计划并准备攻击。

（六）各军团、各纵队应逐日报告自己行动及配置，各军团（除五军团）应于二十一日午前报告自己的进攻的决心。

（七）军委司令部二十一日仍至河［合］头。

随后决定，由王母渡、韩坊、金鸡、新田之间地区突破粤军封锁线，向湘南前进。具体部署是：

以红一军团为左路，攻击新田、金鸡之敌，向安息（今安西）、铁石口方向发展；

以红三军团为右路，攻击韩坊之敌，占领古陂，向坪石、大塘方向发展；红九军团在红一军团后跟进，红八军团在红三军团后跟进，分别掩护左翼和右翼安全；军委第一、第二纵队居中，红五军团殿后，掩护红军主力和中央机关前进。突围时间确定在 21 日夜至 22 日晨。

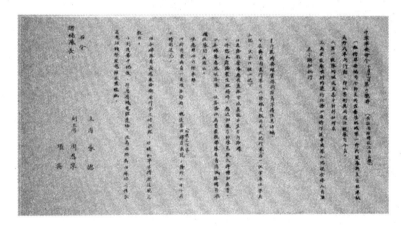

中革军委发布的长征命令

部队行动时，中革军委曾派人将红军所要经过的地点通知陈济棠，并声明只是借道西进，保证不入广东腹地。

陈济棠见红军突围不是向东南寻乌、武平，而是转向西南，从雩都经信丰，沿着大庚岭边缘进入广东边境，借路西行，心中窃喜，便令所部按协定在湘粤边境划定通路，让红军通过。为避免蒋介石起疑，仍装模作样，派出部队堵截，"沿途筑碉挖壕，架设枪炮如临大敌"，以示其执行蒋介石的"围剿"命令，而将主力集结于纵深，以便机动。

按照陈济棠的部署，粤军独立第3师、警卫旅各部在抵达乐昌、仁化一线后，主力布于百顺、二塘一线之南。

云南陆军讲武堂

独立第3师师长李汉魂在向几个旅长下达作战任务时，特意说明：陈总司令已同共党达成了协议，互不侵犯。共党只借道，不犯我广东境内。我方保证不截击。在粤湘、粤赣边境上划定通道为红军经过路线。

然后，李汉魂郑重告诫当时负责指挥警卫旅的少将副旅长兼第2团团长黄国梁：

"仁化一线，为我军前哨，估计红军大部要通过你旅防区。跟共党打仗好办，但要做到完全不接触，很不容易。因此，你们要加倍小心，一定要认真执行协议。同共党谈判之事，不必下传。敌不向我射击，我不开枪；敌不向我袭击，我不出击，要作为战场纪律执行。"

毕业于云南陆军讲武堂的黄国梁，早年投效孙中山领导的粤军，北伐战争后期出任顾祝同部第3师师长。蒋介石因怀疑他暗通桂系白崇禧，将其撤职。黄国梁只得远走南洋。回国后投靠了陈济棠，在粤军中任职。他对蒋介石恨之入骨，时常在言语间流露出不愿意与红军作战的情绪。

黄国梁曾多次对部下说：

"我与叶剑英在云南讲武堂同学几年，千万不要碰头打仗。"

接到互不侵犯的指令后，黄少将如释重负，心情无比舒畅，借故把一些平日憎恨共产党的军官统统留在韶关，不让他们上前线，并多方设法饬令下属避免与红军接触，让红军安全通过。

一日，黄国梁见到了粤军第1师参谋长李卓元。

李卓元见面就说：

"没有仗打了，但要求下面不打仗，也不是一件轻松的事。"

随后又说：

"已经同共产党达成协议，互不侵犯。共产党借路西行，保证不入广东境；我方保证不截击，在湘粤赣间边境划定通道，让红军通过……"

李卓元边说边指着军用地图，解释红军西行的通道——乌径、百顺、长江圩以北、城口、二塘。过了二塘，便脱离了广东边境。

说完，李卓元神色凝重地对黄国梁说：

"同共产党协议的事，不能向团长下达，但明确要求，共军不向我射击，不准开枪；共军不向我袭击，不准出击。总之，保持不接触。"

说到这里，李卓元轻声叹了一口气，不无忧虑地说：

"说不接触容易，要各级做到，可不容易啊！"

李卓元的担忧并不是多余的。在瞬息万变、你死我活的战场上，协议终归是协议。

由于保密缘由，陈济棠只将协议下达到旅以上军官。这便有了问题，他们既不能向团以下军官明确协议内容，但又要让他们执行协议规定，这是有一定难度的。因此，双方小的接触和碰撞也是在所难免的事。何况这是战场，虽然签订了协议，红军与粤军间仍有疑虑。我怀疑你是否真正让路，你怀疑我是否真不入粤境。既要小心翼翼，又是时不我待。协议第五条红军有行动时要事先告诉粤军，但在军情如火、军机贵密的时刻，就更不太可能了。

果然，红军突围一开始，各地便不断有战报传来。其中，左翼红一军团向金鸡、新田方向攻击前进，右翼红三军团向百室、韩坊、古陂方向攻击前进，军委总部进至合头地区。

当时奉蒋介石之命，粤军余汉谋的第1军和李扬敬的第3军均在封锁粤赣边境。而第1军第1师恰好卡在红军经过道路的要冲。

在获知红军大规模突围后，陈济棠急令余汉谋率军后撤，避其锋芒。余汉谋也自然明白总司令的心意，立即令第1师往大庾、南雄方向西撤，给红军让路。

命令虽快，犹有不及，小型的冲突还是难免的。

在第1师防区，师长李振球令第3团团长彭霖生率本部及教导团经月子岗取捷径撤往大庾，归军部直接指挥，自己则准备亲率师主力经安西向南雄后撤。

谁行，彭霖生一贯狂妄自大，认为红军大部队的行动不会那么快，可以打一场速决战，捞一把再走。但他低估了红军的速度。

10月21日，中央红军各军团按照中革军委的命令，发起突围战役，向粤军第1师的防区迅猛扑来。

22日，动作稍迟的彭霖生团和教导团被快速挺进的红一军团前锋分路合击，陷于无法脱离的困境。双方激战数小时，粤军不支，向安西逃跑，极其狼狈，损失很大。特别是教导团，在通过版石附近的山地隘路时，遭红军重创，最后逃出来时行李辎重丢失一空。

好在红军对后撤的粤军并未作深远追击，主力按照原定计划向信丰东南地域推进。

第1师撤回大庚后，余汉谋把彭霖生一顿痛骂。未几，教导团团长陈克华便因作战不力被撤职。

与此同时，驻守新田的廖颂尧第2团也遇到了麻烦。

该团刚刚开始行动，后尾部队即受到前进迅速的红军先头部队袭击。李振球忙派第1团一部前往接应，又令第2团迅速向古陂后撤。第2团退至古陂后，基本未作停留，慌忙会同师部向安西速撤，而留下第1团殿后。

谁知，第1团因想处理留下的武器弹药，耽误了时间，与红军先头部队接战。战斗持续到深夜，第1团才趁夜幕掩护撤往安西。但在安西刚刚停顿下来，红军先头部队又衔尾而至，双方复再接战，坚持到次日下午4点多钟，红军自行告退。

左路红一军团旗开得胜，右路红三军团却遇到了麻烦。

在进占古陂、坪石后，红三军团第4师师长洪超亲率前卫第11团向白石圩挺进，突遭粤军截击。洪超指挥红11团奋力反击，很快将粤军击退。为迅速摆脱敌军的堵截，洪超立即率部乘夜暗继续前进，不幸中弹牺牲，年仅25岁。

洪超，1909年生于湖北黄梅。1926年参加农民运动，次年夏入叶挺任师长的国民革命军第24师教导队学习，参加了南昌起义。1928年加入中国共产党。同年参加

参加长征的中央红军一部

湘南起义后到井冈山。曾任朱德警卫员、排长、红4军军部参谋。年底调到红5军，任军部参谋、中队长、大队长等职，深得军长彭德怀的赏识。1932年初任红5军第1师师长时，还不满23岁。洪超作战勇敢，参加过中央苏区第一至第五次反"围剿"。1933年3月在草台岗战斗中身负重伤，失去了一支胳膊。1934年1月调任红三军团第4师师长。在攻打沙县的战斗中，他指挥所部担任主攻，率先突入城中，立下首功，获中革军委授予的二等红星奖章。

许多年后，时任中央军委副主席的张震在接见《中国工农红军第三军团史》编委会成员时，曾深情地说：

"洪超是红三军团最年轻的师长，很会指挥打仗，他的牺牲是红军的重大损失。"

洪超是红军长征开始后牺牲的第一位师长。战友们将他葬在江西信丰白石圩村较高的山坡下，没有立碑，也没有留下姓名。

22日，红三军团部队占领坪石、古陂。红八军团由王母渡渡过桃江，向坳头、大垅方向前进。

总的来说，粤军第1师确是主动后撤。该师为南线防堵中枢，位置一移，西南门户顿时洞开。

23日，中央红军以红九军团继续监视安西、信丰、安远三处之敌，主力转兵西进。红一军团绕过安西，与红三军团并肩疾速西进，直向桃江。

24日，红一军团主力占领铁石口等地，红三军团主力占领大塘铺等地，两军团的前锋部队占领桃江东岸，控制了渡口。当晚，各路红军先头部队渡江，抢占西岸要点，掩护主力过江。红三军团第5师占领江口等地，前锋进至梅岭关、中站；红一军团第2师向广东乌径方向推进，严密屏蔽着渡江通道。

25日，军委第一、第二纵队和其他红军部队从信丰南北全部渡过桃江，突破了国民党军的第一道封锁线。

第一道封锁线与其说是突破，不如说是通过。但绝大多数人是不会想到这其间的奥秘。

曙光初现

担任中央红军长征左翼先锋的是善于机动、
长于伏击的红一军团，
军团长就是被蒋介石称为"战争魔鬼"
并悬赏10万大洋通缉的、只有27岁的林彪。
红军迅速逼近湘南，蒋介石大为震惊，
急令粤军、湘军部署第二道封锁线。
陈济棠虚与委蛇，再次为红军让出了前进的通道，
气得老蒋破口大骂"娘希匹"，
发电训斥道："此次按兵不动，任由共匪西窜，
贻我国民革命军以千秋万世莫大之污点"，
责令着即集中兵力堵截，否则将执法以绳。
李汉魂与自己的旧部下林彪在延寿打了一仗，
战果不大却收获不少，蒋委员长终于弄清了红军的意图。
为抢占九峰山，林彪和聂荣臻争吵了起来，
彭德怀指挥红三军团轻取宜章城，
红军没费太大气力就突破了第三道封锁线……

● 开路先锋是红军中最年轻的军团长

10月25日，中央红军顺利突破第一道封锁线后，继续西进。

中革军委决定乘国民党军尚未弄清红军战略转移的意图之时，迅速沿赣粤和湘粤边界，向湖南汝城和广东城口之间地区前进，并确定：第一步进到西江、大庾、南雄地区，主力于大庾、南雄间西进；第二步进到沙田、汝城、城口地域，相继占领汝城。

兵法云：兵贵神速。对于突围西进的红军来说，这尤为重要。只有快速行动，方能抓住瞬间即逝的战机，抢在敌军部署调整前，突出重围，摆脱险境。

但是，大搬家式的转移却使得红军步履维艰，行动极其迟缓，有时一天只能走二三十里路，根本无法实现自己的战略意图。

为了确保军委纵队的安全，在博古、李德的指挥下，从撤离中央苏区起，红军

长征到达陕北的红一军团一部

一直采取两个军团在左、两个军团在右、军委两个纵队居中、一个军团殿后的甬道式部署行进。

按照这一部署，林彪、聂荣臻指挥的红一军团便成为中央红军长征的左翼先锋。

红一军团下辖第1、第2、第15师，从江西瑞金以西的宽田、岭背等地出发，任务是担任红军的左前卫，负责在前开路；同时与红九军团在左翼一前一后，掩护军委纵队的行进。为加强红一军团的战斗力，撤离中央苏区前中革军委特意为其补

充了 2 个补训团，使军团总兵力达到近 2 万人。

提起红一军团，国民党军上至高级将领、下至普通一兵无不为之色变。

作为中央红军战斗力最强的主力部队之一，红一军团是一支战无不胜、攻无不克的劲旅，有着光荣的历史和辉煌的战绩。

红一军团正式组建于 1930 年 6 月，其前身是朱德、毛泽东领导的由南昌起义军和秋收起义部队会合而成的红 4 军。这支部队在毛泽东、朱德的领导下，百战成钢，开创了井冈山革命根据地。后来，又转战赣南、闽西，创建了赣南闽西红色苏区，参加了中央苏区的历次反"围剿"作战，立下赫赫战功。

尤其是在第四次反"围剿"作战中，红一军团先在蛟湖设伏，全歼中央军嫡系第 52 师，活捉师长李明。随后又在草台岗设伏，将国民党主力、第四次"围剿"中路军总指挥陈诚的发家部队第 11 师几乎全歼。战斗中，左翼红一军团大开杀戒，歼第 11 师师部及 1 个团。

战后，蒋介石急得跺脚直说:这是"有生以来最大之隐痛"，陈诚也因"骄矜自擅，不遵意图"，遭到政敌各方面的群起攻讦，被降一级，记大过一次。

在获悉红军的开路先锋是红一军团后，薛岳紧蹙眉头、不无担心地对部下说：

"红一军团林彪部系朱、毛起家的嫡系部队，1927 年冬至 1929 年，曾在湘、赣边活动过，战斗力最强，善于机动与突击。"

美国著名作家哈里森·索尔兹伯里在《长征——前所未闻的故事》一书中，是这样描述红一军团的：

一军团在突击和伏击方面是超群的……他们学会运用策略和计谋战胜优势的敌人。他们行军神速，当敌人以为他们距离很远时，却又突然出现在敌人面前。他们行装轻便，不怕艰苦，到处都能生存。他们很年轻，都是壮实的农民出身。他们体格健壮，不怕劳累，能像山羊一样地翻山越岭，可以夜以继日地连续行军，一天只睡几个钟头——或者根本不睡觉——又投入战斗，而且打则必胜。

指挥这支开路先锋的是红军中最年轻的军团长、被蒋介石称为"战争魔鬼"并悬赏 10 万大洋通缉的红军战将之一——时年只有 27 岁的林彪。

林彪，原名祚大，字阳春，号毓荣，曾用名育荣、育容。1907 年 12 月出生在湖北黄冈林家大湾。

林家大湾是一个风景秀丽、只有 30 多户人家的小山村，离黄冈县城约 60 里。林彪的童年就是在村里的私塾度过的。1920 年到离家不远的八斗湾的一所新式学校读书。这所学校是他的两个堂兄——著名共产党人林育南、林育英（即张浩）和林育南的朋友、著名共产党人恽代英创办的。在这里，林彪接受了进步的革命思想。不久转入武昌共进中学读书。1923年加入中国社会主义青年团，积极参加学生运动。

黄埔军校旧址

1925年冬，在林育南和恽代英的推荐下，林彪考入黄埔军校第4期。从此，开始了他的军旅生涯。

在黄埔军校，林彪接受了严格的军事训练，掌握了一个军事指挥人员必备的知识和技能，并转入中国共产党。学习期间，林彪结识了刚从苏联红军学校学成归来、担任黄埔军校政治部秘书兼政治教官的聂荣臻。后来，这对师生成为搭档，一同指挥红一军团走过了二万五千里长征，尽管他们的关系并不总是那么和谐。

1926年10月，林彪从黄埔军校毕业后，被分配到国民革命军第4军独立团——也就是名盛一时的北伐劲旅"铁军"——叶挺独立团，任见习排长。1927年4月，参加武汉国民政府举行的第二次北伐，任第25师第73团（由独立团改编而成）连长。

这年8月1日，周恩来、贺龙、叶挺等领导南昌起义，打响了武装反抗国民党反动派的第一枪。中国共产党第一次有了一支完全属于自己的军队。林彪所在的第73团在九江马回岭宣布起义。在起义军第11军党代表聂荣臻和团长周士第的率领下，第73团奔赴南昌，与主力会合。

但这次以夺取城市为目标的武装起义，在强大敌人的疯狂反扑下，不得不在起义后的第三天，就陆续撤出了南昌城，开始了铁流千里的南征之路。

远征是相当艰苦的。两万余名起义军将士不仅要冒着盛夏酷暑，跋山涉水长途行军，还要不断与围追堵截的强敌进行战斗。饥饿、疾病、伤亡、逃跑时有发生，减员不断增加。

面对起义失败的重重困难，客观地讲，这时的林彪并没有意志动摇，也没有临阵退缩。

9月18日，起义军进占广东大埔县南地势险要的三河坝。周恩来、贺龙、叶挺等率第20军、第11军第24师等主力部队乘船顺韩江而下，直奔潮汕，准备重新夺取广东政权，恢复中国革命的策源地；朱德则率领第 11 军第 25 师及第 9 军教导团留守三河坝，警戒梅县方面的敌人。这就是著名的三河坝分兵。

10 月初，起义军主力在潮汕地区遭到国民党重兵围攻。一场血战后，起义军主力被打散了，林彪跟随朱德、陈毅一道转战闽粤赣湘边界。

1928 年 1 月，林彪随朱德、陈毅率领的起义军进驻湖南宜章，参加了著名的湘南起义，任工农革命军第 1 师 1 营 2 连连长。4 月上旬，他又跟随朱德、陈毅撤出湘南，向井冈山地区转移。

4 月 24 日，毛泽东领导的秋收起义部队和朱德、陈毅领导的南昌起义保存下来的部队，在井冈山胜利会师了。两支部队合编为中国工农革命军第 4 军，不久改称中国工农红军第 4 军。林彪任第 28 团第 1 营营长。

一天，毛泽东和朱德、陈毅路过 1 营营地，恰逢林彪在给全营官兵作动员：

1937年，毛泽东与参加井冈山斗争的部分同志在延安合影

"不管是这个军阀，还是那个土匪，只要有枪，就有地盘，就有一块天下。我们红军也有枪，也能坐天下。"

毛泽东不禁驻足倾听，随口问道：

"他是谁？"

"一营长林彪。"

从此，毛泽东对这个个头不高、甚至有几分像文弱书生的"娃娃营长"留下了很深的印象。

从上井冈山起，到参加中央苏区的创建和反"围剿"斗争，林彪一直跟随着毛泽东、朱德南征北战，在革命战争的海洋里学习游泳，作战指挥能力突飞猛进，从红军的一名基层指挥员，迅速成长为优秀的高级指挥员。

1928 年 4 月底，江西国民党军第 31 军第 27 师第 79 团主力由永新推进龙源口，第 81 团由遂川向永新拿山移动，企图进攻宁冈和井冈山。

林彪奉命驻守五斗江一带。但当 1 营赶到时，敌军已抢先占据了五斗江以北的制高点，形势十分危急。

时任 1 营 2 连党代表的唐天际后来回忆道：

"我们被包围了。天正下着大雨，林彪迅速集合队伍。他命令我们 2 连上。我们冒雨冲上山去，把敌人打垮了，乘胜追到夏场。这一仗歼敌第 81 团大部，占领了永新。"

五斗江战斗，林彪一战成名。

4 个月后，红 4 军参谋长兼第 28 团团长王尔琢为追击叛逃部队英勇牺牲。不满 21 岁的林彪接任团长，成为红 4 军中最年轻的团长。

这一年年底，蒋介石集中湘、赣两省 6 个旅约 3 万兵力，分五路大举进犯井冈山，发动了历史上的第三次"会剿"。毛泽东、朱德决定避开与强敌正面交锋，将红军主力部队迂回到赣南敌后，钳制敌人对井冈山的进攻。

1929 年 1 月 14 日，林彪率红 28 团随主力下了井冈山，长途跋涉向赣南挺进，开辟新的革命根据地。

由于沿途没有群众的帮助，红军的行军、宿营和侦察工作都很困难。而穷凶极恶的敌人又采取轮番追击的策略，一路咬住不放，穷追不舍。

红军只好避其锋芒，翻山越岭。时值寒冬腊月，崎岖的山路冰雪覆盖，水晶般光滑，人马辎重寸步难行，下坡滑行，上坡则需用刀凿，就这样连滚带爬地行军，到了宿营地，人人变成了泥猴子。

1929年2月10日，红4军在闽西大柏地取得了下井冈山后的第一场胜利，一举扭转了被动局面。图为大柏地战斗遗址

1 月下旬的一天，红军在寻乌的圳下村宿营。当天边刚刚透出一点点亮色时，部队正准备集合出发，突然响起了轰轰的迫击炮声，密集的子弹从头上"嗖嗖"飞过。

原来，自从下井冈山后，部队苦得很，经常是边走边打，从早到晚粒米不进，滴水未沾，每日急行军都在 90 里以上。指战员们个个累得站着都能睡着了。好不容易跑到一个村子里，才算休息下来。负责警戒任务的林彪一时大意，岗哨设置不当，结果被国民党军第 15 旅刘士毅部包围了村子。

疲惫的红军，对敌人的偷袭毫无准备，此时仓促应战，只得边打边退。撤退过程中，林彪又没有很好地组织掩护部队，结果被敌军赶上，并被截成了两段。

毛泽东、朱德等人乘拂晓前的朦胧，突出了敌军的包围。但伍若兰却因腿部负伤被敌人抓住。凶残的敌人听说她是朱德的夫人，就把她的头割下来，挂在赣州城楼示众。

朱德悲痛万分，此后独钟爱兰花，据说就是为了纪念伍若兰。

事后，林彪受到记过处分。这次教训对林彪一生影响很大。以后凡遇作战，他都十分重视勘察地形，严密警戒，不给敌人可乘之机。

在瞬息万变、生死攸关的战场上，作为一名优秀的指挥员必须要时刻保持冷静、清醒的头脑，任何不理智的冲动行为都是万万不可取的。身材清瘦甚至略显苍白虚弱的林彪恰恰具有冷静得有些孤僻、理智得近乎冷漠的性格。他少年老成，话语极少，不苟言笑，白皙俊秀的脸上略带稚气，但浓眉下那一双深邃的大眼，似乎能洞察一切，令人捉摸不透。

当时毛泽东是红 4 军前委书记，也就是红 4 军党的最高负责人。毛泽东建军思想的核心是"党指挥枪"，这一准则在古田会议以前，也一直被认为是不可更改的指导思想。但那时，对"党指挥枪，还是枪指挥党"的争论却十分激烈，很多人对毛泽东的建军思想还不能深刻理解和完全接受。

1929 年春夏之交，中共中央任命刘安恭为特派员，到红 4 军指导工作。此人早年留学德国，曾在苏联学过军事，从心底里瞧不起毛泽东，对红 4 军实行前委领导下的分工负责制更是不满，极力主张

长征到达陕北后毛泽东和林彪在一起

采用苏联红军的一套做法，一切归司令部统一对外，而党组织只能对内发挥作用。

在刘安恭等人的鼓动下，毛泽东被解除了前委书记的职务，并于这年夏天，被迫离开了他亲手创建的红 4 军。刘安恭则如愿当上了红 4 军临时军委书记。

对此，红 4 军大部分将领敢怒不敢言，唯有林彪主动写信给毛泽东，支持毛泽东在红 4 军中的领导地位。

1930 年 6 月，红 4、红 6 和、红 12 军合并成立红一军团，林彪任红 4 军军长。1932 年 3 月，不满 25 岁的林彪被任命为红一军团军团长。

索尔兹伯里把林彪喻作"红军中最年轻的雄鹰",并大加称赞:

林彪善于声东击西和隐蔽自己,善于奇袭和伏击,善于从侧翼和敌后发起进攻和使用计谋,他的胆量和善用疑兵超过了任何人……在红军这道星河中,没有比林彪更为灿烂的明星了!

● 蒋介石从牙缝里挤出一句话："娘希匹！陈济棠，你坏了我的大事！"

在接到红军突破第一道封锁线迫近湘南的报告后，蒋介石大为震惊，急电陈济棠、何键，令其火速出兵，在湘粤两省交界的汝城、仁化、城口间构筑工事，布置第二道封锁线，坚决堵击红军西进；同时又令其他各路国民党军，迅速集结开进，参加"追剿"行动。

蒋介石侍从室主任晏道刚回忆道：

红军西进，于10月下旬突破赣南余汉谋部的封锁线（即第一道封锁线），蒋介石即电陈济棠、何键出兵火速在汝城、仁化间阻截（即第二道封锁线），并指示他们分兵在乐昌、郴州、宜章、临武间沿粤汉路南段利用原有碉堡加强工事作防堵措施（即第三道封锁线）。当时湘军主力已来不及向粤边靠拢，只能次第集结于衡阳、郴州间，在汝城守备的只有陶广所部一个旅。粤军第一、二军主力及几个独立师原已集结于湘粤赣边，这时陈济棠令李汉魂统率独立第三师、独立第二旅及第二师赶到乐昌、仁化、汝城附近进行堵截。

这也难怪蒋委员长心急如焚，此时的国民党军依旧处于分散的状态，难以形成真正的堵截"追剿"部署。

陈济棠按事先与红军达成的"借道协议"，主动将粤军主力全部撤至大庾、南雄、安远一线转入防御，意图非常明显：既阻止红军进犯广东，又防止蒋介石的中央军借机窜入。

毕竟在这位"南天王"的心中，防共与防蒋同等重要，保境安民才是最为关键的。

与陈济棠的"出工不出力"相反，国民党西路军总指挥何键对蒋委员长"追剿"红军的命令倒是坚决执行，但苦于他的湘军主力还处在分散"清剿"状态，此刻正在收拢并次第向湖南衡阳、郴州之间集结，一时无法集中，而在湘粤边地区只有1个旅和部分地方保安团，根本不是主力红军的对手。

第五次"围剿"中进攻红军最凶狠，取得战果最辉煌的国民党军将领——北路军第六路军总指挥薛岳，在得知红军突过赣南信丰、安远间粤军封锁线后，立即以十万火急电报分电北路军前敌总指挥陈诚、总司令顾祝同及蒋介石，主动请战，要求率所部追击。

蒋介石、顾祝同、陈诚分别复电，同意由薛岳率军追击，并对其战斗精神大加褒奖。

于是，薛岳开始了所谓的"机动穷追"。他亲率所部吴奇伟第4军（下辖韩汉英第59师、欧震第90师）、周浑元第36军（下辖万耀煌第13师、萧致平第96师、谢溥福第5师）及直属梁华盛第92师、唐云山第93师、郭思演第99师和惠济第1支队（相当于师），共计9个师，由江西兴国为起点进行长追，成为一个穷凶极恶的代表，紧紧跟压在红军队伍侧面或尾追在后面。谁也没有想到，这一追竟是两万里。

不过，此时薛岳的中央军还远在赣江以东的兴国、古龙冈、石城地区，鞭长莫及，短时间内无法赶到湘南、粤北地区。

这就是说，在红军突破第一道封锁线后，"追剿"的国民党军一时无法形成新的包围圈，再次给予了红军西进良好的战机。

第二道封锁线是湘南汝城、粤北仁化之间的湘军、粤军防线。由于红军通过第一道封锁线速度太快，何键颇感"措手不及"，湘军主力无法迅速向湘粤边靠拢。

事后看来，表面上对蒋委员长惟命是从的何键其实比陈济棠更为狡猾。所谓湘军主力来不及向湘粤边靠拢，只不过是他的一个冠冕堂皇的借口罢了。这样就顺理成章地把在第二道封锁线拦截中央红军的重任踢给了陈济棠。

收到蒋介石的追堵电文时，陈济棠正在广州东山的私邸里阅看赣粤边境纷呈而来的战报——多系手下部队与借路红军间发生的小规模冲突情况。

陈济棠放下战报，把蒋介石的电文匆匆扫了一遍，在签阅处划了一个红圈，吩咐侍从副官转发下去，话却是不经意的：

"转发下去吧，只转发到旅以上将官！再重申一下，我们仍以保境安民为主。"

10月27日夜，陈济棠警卫旅第1团发现红军乘夜徒涉锦江。团长莫福如立即电话报告，要求半渡出击。

时任粤军警卫旅第2团少校政训员的黄若天回忆道：

27日夜10时许，我接班不一会儿，第一团团长莫福如来电话，说红军部队徒涉锦江，队伍庞大，有乘骑，有辎重，好像一个高级指挥机关。请准半渡出击。我在电话上答，碍于上头规定，还是不要出击。莫便取消了这一意图。

是夜，莫福如隔着夜幕观察在其前方川流不息的红军大队，有条不紊地渡过锦江西行。

为了敷衍蒋介石，陈济棠又在第二道封锁线间，部署佯追佯堵的行动：

以李扬敬第3军外加归余汉谋指挥的独立第3师守粤东北门户，既防红军也防中央军进入；以余汉谋第 1 军之余部尾追红军；以张达第 2 军加几个独立师、旅集结于韶关以北地区防堵。余汉谋在尾追过程中又以其第 1 师向乐昌西进，阻止红军入粤。

就这样，拥有 3 个军 11 个师又 1 个独立旅的粤军，真正用于尾追堵截红军的只有叶肇的第 2 师和陈章的独立第 2 旅，而在防堵蒋介石中央军入粤方向上，投入的兵力却有近 2 个军之多。

10 月 29 日 7 时，中革军委确定，红军应于 11 月 1 日进至沙田、汝城、城口及上堡、文英、长江圩地域，突破国民党军的第二道封锁线。

这一带地处湘粤两省交界的山区，虽然守军以保安队居多，且没有料到红军会来得如此之快，防务甚为松懈，根本无法与主力红军抗衡。但国民党军在这里早早就修筑了许多碉堡群，碉堡群之间以沟壕相连，火力相接，构成了一道道封锁区，大队红军通过也并非易事。

为此，中革军委于 11 月 1 日令红一军团夺取位于汝城南侧的城口，红三军团夺取汝城，撕开突破口，掩护主力迅速通过。

11 月 2 日夜，红一军团第 2 师第 6 团在团长朱水秋、代政委王集成的率领下，急行军 220 多里，长途奔袭来到城口。

城口临河，河上有一道木桥，连接两岸的公路。敌人在桥上设有岗哨。

先头部队第 1 营分作两路，一路利用天黑迅速接近木桥，一路涉河包抄。当到达距桥头数百米处时，敌人哨兵发觉了，高声喝令：停止前进，哪个部分的？

1 营长曾保堂一面机警地回答"别误会，自己人"，一面指挥部下猛冲上前。

说时迟，那时快。还没等敌人反应过来，红军就已冲到眼前，只好乖乖地举手投降。

这时，2 营也迂回包抄过去，前后夹击，干脆利落地歼灭了城口守敌，俘虏 100 多人。

北面据守汝

国民党军第二道封锁线的中心——城口

城的湘军仅有 1 个旅，只好干瞪眼，除了固守孤城之外别无他图；南面，陈济棠倒是兵多将广，但都集结在纵深处的南雄、仁化、乐昌一线，只求自保，根本不愿将防线向北延伸，与湘军防线衔接。于是，第二道封锁线的汝城与仁化之间，出现了一个大缺口。

红一军团顺利夺取城口，红三军团也按计划进到汝城城下，却发现守敌虽只有 1 个旅，但要想在短时间内攻取确有困难。

11 月 5 日，中革军委决定以一部兵力监视汝城之敌，主力兵分三路，从汝城、城口间穿越国民党军的第二道封锁线。具体部署是：

以红三、红八军团为右纵队，由汝城至大坪间通过，向百丈岭、文明司前进；红一军团第 1 师和军委两个纵队、红五军团为中纵队，由新桥经界头、九峰山向九峰峙前进；红一军团第 2 师和红九军团等部为左纵队，由城口、思村向岭子头前进。

当日，红军各纵队继续西进。

见红军无意入粤，按照陈济棠的部署，余汉谋即以第 1 师由大庾经南雄、曲江向乐昌、坪石追击，第 2 师及独立第 2 旅经仁化的长江、城口向九峰一带尾追。

在第 1 师方面，由于一直远离红军，基本无战事。在担任尾追的第 2 师和独立第 2 旅，起先一直与红军相距半天至一天的行程，保持着送行状态。

就在陈济棠即将完成其让路使命时，一个意想不到的闪失出现了。

事情的起因是他的侄子、第 2 师第 5 团团长陈树英。

11 月 6 日，第 2 师得报：在延寿附近一带山地树林中发现有大股红军在掩蔽休息，似是零散人员及后卫部队，他们或坐或躺，显得十分疲劳。

追击在最前面的是第 5 团。团长陈树英是个好战分子，闻讯后立即令全团加快步伐向延寿急进。

平日里，陈树英依仗叔父的权势，好大喜功，飞扬跋扈，却不知道陈济棠为了保密，与红军之间的协议连他这个侄儿都不告诉。在仁化县城，陈树英曾破口大骂黄国梁的警卫旅第 2 团：

"眼看着共产党经过，不截击，真饭桶！"

此番，陈树英可算追上了共军，正是他大显身手的时候，便未加犹豫，猛扑了上去。

先头营营长李友庄回忆道：

先头营行抵延寿东南端的两边高山右前方一条小河流的地方，发现在对河山坳上的红军，当即双方展开战斗。红军居高临下，且倚河作障，有险可守，但第五团团长陈树英强令李友庄营涉水强攻，红军沉着应战，俟李部半渡而击，因而该营官兵伤亡较大。

　　李营好不容易渡过河后，所处位置又十分不利。战斗中，李友庄手部中弹，营附潘国吉随即带着一个排冲锋，不料却糊里糊涂钻进了有千余人的红军大队伍里，欲逃不能，只好乖乖做了俘虏。

　　潘营附等人以为必死无疑。谁知红军对他们不杀不辱，只是问他们愿不愿意参加红军北上抗日。他们以家中有父母妻儿，不愿远离故土为名拒绝了。红军也不勉强，在对他们教育一番后，当场将他们释放了。

　　眼见惹出了乱子，又无法收拾，陈树英极为狼狈。好在红军并不恋战，乘夜幕撤离阵地。这回，陈树英学乖了，再也不敢跟踪尾追，甚至连红军的去向也没弄清楚。

　　这次战斗是红军突破第二道封锁线时，与粤军发生的最激烈的一场战斗。其实规模并不大，时间也不过一昼夜，红军伤亡10余人，粤军死伤40余人。

　　对于这种战斗效果，陈济棠还是比较满意的。一枪不发的话，蒋介石那里也不好交代，如此既热闹又代价不大的打一打，对蒋介石就有一种说法了。

　　于是，陈济棠大笔一挥，将此役添油加醋，大大渲染一番后，致电蒋介石邀功。

　　这种小把戏自然瞒不过蒋介石，便随手将电报一丢，不再理会了。

　　11月8日，红军进抵汝城以南、城口以北地域，在横列于仁化、乐昌之间的粤军重兵检阅般的注视下，徐徐通过第二道封锁线，进入湘南、粤北地区，继续向宜

中央红军长征在汝城突破第二道封锁线纪念碑

章方向前进。

在粤军构成的封锁线内，随处可见修筑在公路两旁、山坡岭头等要害位置上大大小小的碉堡。这些碉堡或砖石或钢筋水泥结构，根据地形、射界，或成四方或成六角，分为排堡、连堡、营堡，堡内只有一个小门出入，全身像裹着铠甲，可以避弹。堡垒之间形成交叉火力，卡断公路，封锁要隘。若真打起来，对缺乏攻坚武器的红军肯定会造成很大麻烦。但这些碉堡均被后撤的粤军放弃了。红军和当地百姓拆的拆，烧的烧，烈焰滚滚，烟尘蔽天，老远望去像古战场上的烽火台。

陈济棠再次为红军让出了前进的通道。确切地讲，何键也参与了这次让路行动，只不过他的理由更冠冕堂皇，更不易被人察觉罢了。

正因如此，红军前锋部队才能以每天近百里的急行军速度开辟通路；后卫部队才能作搬家式、甬道式的前进，把"坛坛罐罐"一直保留到了湘江岸边。

陈济棠不让路，这便不可能。

得知红军接连突破两道封锁线，蒋介石察觉到陈济棠明为"追剿"、暗保实力的企图，不禁暴跳如雷，从牙缝中挤出一句话：

"娘希匹！陈济棠，你坏了我的大事！"

● 九峰山，林彪与聂荣臻发生了激烈争执

11月6日，也就是陈树英在延寿与红军交火的当天，蒋介石以国民党"军事委员会委员长南昌行营"的名义颁布紧急"堵剿"电令，令陈济棠、何键等部在粤汉铁路位于湘、粤边界湖南境内的郴州至宜章间地区，利用原有的碉堡加强工事，构筑第三道封锁线，堵截红军西进之路。同时令薛岳的追剿部队昼夜兼程，由江西、福建赶赴湖南。

何键不敢怠慢，急忙调兵遣将，部署防线，将湘军以主力置于郴州、良田、文明司等地域。

虽与红军有"借道"协议，陈济棠也不敢掉以轻心。毕竟在你死我活的战场上，敌人可以瞬间变成朋友，朋友自然也可以转眼成为敌人。此时红军已进入湘粤边界，如果转兵向南即可插入广东腹地。对此，陈济棠不得不防，将粤军主力置于仁化、乐昌、九峰、延寿、塘村、坪石一带。

当时，粤汉铁路尚未全线通车，但部分路段已经能够短途使用。湘军、粤军利用铁路、公路运送部队，并使用筑路的物资、器材构筑工事，很快就在郴州、良田、宜章、乐昌之间形成了阻止红军西进的第三道封锁线。

即便如此，不论何键还是陈济棠，都把堵住红军不进入自己的防区作为第一要务，所确定的作战方针均为"先堵后剿"，将主力置于纵深，在力保地盘不失的前提下，再准备利用道路交通方便的条件，从南北两侧向红军部队进行挤压。

在兵力部署上，湘军、粤军在红军前进的道路上配置兵力不多，九峰坪仅有粤军1个团，并没有堡垒；乐昌只有粤军2个团；汝城、宜章间无正规部队，只有民团；宜章以北亦只有湘军第15师的1个团。

红军长征途中留下的标语

此刻，接连突破两道封锁线的红军正艰难地行进在粤北五岭山脉的崇山峻岭之中。

时值阴雨天气，大雨滂沱，道路泥泞，加上山高路窄，行装笨重，各军团与军委纵队拥挤在一条路上，行进速度极慢。为了赶时间，战士们常常连饭都吃不上。饥饿、寒冷、疲劳时时缠绕着每一名红军将士。

11月6日，毛泽东建议中革军委放弃原定西进计划，"应取高排，渡潇江，直下南康、崇义、麟潭，越过湘赣边界诸广山，进入湖南，再攻资兴、耒阳，跨过粤汉路到有工人运动基础的水口山休整和补充兵源。"

他认为湘南地区有过暴动的历史，党和群众基础比较好，而且不是国民党军防守的重点，兵力不多，构筑的堡垒很少，有利于红军的机动作战。红军完全可以乘国民党各路军队正在调动，"追剿"军主力还没有靠拢之时，组织力量进行坚决反击，杀个回马枪，歼灭敌一路或一部，仍有可能扭转战局，变被动为主动。

但博古、李德等人顽固坚持既定的西进方针和路线不变，命令红军尽快通过第三道封锁线，夺路前往湘西。

7日11时，红三军团军团长彭德怀、政治委员杨尚昆以万万火急电，向中革军委提出了突破第三道封锁线的行动计划，认为红军进入湘南，湘军何键处于存亡关头，必与蒋介石协同动作对付我们；而粤军疑蒋入粤，目前与蒋介石无南北夹击红军的企图，故建议：

> 我应迅速坚决突破宜（章）乐（昌）郴（县）间封锁。军团本着原计划西进，扫除良田、赤石司，突破宜郴间，相机略取宜章，不得即监视之。军团同时向西速进，突破宜乐间，略取乐昌。九峰之敌无大企图，可驱逐之。

中革军委接受了这一建议，于当日16时下达作战命令，决定在宜章以北之良田和宜章东南之坪石间突破敌人第三道封锁。具体部署是：

以红三军团为右翼队，从宜章以北通过；红一、红九军团为左翼队，从宜章以南通过；军委第一、第二纵队和红五军团视情而定；红八军团仍留东山桥地域，严密警戒汝城。

同时为保证红军主力通过乐昌、坪石封锁线，中革军委电令红一军团沿着九峰山脉向宜章一线占领要点，务必夺取粤汉铁路线上的制高点九峰山，确实钳制乐昌之敌，从左侧掩护主力西行。

而红一军团在通过第二道封锁线后，因为无地图可循，再加上侦察情报不准确，在乐昌东北的延寿、九峰之间的深山峡谷中和羊肠小道上走了弯路，白白损失了几天时间。

接到中革军委十万火急的电报后，红一军团的两位主将为是否抢占九峰山产生了严重的分歧。

军团长林彪认为目前敌人还没有到达乐昌，前进道路上还没有危险，红一军团尽可选平原走，迅速冲过乐昌，后面跟进的军委纵队也可抓紧时间急行军，赶在敌军到达之前冲过乐昌，完全没有必要去为夺取九峰山而浪费时间。

军团政委聂荣臻却认为，红一军团离乐昌还有一段路程，粤军正在乘坐火车赶向乐昌，红军的两条腿是根本无法同敌人的四个车轮相比。虽说当前敌人还没有到乐昌，但等红军走到时，完全有可能和敌人碰上。即便红一军团能够顺利冲过乐昌，可如果让敌军占领了九峰山，就会把后面的部队截断。作为一个军事指挥员，不应当只考虑自己部队的利益。为此，他坚决主张抢占九峰山，掩护大军的行进。

聂荣臻后来回忆道：

在这样危急的情势下，我和林彪之间，为了部署突破敌人第三道封锁线，发生了长征路上的第一次争吵。我平时总认为林彪不是不能打仗的人，有时他也能打。他善于组织大部队伏击和突然袭击。可是由于他政治上存在很大弱点——个人主义严重，对党不是很忠诚，有时就使他在军事指挥上产生了极端不负责任的行为。这次在突破敌人第三道封锁线时就表现得很明显。……我认为这是个原则问题，对军委命令的执行，是负责任的。因此，我坚决主张按军委命令行事。当时我们争吵得很激烈。

土地革命战争时期，聂荣臻与程子华、杨尚昆、罗瑞卿、王首道在一起（右起）

主将产生分歧，谁也不让谁，结果争吵起来。一向十分温和、谦逊的军团参谋长左权十分焦急，提了一个折中的建议：让红2师师长陈光带人先到乐昌附近侦察一下，然后再决定下一步的行动。

林彪认为此案可行，聂荣臻却十分坚决地反对道：

"侦察也可以，不侦察也可以，你去侦察时，敌人可能还没有到，等你侦察回来时，敌人可能就到了。担任如此重大的掩护任务，我们可不能干这些没有把握的事。我同意派人侦察，但部队继续前进，一定要遵照军委的命令行事，一定要派部队控制九峰山。"

在聂荣臻的一再坚持下，林彪勉强同意了，派陈光率1个连前去侦察，军团主力随后跟进。

部队刚刚到达麻坑圩，陈光派人回来报告：在乐昌大道上已经看到敌军了，敌军正向北面开过来，如果再不占领九峰山，不仅红军主力过不去，就连红一军团也无法通过。

形势危急！林彪急中生智，亲自利用敌军的电话线，冒充国民党正规军军官，与正在向乐昌行进的赖田民团团长通了话。

电话里，民团团长报告称：他不知道红军现在到了何处，前日粤军邓龙光部的3个团已经进抵乐昌，今天1个团的人正在向九峰山开进。

林彪闻言，十分震惊，挂上电话后，立即命令红4团团长耿飚和政委杨成武：

"快！你们团要不惜一切代价拿下九峰山，立即出发。"

军情如火，红4团疾速前进，终于抢在粤军之前赶到了九峰山。

当红4团的官兵们登上九峰山时，粤军也正从山的另一面向上爬。耿飚指挥战士一阵猛烈的扫射，把敌人打了下去。随即又占领了九峰山南侧的茶岭。

与此同时，红一军团第15师占领了良田。两支部队扼守左右两翼，牢牢地控制了九峰山以北至五指峰之间地域。

消息传来，林彪长出了一口气，心里暗自庆幸：好悬啊！

● 李汉魂一手拿着蒋介石的嘉奖令，一手拿着陈济棠的急电训斥："我军以'保境安民'为主"

11月初，广州东山陈济棠官邸。

正坐在摇椅里闭目养神的"南天王"接到了蒋介石发来的一封训令，谴责的用词一个比一个刺眼，措施亦是强制性的：

……平时请饷请械备至，一旦有事，则拥兵自重。……此次按兵不动，任由共匪西窜，贻我国民革命军以千秋万世莫大之污点。着即集中兵力27个团，位于蓝山、嘉禾、临武之间堵截，以赎前愆。否则本委员长执法以绳……

陈济棠对此嗤之以鼻，随手在这份电报上加了几个字的按语转发下达：

"本电报转发至团长为止。"

不过，毕竟委员长龙颜动怒，陈济棠唯恐日后难以"交账"，还是让人迅速销毁了与红军谈判的所有文件，并电令叶肇、李汉魂、李振球等师，分头沿乐昌唐村、坪石尾追红军入湘。

一切部署完后，"南天王"长出了一口气，自言自语道：

"我们还是保境安民为主。当然喽，既是已触动雷霆，我们也不好意思按兵不动，威武些摆个样子，满足一下他领袖的自尊心。"

说罢，陈济棠不禁又自得地一笑。

真是天随人愿。

在延寿，粤军第2师第5团团长陈树英偷鸡不成反蚀一把米，没承想却让率独立第3师赶上来加入战斗的李汉魂白白捡了个便宜。

李汉魂，字伯豪，号南华。1895年生于广东吴川。1912年考入广东黄埔陆军小学，1917年入保定陆军军官学校学习。后在晋军、粤军中任职，参加东征和第二次北伐作战。因战功卓著，升任国民革命军第4军第25师师长。当时，林彪就在该师第73团任连长。

李汉魂做梦也没有想到威名赫赫的红一军团军团长林彪竟会是自己的部下，更没有想到两人在延寿打了一仗。

11月12日，粤军独立第3师以绝对优势兵力袭击红军后尾，抓到了几十名俘虏。

令李汉魂颇感意外的是，红军俘虏竟来自红一、红三、红五、红九军团各部。

原来通过第二道封锁线后，红军因携带的"坛坛罐罐"太多，数万大军拥挤在五岭山脉南岭、大庾岭、骑田岭中崎岖的山路上，步履蹒跚，整个队伍如同一个被坚冰阻塞的板块，行进速度迟缓得令人难以置信。结果队伍越拉越长，各军团散失落伍者不在少数。

延寿阻击战发生地——汝城县延寿乡官坑村的青石寨

直到十多年后，林彪率领人民解放军第四野战军大举南下时，李汉魂还在同别人谈论此役，认为当年他曾给红一军团造成很大损害。其实李汉魂并未和林彪主力碰面。他所抓到的红一军团俘虏，多是伤病失散人员。

延寿之役第二天，独立第3师在从延寿向九峰挺进途中，因云雾蔽天，细雨濛濛，加上联络不畅，与从汝城尾追红军的叶肇第2师发生误会。

双方又是机枪，又是掷弹筒，打得好不热闹，伤亡都不小。冲突一直持续了两个小时，才发觉对方的火力不像红军，于是用军号联系，始知"大水冲了龙王庙"。

多年在军阀混战、派系倾轧中磨练出来的李汉魂，自然不会愚蠢到将这场"自家人打自家人"的闹剧如实上报的地步。于是这次误会中的伤亡数字便加在了延寿之役的战报上，将延寿之役弄成了一个具有相当规模的战斗。

夸大战斗，虚报战果，在国民党军队中屡见不鲜。李汉魂不是第一人，也不是最后一人。在三年解放战争中，按国民党公布的战绩统计，共产党军队"被歼"人数何止千万。

不过，在蒋介石看来，延寿之役是弄清红军情况最有意义的一仗。

原来，红军突然撤出中央苏区、进行战略转移，这一行动保密工作做得十分出色。试想，连中共政治局委员都无法知道行动的确切内容，更何况蒋介石了。因此，当红军接连突破了两道封锁线后，蒋委员长仍是一头雾水，始终无法最终确定红军行将采取何种战略行动。

10 月 25 日，蒋介石曾以南昌行营名义发电：

"查匪此次南犯系全力他窜？抑仍折回老巢或在赣南另图挣扎？刻下尚难断定。"

蒋介石成了热锅上的蚂蚁。直到李汉魂师在延寿之役发现了红军第一、第三、第五、第九军团的番号，几乎与此同时李默庵师占领瑞金，掳得了部分红军资料，蒋介石才最终得出确切的结论：红军的突围行动不是战术行动，而是战略转移；红军的突围方向不是南下，而是西进。

晏道刚回忆道：

11月上旬（九、十日左右）粤军和红军在延寿圩、靶子场、珊瑚岗附近激战两日，陈济棠曾向蒋告捷，虚报伤亡及俘获红军人数，发现中央红军第一、三、五、九等军团番号。蒋介石认为延寿战役是弄清红军情况最有意义的一仗（在这一仗以前行营命空军侦察红军动向，总是找不到真实具体的情况）。……自11月上旬经过湘粤边阻截之后，蒋介石对红军情况自认为已经比较明了了。

自此，蒋介石确信红军确实倾巢"西窜"，在给"追剿"军前敌总指挥薛岳的指令中称：

据陈总司令伯南电告，匪军通过信丰、大庾、上犹、仁化、汝城、延寿地区，迭经阻击，溃散不少。据俘供：一、三军团在前，五军团在后，朱、毛确在军中。歼灭此股，关系国家成败，应特加注意，倍加奋勇。

正是因此缘故，蒋介石对粤军的延寿之役一再嘉勉，对李汉魂也是另眼相看了。

台湾编纂的《中华民国史事日志》中记载：

"1934 年 11 月 12 日，南路军李汉魂师破红军第一军团于粤北乐昌九峰延寿间，获枪六千，收复城口。"

其实，延寿之役最大的受益者不是李汉魂，更不是蒋介石，而是陈济棠。他可以从连失两道防线的责任中脱身。因为这仗真不是白打的，从红军俘虏的口中获知参与这次突围行动的红军部队番号，决定拿它再次向蒋介石邀功。

陈济棠立刻精心炮制出两封电报。

一封致蒋介石呈报粤军战绩："毙伤共匪五千，俘八千余。"

另一封则是敲打李汉魂的：

伯豪兄：

关于金樽坳战报，备悉。我军以"保境安民"为主。

陈伯南　穗总参××

对李汉魂微妙不言的指责，尽在"保境安民"四字之中。

李汉魂心领神会，此后虽奉命率部由九峰山过坪石，入湖南宜章，沿着红军西进的道路尾随追击，但再也没有和红军发生过战斗。

至此，陈济棠"保境安民"之策宣告成功，中央红军在长征中再也没有进入粤境。

红军与粤军皆大欢喜。

后来非陈济棠嫡系的余汉谋、李汉魂等人先后拥蒋反陈，但他们都没有向蒋介石泄露陈济棠给红军让路的秘密。不是因为信守诺言，而因为自身也参与其间。

至于直接参与陈济棠和红军协议的人，从神秘的"李君"，到杨幼敏、黄质文、黄任寰等人，更是多少年来守口如瓶，至死也没有一人将此事见诸文字。

光阴似箭，日月如梭。

1982年10月，中顾委常委何长工发表回忆录——《难忘的岁月》。在"粤赣风云"一章中，这位当年的粤赣军区司令员兼政治委员披露长征前夕他亲自参与其中的一段鲜为人知的内幕。

然而毕竟时过

延寿阻击战青石寨下的红军墓

境迁。发生在 48 年前的这段老故事，并没有引起人们更多的留意，甚至都没有翻阅这一章。于是，这一隐密仍旧静静地躺在书中。

转眼间两年过去了。1984 年 9 月，北京。

时任中央军委主席的邓小平接见了回祖国大陆讲学和筹备办学的美籍华人陈树柏。陈树柏的父亲就是陈济棠。

会见中，邓小平说：

"令尊治粤 8 年，确有建树。广东老一辈的人至今还在怀念他。"

这一评价在海内外立即引起震动。熟悉中国近现代历史的人都知道，第五次"围剿"中央苏区的南线总指挥，正是陈济棠，可谓一个不折不扣的"反共英雄"，为什么中共最高领导人邓小平会对他做出如此高的评价？

参与给红军让路的粤军将领余汉谋

又过了两年，覆盖了半个多世纪岁月尘埃的隐密终于被揭开了谜底。

1986 年 9 月 13 日，香港《大公报》根据何长工的回忆录，发表了《陈济棠让路记》一文，才使陈济棠与共产党人半个世纪前的秘密大白于天下。

● 红三军团轻取宜章城，中革军委通令表扬

就在林彪与聂荣臻为是否抢占九峰山而争吵时，军委纵队与在郴州、宜章地区活动的地下党组织与游击队取得了联系。通过他们对湘南敌情有了充分的了解，获取了宜章、嘉禾、临武等地国民党军力量依旧薄弱的重要情况。

中革军委当机立断，决定以一部兵力佯攻郴州，牵制湘军；一部兵力攻占宜章，拒阻粤军，主力从宜章、郴州之间地区通过并向临武、嘉禾前进，通过国民党军的第三道封锁线。

宜章，此刻成为红军西进道路上的一颗钉子。而拔掉这颗钉子、打开西进通道的任务就交给了右翼队——彭德怀的红三军团。

根据当面敌情，彭德怀决定以红5师全部和红6师主力并肩西进，首先突破章桥市、万会桥之线，然后相机占领宜章城。

9日，红三军团获悉宜章城内没有国民党正规军驻守，仅有地方民团。彭德怀当机立断，改变原先计划，决定以红6师第16团为先遣支队，配属军团迫击炮营，对宜章实施远程奔袭。红5师和红6师主力及军团直属队随后跟进。

10日，红5师攻占良田、黄泥坳，切断了郴州至宜章的大路，威逼郴州。湘军惊

宜章县城一角

惶不已，急忙收缩固守。而红6师第16团在团长李寿轩、政治委员刘随春的率领下，冒着倾盆大雨向宜章疾进。

当红16团逼近宜章城时，遭到民团拦截。地方民团成员复杂，既有土匪流氓，

也有给地主看家护院的打手保镖，还有上当受骗的贫苦农民，实际上就是一帮乌合之众，哪里是红军的对手。

果然，红军一个冲锋下来，民团便被打得抱头鼠窜，顿作鸟兽散。红16团乘胜追击，兵临宜章城下。很快就扫清了城外据点，将宜章城团团包围。

位于粤北湘南的宜章县城，可谓红军的福地。

1928年1月12日，朱德、陈毅率领的南昌起义军余部智取宜章城，逮捕了国民党县政府官吏和豪绅，解除了团防武装，并发动群众，开仓济粮，组建宜章农军，从而揭开了湘南起义的序幕。

此番红军故地重游，再度来到宜章城下，当地百姓纷纷出来迎接，多名筑路工人主动帮助红军挖坑道、扎梯子，进行攻城准备。

驻守城内的民团早已魂飞胆破，连夜弃城而逃。

12日拂晓，城门大开，红军没费一枪一弹便夺取了宜章城，从而在国民党军的第三道封锁线上撕开了一个大缺口，打开了西进的通道。

在突破国民党军第二、第三道封锁线过程中，红三军团勇往直前，战功卓著。中革军委为此致电各军团：

"赞扬三军团首长彭、杨同志及三军团全体指战员在突破汝城及宜、郴两封锁线时之英勇与模范的战斗动作。"

到11月15日，红军各军团和军委第一、第二纵队由宜章、坪石间，全部通过国民党军的第三道封锁线，进入湘南地区。

红军通过前两道封锁线，主要是粤军陈济棠让的路。突破第三道封锁线，则是中央军、湘军、粤军一起给红军让出了西进通道。

因为当时红军面对的国民党军有湘军的7个师、粤军的3个师又1个旅和中央军的9个师。湘军、中央军主要部署在长沙、株洲、衡阳、郴州等大中城市，粤军则主要部署在韶关以南，把守第三道封锁线的主要是战斗力极差的保安部队和地主民团组织。如果中央军和湘军沿粤汉铁路南下，或是粤军沿粤汉铁路北上，都能

国民党军第三道封锁线——宜章渡口

将红军拦住或者拦腰截断，但他们都没有这么做。

许多年后，李宗仁在回忆录中写道：

共军入湘之后，按当时情势，中央军本可利用粤汉铁路和湘江，水陆两路南下，截击共军，使其首尾不能相顾。而蒋先生却屯兵湘北，任共军西行，然后中央军缓缓南下，迫使共军入桂。

虽然红军一连突破国民党军的三道封锁线，取得了突围西进、战略转移行动的初期胜利，但始终未能彻底摆脱国民党军的围追堵截。

自10月中旬撤离中央苏区起，红军甬道式行进的撤退部署，消极避战的作战指挥，庞大笨重的行军行列，一成不变地西进路线等等，使战略转移变成了逃跑行动。

红军为博古、李德等人的一系列错误指挥付出了巨大的代价：突破第一道封锁线减员3700余人；突破第二道封锁线减员9700余人；突破第三道封锁线减员8600余人。

更为严重的是，红军丧失了摆脱国民党军围追堵截的宝贵时间，给予了国民党军重新调兵遣将，部置新防线的时间。

一箭三雕

眼见"剿共"大局已定，蒋介石踌躇满志，
下庐山视察华北，继续兜售"攘外必先安内"之策。
不料，红军弃苏区突围而去。蒋介石与众谋士冥思苦想，
判断红军将去向何方。在得出红军西进实施战略转移的结论后，
蒋委员长喜上眉梢，不仅红军"流徙千里，四面受制，
虎落平阳，不难就擒"，而且又可借"追剿"红军之机，
进一步削弱湘、粤、桂军势力，进而染指大西南，
收拾黔、滇、川等地方军阀，以结束割据局面。
于是，他打起了"一箭三雕"的如意算盘，
亲自部署第四道封锁线——在湘江东岸构置
一个以湘军和桂军两边夹击、
中央军和粤军尾追配合的口袋式大包围圈。
然而"大敌当前"，人人都有自己的如意小算盘……

● 蒋委员长喜出望外，"消灭共匪的时机已到"

1934年9月是蒋介石"剿共"以来最为轻松的一个月。

国民党《中华民国史事日志》记载："7月25日，前红军湘鄂赣军区总指挥第十六军军长孔荷宠向驻泰和之剿匪军第七纵队周浑元投诚。"

8月7日，红六军团第17、第18师和红军学校共9700余人，在任弼时、萧克、王震等率领下，从江西遂川横石、新江口地区出发，开始突围西征。

蒋介石迅速把这两件事联系在了一起，认定江西中央苏区的红军已是穷途末路了，不无得意地对幕僚说：

"湘赣边红六军团是在西路军围攻下站不住脚不得已才西移的。孔荷宠投降是红军瓦解的先声。看来红军现在已无法施展其机动灵活的战术，只能局促回旋于堡垒之间，已成被动之局。"

以此显示他的指挥比别人高明。在谈及红军历次提出北上抗日及合作抗日时，他又总是以无比轻蔑的口吻说：

"他们有什么力量抗日？无非是诱使我军放松包围。不消灭共产党就不能抗日，因此我们更应对共军加紧包围，聚而歼之，不使漏网。"

长征到达陕北的红军举行抗日誓师大会

这些谈话无不暴露出蒋介石"攘外必先安内"的既定政策。

孔荷宠叛变不久，中革军委总动员部部长杨岳彬也投敌了。这样，中央首脑机关集中的沙洲坝已完全暴露，国民党飞机开始轰炸，目标很准。曾召开中华苏维埃共和国第二次全国代表大会的中央工农民主政府大礼堂被炸坏一角，周恩来、朱德办公室外也落下一颗五百磅的大炸弹，幸而没有爆炸。

中央紧急磋商后决定，将中央机关全部迁往瑞金城以西30里以外的梅坑。这里虽然贫穷偏僻，但却石山环抱，古树参天，形成天然掩护所。苏维埃临时中央政府驻高围乡云石山，中共中央驻梅岗乡马道口，中革军委驻田心乡岩背厅下，李德的驻地离中革军委不到一华里。

然而，中央机关的搬迁并不能带来战局的改变。随着敌人的步步进逼，红都瑞金随时都有可能陷落。

9月2日，蒋介石踌躇满志地严令各路将领收缩包围圈，务必于12月中旬召开国民党四届五中全会前，肃清江西红军。具体部署是：

以第五、第十纵队筑垒修路，巩固占领地区；第三纵队继续向小松市筑垒推进，遂行其第二期进攻计划；第八纵队占领老营盘后，加速向兴国方向准进；第七纵队亦加快向古龙冈推进；东路军第四纵队在温坊地区遭受重创后，暂取守势；而南路军则继续向会昌地区逐步深入。

期间，蒋介石还不辞辛劳地写了许多亲笔信给高级将领，勉励他们以洗雪历次"围剿"失败之耻。

的确，这一时期，蒋介石可谓捷报频传。

9月11日，北路军薛岳部以堡垒推进之法，向兴国和古龙冈地区发动进攻；

中旬，北路军樊崧甫部，从广昌驿前南下攻占小松后，向石城发动进攻；

下旬，东路军李延年部、汤恩伯部和刘和鼎部，在猛烈炮火掩护下会攻松毛岭。

中央苏区仅存瑞金、会昌、零都、兴国、宁都、石城、宁化、长汀等县的狭小地区，形势更加险恶。

这时，蒋介石口口声声要把红军消灭在包围圈内，但他做梦也没有想到孔荷宠的叛变没有成为红军瓦解的先声，却成为红军突围长征的前奏。

自以为"围剿"大局已定的蒋介石偕夫人宋美龄下了庐山，乘坐他的福特专机，飞赴华北视察，兜售"攘外必先安内"之策，以安抚诸将，缓和国人对他不抗日的攻击。

蒋介石此行历经北平、察哈尔、归绥、太原、西安等地，频频会见当地的军政要员。《中央日报》报道蒋介石"着褐色黑马褂，精神奕奕，与欢迎者点头微笑"。

蒋委员长可谓不辞辛苦。每到一地，除大谈"剿匪"功德外，便是千篇一律地训导：

"十年内战"时期的蒋介石，一直梦想要"剿灭"红军

……自古以来，没有一个国家内乱频仍而对外用兵者！不安内则不能攘外，日寇是疥癣之疾，共匪才是心腹大患，共产党只希望我们与日寇拼个两败俱伤，他们坐收渔人之利。共产党的方志敏北上抗日先遣队，名为抗日，实为威胁我南京，企图收围

魏救赵之效。

……共匪不除，国无宁日！只有先安内才能攘外，谁不懂得这个道理，那就是糊涂虫！

的确，此刻的蒋委员长春风得意，歼灭江西"共匪"指日便可竟全功。忽于10月中旬突接南昌行营发来的急电：红军主力有突围模样，前锋已突过信丰江，东路军蒋鼎文部先头已由长汀逼近瑞金。

蒋介石匆匆赶回南昌，此时红军已经突破了第一道封锁线。

红军向南突进的举动，是战术行动还是战略行动？蒋介石百思不得其解，朱毛红军声东击西、诱敌深入的战术给他的印象太深了。

1930年12月，蒋介石调集11个师又2个旅共10余万人马，采取"长驱直入"的作战方针，发动了对中央革命根据地的第一次"围剿"。

这时红军有4万人，双方兵力对比2.5∶1。

面对强敌，毛泽东、朱德采取"诱敌深入"的方针，率红军主力向根据地中部退却，国民党"围剿"大军一再扑空。蒋介石沉不住气了，跑到南昌坐镇指挥。结果，红军在龙冈设伏，全歼孤军深入的国民党第18师师部和2个旅，师长张辉瓒也当了俘虏。仅仅过了两天，红军又在东韶一役，歼国民党军谭道源的第50师1个多旅。两仗下来，蒋介石损兵折将1.5万余人，不得不停止对中央革命根据地的进攻。

龙冈战斗遗址

1931年4月，蒋介石卷土重来，调集18个师又3个旅，连同3个航空队共20余万人，采取"稳扎稳打、步步为营"的方针，第二次"围剿"中央革命根据地。

时红军仅为3.5万人，双方力量对比6∶1。

红军在毛泽东、朱德的率领下，故伎重施，主动退却，诱敌深入。自国民党"围剿"大军进入根据地后，就完全陷于被动，疲于奔命，几乎天天都被朱毛红军牵着鼻子走。那真是一种磨死人的穷追瞎堵，频繁调动，路途遥远，山陡水急，又兼粮食奇缺。

就在"围剿"各部疲乏至极之时，红军突然发起反攻，至 5 月 31 日，在半个月内，由西向东横扫 700 里，连续取得富田、白沙、中村、广昌、建宁战斗胜利，五战全胜，歼敌 3 万人。蒋介石再次铩羽而归。

仅仅过了 20 天后，不甘心失败的蒋介石飞抵南昌，亲任"围剿"军总司令，集中 23 个师又 3 个旅共 30 万大军，发动了第三次"围剿"。

这次，蒋介石聘请了英、日、德等国的军事顾问随军参与策划，决定采取"长驱直入"的作战方针，企图首先寻找红军主力决战，摧毁苏区，然后再深入进行"清剿"。

中央革命根据地第二次反"围剿"作战遗址—白云山

红军还是 3 万多人，双方兵力之比为 10：1。

毛泽东、朱德继续采取"诱敌深入"的方针，"避其主力"，待敌深入苏区中心区，再集中兵力"打其虚弱"。结果，国民党军又一次劳而无功，冤枉路没少跑，甚至连红军的踪迹也摸不着，武力"围剿"变成了"武装游行"，锐气挫去一半。

8 月初，红军实施反攻，在莲塘、良村、黄陂三战三捷后，主力又神秘地"消失"在赣南的崇山峻岭中。

此时，国民党军已在中央苏区里来往奔波两个月，除被消灭 3 个师外，一无所获。全军上下牢骚满腹，怪话连连，"胖的拖瘦，瘦的拖病，病的拖死"。

9 月 7 日、15 日，红军又先后取得老营盘、方石岭等战斗的胜利，从而粉碎了第三次"围剿"。这次，蒋介石又损失了 17 个团 3 万余人。

接连遭受三次重创，蒋介石无奈地哀叹："匪越剿越多，兵越打越少，仗越

方石岭战斗遗址

打越背"。加之"九·一八事变"爆发，中日民族矛盾骤然上升，"一致对外、抗日救国"的浪潮在国内日益高涨，而国民党内部反蒋势力也此起彼伏，蒋介石内外交困，被迫对中央苏区采取守势。但他不会轻言认输，纵观其一生，他的性格的确像一根高强度弹簧，千拉万扯也难改其顽韧的特性。

1933年1月底，蒋介石又一次来到南昌，设军事委员会委员长南昌行营，亲自指挥近40万大军，采取"分进合击"的方针，对中央苏区发动了第四次"围剿"。

为一雪前三次"围剿"失利之耻，蒋介石不惜血本，任命心腹爱将第18军军长陈诚为中路军总指挥，指挥他的嫡系精锐12个师近70个团16万之众，担任"主剿"任务，企图将朱毛红军主力歼灭于黎川、建宁地区。

蒋介石并不知道，此时的朱毛红军里已不见了毛泽东。

1931年1月，以王明为代表的教条主义者执掌了中共大权，开始推行"左"倾冒险主义路线。这年10月，年仅24岁、连中央委员都不是的博古，由于坚决拥护和执行王明"左"倾冒险主义路线，一跃而成为临时中央政治局的负责人。

一年后，中央红军最高领导层祸起萧墙。1932年10月上旬，中共苏区中央局在江西宁都小源村榜山翁祠召开全体会议，这便是在中共党史和军史上举足轻重的"宁都会议"。

会议集中批评了毛泽东"表现对革命胜利与红军力量估计不足"，诱敌深入是"专去等待敌人进攻的右倾主要危险"。毛泽东被解除了兵权，回到后方，专做中央政府工作，所担任的红一方面军总政治委员一职由周恩来兼任。

1933年2月上旬，中央苏区第四次反"围剿"作战打响了。红军4万余人，双方兵力之比还是10：1。

周恩来、朱德率领红一方面军排除中共临时中央"左"倾军事错误的干扰，继续坚持毛泽东的"诱敌深入"方针，与强敌周旋。

此番"围剿"苏区，中路军总指挥陈诚可谓兵强马壮，所辖罗卓英、吴奇伟、赵观涛、李延年4个纵队12个师，个个都是国民党军的一等主力，好不威风，一心只想早点儿与红军主力决战，一雪前耻。

谁知这次败得更快，败得更惨。红军主力首先在蛟湖伏击敌第一纵队第52师，击毙师长李明，击伤、俘获该师参谋长、旅长、团长、营长数人。紧接着，又在霍源再打第一纵队第59师，俘师长陈时骥，击毙、击伤旅长、团长、营长数人。随后，红军主力5万余人，乘陈诚发家部队第11师孤军深入之机，全力发起围攻，击毙师长肖乾，击伤旅长黄维、莫与硕，歼其大部。

红军连斩陈诚三个"手指头"，令一向以"天子门生"自居的陈诚颜面尽失。就连蒋介石在给陈诚的手谕上，也痛心疾首地写道：

"此次挫失，凄惨异常，实有生以来唯一之隐痛！将馁兵弱，危急存亡……思之心痛，不寒而栗……"

有道是：一朝被蛇咬，十年怕井绳。想起这些，蒋介石不寒而栗，生怕再次上了毛泽东的当。尽管他故作轻松地反复对部下说：

"不问共匪是南下或西行、北进，只要他们离开江西，就除去我的心腹之患。"

话虽如此，但内心里却无比的焦急。

于是，蒋介石立即召集南昌行营秘书长兼第二厅厅长杨永泰、江西省主席兼南昌行营办公厅主任熊式辉、南昌行营第一厅厅长贺国光和侍从室主任晏道刚等智囊人物商谈对策。

《红色中华》刊载的中央苏区第四次反"围剿"胜利的消息

大家议论纷纷，对红军行动方向做出如下判断：

一是由赣南信丰入广东。蒋介石认为这对自己最为有利。红军利在乘虚，如进入粤境，逼得粤军不得不拼命抵抗，倘被前后夹击，是难以立足的，那是他们的不利之路，去了亦无足为虑。而且红军与粤军两相拼杀，他反倒可以坐收两利。

二是从赣南经粤湘边入湘南，重建苏区。这是蒋介石最为担心的。赣粤湘边区是政治上的薄弱点所造成的军事薄弱点，红军入湘后一旦与贺龙部会合，便如漏网之鱼，将不得不重新开始一轮耗时费力的"围剿"。

三是进入湖南后出鄂皖苏区再北进。蒋介石认为这是当年太平天国北进路线，政治上威胁较大，可以考虑。但消耗也大，红军负担不起。

四是经湘西入黔川再北进。这是老谋深算的杨永泰提出来的。他认为还要考虑红军尔后渡长江上游金沙江入川的可能性。蒋介石对此却不屑一顾：

"这是石达开走过的死路。他们走死路干什么？如走此路，消灭他们就更容易了。"

综合上述考虑，蒋介石的"追剿"部署，便按照争取将红军压入粤桂、严防红军入湘与贺龙部会合的战略意图实施的。他对诸位智囊说：

"共匪不论走哪一条路，久困之师经不起长途消耗，只要我们追堵及时，将士用命，政治配合得好，消灭共匪的时机已到，大家要好好策划。"

事实上，红军最初的战略意图，正是入湘与贺龙会合。杨永泰提出的方向，别说是蒋介石，当时红军自己也没有意识到。

然而世间许多事情就是如此奇异。红军认准的方向，因为也被蒋介石认准，全力防堵，便无法成为最终走向。

● 大敌当前，人人都有自己的如意小算盘

蒋介石对第五次"围剿"的结局想过许多，想得最多也最希望的——就是红军留在被围成铁桶一般的江西，等待覆灭。

但这毕竟是蒋委员长的一厢情愿，而愿望往往与现实相距太远，甚至相反。

蒋介石最不希望也最没有想到的——红军会置经营7年之久的苏区于不顾而贸然突围，却最终成为现实。

正如国民党中央执行委员、政治会议委员邵元冲在1934年10月25日的日记中写的："上午赴中央常会，根据介石及剿匪将领、各省市党部来电称：现剿匪军事，功亏一篑"。

寥寥三十几个字，却流露出无限的失望。

11月5—8日，红军从汝城、城口之间突破国民党军第二道封锁线，前锋已经到达赣湘粤边，西进的战略意图已十分明显。

几天后，粤军李汉魂独立第3师在延寿之役中抓到了几十名红军俘虏，竟发现有红军第一、第三、第五、第九军团番号，几乎与此同时国民党东路军李默庵师占领瑞金，掳得了部分红军资料。

蒋介石如获至宝，因为他从中得出结论：红军不是战术机动，而是战略转移；不是南下，而是西进。

对于红军突然撤离中央苏区进行西征，蒋介石最初大吃一惊，继而令他无比兴奋，认为红军"流徙千里，四面受制，虎落平阳，不难就擒"。

他在给薛岳的密信中写道：

蒋介石视察"围剿"红军的国民党军

过去赤匪盘踞赣南、闽西，纯靠根据地以生存。今远离赤化区域，长途跋涉，加以粤、湘、桂边民性强悍，民防颇严，赤匪想立足斯土，在大军追堵下，殊非容易。自古以来，未有流寇能成事者，由于军心离散，士卒归故土；明末李自成最后败亡九宫山，可为明证。

更令蒋介石心喜的是机会来了。这个机会又绝不仅仅是吃掉红军的机会。攘外必先安内，而安内不光包括"围剿"红军，也包括收拾地方实力派。

1928年12月29日，"少帅"张学良宣布东北易帜，蒋介石在名义上统一了中国，但国民党内部派系林立、军阀割据，实际上一天也未统一过。几年浴血奋战，他先后打垮了两湖的唐生智和中原的冯玉祥、阎锡山，损耗了两广的陈济棠、李宗仁、白崇禧，但对西南军阀之实力，却丝毫未触及。这是他的心腹大患。

现在，他终于等来了机会。

晏道刚回忆道：

我当时对调动嫡系及何键的部队没有顾虑，只想到两广是半独立状态，不如湖南那样基本上能控制得住，蒋粤、蒋桂之间疑忌很深，粤桂怕蒋军嫡系乘机入侵并不下于怕红军。当蒋命我严电陈济棠、李宗仁全力防堵时，我曾对蒋说："粤桂是否依我们的计划办事乃是防堵的关键，应派员妥为联系才能贯彻命令。"蒋说："你不管，命令只管下。他们不照我的命令行事，共军进去了他们受不了，他们执不执行我的命令是第二步。"几句话使我进一步认识到蒋对粤桂的阴谋诡计。

11月间，追堵部署初步完毕，蒋介石即调整留在江西各路"围剿"部队的部署，分区清乡，划定好几个"绥靖区"，订立各种清乡规章，采用所谓"剿抚"兼施的毒辣手法来危害中央苏区的人民。军事部分由第一厅主办，政治、经济、文教部分由第二厅和办公厅主办。同时借口红军可能去西南，蒋介石把他策划已久的组织参谋团入川的计划乘机拿了出来，决定以行营参谋长贺国光为主任率参谋团进驻重庆，统帅川黔各部配合作战。

由此可见，蒋介石是想借"追剿"红军之机，既达到消灭红军的目的，又要进一步削弱湘、粤、桂军势力，进而染指大西南，收拾黔、滇、川等地方军阀，以结束割据局面。

此时红军正在向第三道封锁线逼近，进入湘粤桂边境地带。这正是利用粤、桂、湘军与中央军联合作战，利用湘桂边境的潇水、湘江之有利地障，围歼红军的大好时机。

南昌行营里，由蒋介石亲自主持的军事会议持续了整整一天。经过激烈的争吵，最终拟定了初步追堵红军的计划。其要旨是：

西路军何键部除刘膺古纵队于赣西"清剿"外，主力悉调湘南布防，依湘江东岸构筑工事进行堵截，并以有力之一部在粤湘边境堵击，总部移驻衡阳；

北路军顾祝同部以第六路军薛岳率所部吴奇伟、周浑元两个纵队担任追击；

南路军陈济棠部除李扬敬纵队留置赣闽边"清剿"外，主力进至粤湘边乐昌、仁化、汝城间地区截击，该路总部推进至韶关；

桂军白崇禧的第4集团军主力集中桂北，总部转至桂林。

蒋介石要求限次日9时以前发出追堵计划的电令。

奉命调往"剿共"前线的国民党军

南昌行营像一台突然获得动力的机器，笨拙而迟缓地运作起来。蒋介石侍从室的工作日记上，用四句话记载了当时南昌行营的忙碌与心情：聚精会神，函电交驰；尽歼流寇，毕于一役。

当时晏道刚正患偏头痛，勉强支持草拟计划电文。每隔十几分钟，蒋介石即以电话催问贺国光是否拟就，每次挂电话的声音皆很重。行营上上下下都极为紧张。

摔电话声音重，因为蒋介石认为出现了一个千载难逢的好机会。他怕机会稍纵既逝，要不遗余力抓住它。

电令终于如期发出了。

计划的确是个好计划，几乎无懈可击，但一向拥兵自重、貌合神离的各派军阀能否在大敌当前下精诚合作，膺命无间，蒋介石的心中并没有十足的把握。

的确，在那个军阀多如牛毛的战乱时期，能够经过多年的"大浪淘沙"留存下来，并能够在中国近现代政治舞台上叱咤风云，无论是广东的陈济棠、湖南的何键、广西的白崇禧，还是贵州的王家烈、云南的龙云、四川的刘湘、西康的刘文辉，个个都绝非庸碌之辈。

"枪杆子里面出政权"是毛泽东军事思想的重要观点之一，是对武装夺取政权思想的形象表述。有谁能想到：最先懂得这个道理的却是20世纪初中国的军阀。

在那个年代，有兵有枪就能割据一方，就意味着权势、金钱和美女。因此，这些大大小小的军阀们首要任务就是保住自己的地盘，不被敌人吞掉。这个敌人，除了共匪外，自然也包括以蒋介石为首的各路诸侯。对他们而言，防共与防蒋是同等重要的。

当时，何键的西路军下辖刘建绪的第一纵队、刘膺古的第二纵队，加上西路总部直辖部队约8个师，原守备赣江西岸，仅一部留湘南修碉"清剿"。其中第19师主力及湖南警备旅共6个团，由师长李觉率领，于是年八九月间追击红六军团萧克部至黔东，业已东调回湘。

何键压根儿没有想到中央红军会放弃根据地实施突围，更没有料到红军会经粤湘边入湘南，而不是经西路防线。当接到蒋介石要湘军布防于湘南良田、宜章间，构筑第三道防线，阻止红军西进的电令时，极为紧张，认为数十万中央军都不能将红军剿灭，现在让湘军完成正面防堵，风险太大，根本就不可能实现。

与红军打打杀杀多年，他太了解红军了。

1929年初，何键率部进占井冈山，在国民党将领中大出风头，从此与红军结下了不共戴天之仇。一年后，他便尝到了红军的厉害。红三军团攻下了他重兵据守的长沙，令他颜面扫地。这在当时全国各省会之中，是唯一的一例。

对何键而言，也许终生最难完成的任务，就是对红军的"围剿"。

与陈济棠、白崇禧一样，何键也有自己的如意算盘——以保境安民为主，追堵红军为次。据此，他做出如下部署：

全军依湘江为天然障碍，在粤湘铁路、湘桂公路线各要点，构筑阻击堡垒线。其中，第62师和第19师一部集中衡山、衡阳间；第15师集中耒阳、郴州间，与陈济棠的

1930年7月，红三军团攻占长沙后举行庆功大会

粤军衔接于坪石；第16师先集结于柳州后调零陵；第19师主力进抵祁阳、零陵地区；临时配属西路军指挥的第23、第53师由赣西分向湘南推进。

何键有意将湘军主力向北集结，而在粤汉线南段兵力配置较弱，期望南面的陈济棠予以积极配合，设法弥补。

在这个问题上，国民党内部从来都是一个靠一个，一个推一个。

晏道刚一语道破其中的奥秘：

自从红军突围后，我们在蒋身边的一些人闲谈时，总说追堵部队谁也不愿意猛追强堵，怕接近红军被红军反击挨打，采取的是"送客式的追击，敲梆式的防堵"。

虽然粤军云集粤北边境，但以保境安民为己任的陈济棠自然不会向北面的何键伸出接力棒。

红军迅速通过两道封锁线，于 11 月 3 日进入湘南，一举突破防守汝城的第 62 师钟光仁旅防线。全湘为之震惊，何键更是来往于萍乡、长沙、衡阳、宝庆间布防，深恐湖南地盘难保，焦虑万分。

至 11 月 15 日，红军主力从湖南良田至宜章间突破第三道封锁线，进至位于湘粤桂边境的临武、蓝山、嘉禾地区。

蒋介石闻讯，又惊又喜。惊的是，红军有入湘南与贺龙、萧克部会合，重建根据地的企图，这也是他最害怕的。喜的是，红军正在进入湘、粤、桂军和中央军四股力量可以相向合力的区域以内，而且前面还横亘着两条大河——潇水、湘江，这正是围歼红军的大好时机，也是他梦寐以求的——驱使湘、粤、桂军同红军决战，如能将红军消灭，蒋介石当然是求之不得，但凭他多年"剿共"的经验，这是不可能的；如两败俱伤，他就可乘虚而入；即便红军将湘、粤、桂军歼灭，势必大伤元气，他正好出来收拾残局。

这就是蒋介石的"一箭三雕"的如意算盘。

"大敌当前"，无论蒋介石、何键，还是陈济棠、白崇禧，人人都有自己的如意小算盘。这也许就是国民党军最终败退大陆的一大原因。

● 曾向共产党建议把蒋介石抓起来的 "剿共悍将"

11 月 12 日，蒋介石发表委任湖南省政府主席何键为 "追剿" 军总司令的电文：

派何键为追剿总司令，所有北路入湘第六路总指挥薛岳所部及周浑元所部统归指挥，并率领在湘各部队及团队追剿西窜股匪，务须歼灭于湘、漓水以东地区。

同时，他又命令陈济棠以粤军 4 个师的兵力进至粤湘桂边进行截击；命令李宗仁、白崇禧以桂军 5 个师的兵力控制灌阳、兴安、全州至黄沙河一线，扼要居险堵截；命令贵州省 "剿共" 总指挥王家烈派黔军有力部队到湘黔边堵截。

这是蒋介石真正清醒过来、腾出手来布置的第一道防线，也就是红军在西进途中的第四道封锁线，实际上是一个以湘军和桂军两边夹击、中央军和粤军尾追配合所构成的口袋式大包围圈。

发源于广西境内海洋山的湘江，由南向北经湖南流入长江。20 世纪 30 年代，桂（林）黄（沙河）公路在湘江西岸，沿湘桂走廊与湘江平行而进。

湘桂走廊，因西北的越城岭山脉、东南的都庞岭山脉以及湘江构成一条形似走廊的峡谷而得名。正如古人所言：湘桂走廊 "位居五岭之末脉，控制三湘之上游，东依龙虎 '四关' 之雄，北据湘、漓两水之险，入则扼百粤咽喉，出则抚五溪项背，秦、汉以还，即为南北通衢，楚、越门户"。它是连接湘桂两省的交通要道，是中原进入岭南的必经之地，自古即为兵家必争之地。

沿湘桂走廊从南向北，呈品字形依次排列着三个县城——兴安、灌阳、全州。兴安位于湘江上游，全州位于兴安下游 62 公里处。灌阳县则位于兴安以东、全州以南，距兴安、全州各数十公里处。最北端的全州据关扼险，战略地位不言而喻。

蒋介石把第四道封锁线的重点设在广西北部全州、兴安之间的湘江沿岸，其用意是想把何键的湘军与白崇禧的桂军打造成两扇密不透风的铁门，封锁住红军前进的道路。待他们与红军拼得两败俱伤时，薛岳的中央军便可坐收渔翁之利。就这样，25 个师近 30 万国民党大军在湘江两岸布下天罗地网，只等红军来钻。

蒋介石一生中不知制定过多少个消灭 "共匪" 的计划，可以说，这个中央军与湘、粤、桂军联合作战的湘江追堵计划，也许是其中最为完备的一个，从出任的指挥官到动用的部队，无不费尽心血。

人称"老虎仔"的薛岳

首先是"追剿"军前敌总指挥人选的问题。蒋介石初意是陈诚，毕竟陈诚在第五次"围剿"中居功至伟。而陈诚却坚辞不受，保荐薛岳。

蒋介石对薛岳并不陌生。当年陈炯明在广州叛变，孙中山大总统蒙难永丰舰（也就是中山舰）时，身边站立着两个人，一个是蒋介石，另一个就是薛岳。

薛岳，又名仰岳，字伯陵，绰号"老虎仔"。国民党陆军一级上将。1896 年生于广东乐昌。早年先后毕业于广东陆军小学堂、武昌陆军第二预备学校。1911 年加入同盟会。1918 年，在保定陆军军官学校第 6 期深造尚未毕业的薛岳，便参加了孙中山新建立的援闽粤军，任司令部上尉参谋。

1921 年 5 月，薛岳与叶挺、张发奎分任孙中山总统府警卫团营长。1922 年 6 月 16 日，陈炯明叛变革命，围攻越秀楼和总统府。叶挺指挥警卫团第 1 营坚守总统府前门，薛岳指挥第 3 营固守后门，多次击退叛军的进攻。激战持续了十多个小时。叛军断水断电，企图困死叶、薛两营。两人齐心合力，保护孙夫人宋庆龄突围。叶挺营在前面开路，薛岳营在后面殿后，冒着枪林弹雨，终将宋庆龄安全护送到岭南大学校长钟荣光寓所石屋。

1924 年，年仅 28 岁的薛岳任粤军第 1 师少将副官。次年 2 月，任第 1 军第 14 师副师长兼第 14 团团长。在第二次东征陈炯明的战斗中，薛岳展露了其超群的军事才能，常常以少胜多。

参加东征的部分官兵

1926 年 7 月，薛岳升任第 1 师师长，率部为北伐军先遣队，进军浙江。这一年，他刚过而立之年，成为北伐军中一颗耀眼夺目的"将星"。

薛岳骁勇善战，官运亨通，但与蒋介石的关系却是差到了极点。

1927 年 3 月底，蒋介石、李宗仁、白崇禧等国民党新军阀在上海密谋"清党"。第 1 师师长薛岳和第 2 师师长严重被视为"具有左倾迹象"，靠不住。

理由一，薛岳擅自调动部队进入上海，支援上海工人武装起义。3 月 21 日，上海工人在周恩来等共产党人领导下发动第三次武装起义，要求北伐军立即进驻上海支援。北伐军前敌总指挥白崇禧对工人的要求不屑一顾。而薛岳却不顾白崇禧坚决反对，应上海总工会代表的要求，率第 1 师开进了上海。

理由二，薛岳通过第 1 师政治部与共产党人建立了较为密切的联系。

于是，蒋介石与白崇禧联手拿薛岳开刀了。

4 月 2 日，蒋介石下令解散第 1、第 2 师政治部。恰逢武汉政府军事委员会总政治部秘书长、共产党人李一氓率总政治部先遣队赴上海开展工作。他带来了总政治部主任邓演达写给同乡好友薛岳的一封亲笔信。

薛岳乘机把对蒋介石的不满统统向李一氓倾诉出来，并称"情况不好"，要李"谨慎小心"。

这时，薛岳又意外获知第 1 师将被调离上海的消息，预感事情不妙，便亲自赶到上海的中共中央委员会，建议"把蒋介石作为反革命抓起来"。

虽然当时国民党反共的气氛日益浓重，但陈独秀领导的中共中央依然在盲目遵从共产国际指示，小心翼翼地避免同蒋介石发生冲突，对薛岳的提议自然不予采纳，反而建议薛岳装病，以拖延第 1 师的撤离时间。

蒋介石却不容薛岳拖延下去。4 月 5 日，第 1 师被调离上海，"赴京沪线护路"。一周后，蒋介石、白崇禧等人在上海大开杀戒，发动了"四·一二"反革命政变，薛岳随即被解职。

在那个大动荡的年代里，人们的性格自然也被赋予了大动荡的色彩。

丢掉兵权的薛岳只得南下回广东老家，投靠了第 4 军军长黄琪翔，任广东新编第 2 师师长。从此，这个曾建议共产党抓蒋介石的薛岳仿佛换了一个人，由"具有左倾迹象"变成了"反共悍将"。

南昌起义失败后，贺龙、朱德、叶挺等率起义部队南下广东，进驻潮梅一带地区，计划在此建立革命根据地，重新北伐。薛岳奉李济

1927年蒋介石在上海发动"四·一二"反革命政变。图为上海街头屠杀革命群众的行刑队

深命令率新编第 2 师迅速开赴揭阳、普宁地区，在汤坑与起义军展开激战。他的对手，正是当年的好友、曾在总统府共同掩护孙夫人宋庆龄突围的叶挺。

战斗中，薛岳所部 4 个团都被击败，师部也被包围，全师覆灭在即。关键时刻，叶挺部营长欧震叛变革命，阵前倒戈。薛岳趁势抓住机会，与赶来增援的粤军邓龙光部向起义军展开猛烈反攻。

汤坑之战，在南昌起义部队的战史上占有重要一笔。南下广东建立根据地、重新北伐的设想在这里被击碎。朱德率第 9 军教导团和第 25 师留守三河坝，未西进汤坑，后来和陈毅一道，率部突破敌军包围，上了井冈山，与毛泽东率领的工农革命军胜利会师。

这年 11 月 16 日，张发奎、黄琪翔在广州发动政变，夺取李济深在广东的军政大权。薛岳也公开叛变李济深，转而投靠了张发奎，任由新编第 2 师改编的第 4 军教导第 1 师师长。

广州起义时的叶挺

12 月 11 日，张太雷、叶挺等共产党人领导和发动了广州起义。薛岳奉张发奎电令镇压起义，其部第 4 团连续 5 次向广州起义总指挥部发动攻击，最终占领了总指挥部，使白色恐怖笼罩全城。

张发奎、黄琪翔等屠杀广州革命群众的野蛮行径，不仅遭到人民群众及舆论界的谴责，同时也遭到桂系军阀的攻击和国民党内部其他派系的非议，被迫离穗赴港。

1928 年 1 月 24 日，薛岳和缪培南率部北上投靠蒋介石。

从孙先生、孙夫人的忠实护卫，到上海总工会的朋友、建议先下手捉蒋介石的"左"倾师长，到打击南昌起义部队、镇压广州起义、率部投靠蒋介石，薛岳只用了短短 5 年时间，便完成了他人生中几个最重要的转折。

那的确是一个大浪淘沙的时代。

然而，蒋介石并没有接纳薛岳。是年 9 月中旬，第 4 军缩编为第 4 师，副军长薛岳竟连一官半职也没有捞到，被迫再次离队南下，到九龙闲居。

投蒋不成反而丢了官，薛岳越想越生气，干脆来了个一百八十度大转弯，参加汪精卫、陈公博等人的反蒋活动。

1930 年 2 月，第 4 军在花县讨蒋失败不久，薛岳在广东廉江归队，任第 25 团团长。不久，李宗仁将桂军一部充实到第 4 军的编制，薛岳随即升任该军第 10 师师长。中原大战结束后，他又被李宗仁任命为柳州军校校长。

1932 年 1 月，薛岳看到国民党内部派系林立、政局复杂，而自己苦于手无兵权，心灰意冷，主动辞职再次回到九龙闲居。

有道是：否极泰来。就在薛岳心灰意冷之时，陈诚出现了。正是他在蒋介石面前的极力保举才彻底改变了薛岳的命运。

其实薛陈二人之间并无多少交情，而且薛岳资格甚老，与陈诚的恩师严重同辈。1927年北伐军挺进上海时，薛岳和严重同为师长，陈诚只不过是严重手下的一个团长。

改变这一切的起因缘于对中央苏区第四次"围剿"中陈诚空前的失败。粤籍将领罗卓英、吴奇伟乘机向他推荐了薛岳，陈诚转而在蒋介石面前保举薛岳。

1933年5月，薛岳出任第5军军长，随后任北路军第六路军副总指挥兼参谋长，参加对中央苏区的第五次"围剿"。未几，陈诚升至北路军前敌总指挥兼第三路军总指挥，即让出第六路军总指挥之职，保荐薛岳继任。第三、第六路军是第五次"围剿"中最大的主力兵团。

陈诚在宣布薛岳就任第六路军总指挥的军官集会上，还说了一句后来在国民党军官兵中广为流传的话：

"剿共有了薛伯陵，等于增加十万兵"。

话虽然说得太大，徒增薛岳之轻狂，但也可见此人确非等闲之辈。

薛岳果然没有让陈诚失望，成为第五次"围剿"中进攻红军最凶狠，取得战果最辉煌的国民党军将领。

几番思虑，蒋介石同意了陈诚的举荐：以薛岳率领中央军9个师负责"追剿"；陈诚任预备军总指挥，集中亟待休整的嫡系部队作为机动兵团，策应各方面的需要。

红军从宁都开始了突围西征，后来叫长征。薛岳也从兴国开始了跟踪"追剿"，后来叫长追。

● 蒋介石在给薛岳的信中露出马脚

蒋介石并不是除了独断专行、刚愎暴虐、歇斯底里式的骂几句"娘希匹"之外一无所长，也不是后来的小说、影视剧等文艺作品里所描绘的一听到枪声就吓得往床下钻的胆小鬼。若真是那样浅薄，何以服众，又何以在中国近现代政治舞台上叱咤风云几十年。

这说明蒋介石绝非庸碌之辈。此次任命湘军统帅何键为"追剿"军总司令，便透露出他的心机之深。

在蒋介石看来，起用何键有利之处有四：

其一，广东的陈济棠、广西的白崇禧皆处于半独立状态，指挥不甚灵便，何键却一直比较听他的招呼；

一心想要剿灭红军的蒋介石

其二，作战地域正在转入何键统辖的领域，用人用兵之际，须最大限度发挥湘军力量；

其三，何键与李宗仁、白崇禧私交不错，一旦需要湘军入桂，彼此不会引起猜忌；

其四，也就是最关键的一点，此时可借红军入湘境的理由，调嫡系部队入湘，然后再将湘军主力调离湖南，而使何键更易受控制。

既然给一个"追剿"军总司令的空头官衔，会大大调动何键的积极性，为"追剿"红军卖全力，蒋介石又何乐而不为？

一心想削弱地方军阀势力的蒋介石是绝不会放过这个掌握湖南权柄的大好时机。因此，他在军事会议上说：

"何芸樵原是西路军总司令，红军进入西路作战地境，他应是名正言顺的负军事指挥总责。"

这当然是蒋委员长的冠冕堂皇之语，而真正的用意却是：此举可将湘军主力调离湖南，使何键更易受控制。

在给何键下委任状的同时，蒋介石还空投了一封亲笔信：

芸樵兄勋鉴：

今委兄以大任，勿负党国之重托，党国命运在此一役，望全力督剿。并录古诗一首相勉：

> 昨夜秋风入汉关，
>
> 朔云边月满西山；
>
> 更催飞将追骄虏，
>
> 莫遣沙场匹马还。

何键手捧信札如接圣旨，受宠若惊，视作无尚荣光，当即拟成就职电文，通电全国：

奉委员长蒋文酉行战一电开……遵于十一月寒日，在衡阳军次敬谨就职。窃自共匪盘踞赣南，经我委座亲临督剿，分路并进，已届最后成功之期。不谓迩来该匪自知在赣无可幸存，弃巢南窜，折而西窜。键负西路重责，节经秉承行营策言，率所部严密剿击。兹奉新命，誓当益矢有我无匪之决心，穷匪所至，不歼不止。所冀我长官袍泽，宏赐指教，我全国民众，多予协助，尤冀我友军严阵堵截，俾收夹击之效，而完一篑之功……

赣、粤、闽、湘、鄂剿匪军追剿总司令

何键 叩寒午衡印

与此同时，何键还将蒋介石的手札大量复制，广为散发，以激励下属，抬高自己。14日，蒋介石给何键发去了《消灭共匪于湘水以东地区电》：

现在匪已窜过一、二两线，今后倘再不幸窜过第三线（即湘江封锁线），则扑灭更难，遗（贻）害国家不堪设想。希芸樵（即何键）兄督饬两李（李云杰、李韫珩）各部扩军队、民团，并会同粤、桂两军，妥为部署，分别严密追堵，务歼灭窜匪于湘水以东……

何键立即按照这个计划大纲制定了他的"追剿"方针，内容如下：

……

第二，追剿方针。

本追剿军以彻底消灭窜匪之目的，决取捷径集中主力于黄沙河（桂属全县东北边境）、零陵、东安县间地区，期与桂、粤两军协力包围，于湘水、漓水以东地区而聚歼之。为不使匪有机先逃窜之余裕，别以一部于桂阳、嘉禾、蓝山各县之线，尽力截堵，以迟滞其行动。

第三，指导要领。

（1）匪如在江华、道县之线稍事徘徊，我军可由宁远县之平田、道县之上埠港向南截击。

（2）匪之主力，若经寿佛圩、新桥、黄沙河向西窜时，预期可于黄沙河附近与匪遭遇，即以主力迫匪激战。

（3）匪之主力若进出永安关、龙虎关，向全县、兴安、灵川之线西窜时，以主力包围匪之左侧，可与桂军协力歼灭之。

但若匪之行动迅速，机先窜过漓水，未能实施上述之围剿时，拟以主力转移于新宁方面，觅匪侧击。为此，先派一部在该方面预行构筑工事碉堡，迟延匪之北窜，使我主力有移转之余裕。

蒋介石的心腹爱将——陈诚

此时，"追剿"军前敌总指挥薛岳却是满腹牢骚。在他看来，要他屈居于资历和地位皆不及他且又非嫡系的何键之下，简直是一种耻辱。原来，蒋介石自然不会把自己的小算盘告诉薛岳，却反而告诉薛岳，他所率的中央军9个师入湘后皆归何键统一指挥。

中央军归地方军阀指挥，这可是前所未有之事。

不谙政治斗争的薛岳当即向他的主子陈诚电告了这种不满。

陈诚很快复电安慰，认为薛岳率中央军入湘，又以前敌名义兼任指挥湘省第四路军各师，"将来越境追歼有利于国家大局"。同时又暗示他，委座这样安排是有深意的，可以瓦解粤桂湘三省军队联合的趋势，希望薛岳能率湘军进入外省，行调虎离山之计，使何键无所凭借。

蒋介石听说此事后，暗自心喜。他正巴不得薛岳的这些牢骚话都传到何键耳里，更显出自己对何键的"器重"。当然，他还要倚仗薛岳为他的"剿共"大业卖命，对这员虎将自然也要安抚一番，在短短几天内就两次亲笔致函薛岳，指示机宜：

赤匪此次西窜，……朱、毛确在军中。歼灭此股，关系国家成败，应特加注意，倍加奋勇。

要令各军将士，应认识西窜流寇，人数虽众，乃多裹胁；在江西经国军四年血战，无以生存，才相率西逃。今已势穷力蹙，内部不和，缺粮缺弹，形如缺水之鱼。我军要人人同仇敌忾，树立灭匪雄心；为个人建立殊勋，为国家开太平之信念。

弟入湘佐耕樵任前敌，实乃肩负追剿重责，望善体斯意，与何通力合作，谦虚为怀，俾在战略上统率前线部队，摒弃境域观念，越境长追。如情况变化，进入粤桂境内与友军相处，尤要慎重，以顾大局。

蒋介石还生怕薛岳不理解他的用心良苦，特意在信的末尾写道：

西南诸省久罹军阀鱼肉人民之苦。此次中央军西进，一面救平匪患，一面结束军阀割据。中央军所至，即传播中央救民德意，同时也宣扬三民主义之精神。

表面上，蒋介石说得是一套官腔，实际上已露出其一箭三雕之计。

薛岳也不傻，当读到"结束军阀割据"时，心中一切都

1926年7月9日，国民革命军总司令蒋介石（台上左1）在北伐誓师大会上讲话

已然清楚：委员长的安内政策不仅是要剿灭共匪，还包括地方军阀。

在体会到了委员长的这番良苦用心后，薛岳把怨气咽下，急驰衡阳赴任。

其实总司令何键也好，前敌总指挥薛岳也罢，都是空职。何键这个总司令指挥不了薛岳的中央军，薛岳这个前敌总指挥也指挥不了何键的湘军。一切都是蒋介石、陈诚在南昌行营里居中调度、亲自指挥的。

各怀鬼胎

一向拥兵自重、尾大不掉的"小诸葛"白崇禧，
深知"防共防蒋并举"的道理，
但在重赏之下也险些上了蒋介石的当。
桂军在桂北"四关"大修工事、高筑碉堡、
张贴标语、散发传单、舆论宣传、坚壁清野，
摆出一副与红军决一死战的架式。这时，一封从上海发来的密电，
使白崇禧惊出了一身冷汗：老蒋果然没安好心，
用的是"驱虎吞狼"之计，欲一举险三害。
两害相较取其轻，在高参刘斐的协助下，
桂军确定了"不拦头，不斩腰，
只击尾"的送客方针，准备专从红军后卫部队上做文章，
以便"送客"早走，敷衍蒋介石。
眼见红军兵临城下，白崇禧下令"工事星夜挖去"，
放开全（州）兴（安）灌（阳）铁三角，
向红军敞开了湘江大门……

● 重赏才能出勇夫

11月12日，蒋介石在任命湘军何键为"追剿"军总司令的同时，命令粤军陈济棠以4个师的兵力进至粤湘桂边进行截击；命令桂军白崇禧以5个师的兵力控制灌阳、兴安、全州至黄沙河一线，扼要堵截。

蒋介石意在利用湘江险要，构成更严密的第四道封锁线，实现歼灭红军于湘江以东的作战计划。为此，他手谕前线各部队："力求全歼，毋容匪寇再度生根"。

晏道刚回忆道：

当11月中旬红军主力先后行进至郴州、耒阳、衡阳之线后，蒋认为红军已经"流徙千里，四面受制，下山猛虎（指红军放弃根据地），不难就擒"，乃以在湘江以东（即第四道封锁线）围歼红军为指导方针，令何键、薛岳在衡阳开军事会议。

17日，遵照蒋介石的指示，何键在衡阳召开军事会议，部署五路进军的湘江追堵计划。

当然，这个计划是蒋委员长在南昌行营和他的智囊们精心策划的。不过，客观地讲，这个计划还是相当周密的。但他仍怕手下诸将不认真贯彻执行，故在下达命令时，让晏道刚在电令中特意引用古代兵家尉缭子的名言：

"众已聚不虚散，兵已出不徒归；求敌若求亡子，击敌若救溺人。"

蒋介石希望诸将能够照此计划行事，依托有利地形，发挥优势兵力，上下同心，追得上，堵得住，打一场名副其实的歼灭战,在湘江岸边一举完成他的"剿共伟业"。然而，素有"小诸葛"之称的桂军首领白崇禧能听命于他吗？

想到此，蒋介石心里不禁犯起了嘀咕。

白崇禧，字健生，国民党陆军一级上将。1893年生于广西临桂（今桂林）。自幼聪颖伶俐，酷爱读古典书籍和武侠小说，崇拜英雄人物。1907年考入广西陆军小学堂第1期。当时全省一千多名考生只招收120人，白崇禧以前六名的优异成绩被录取。

"小诸葛"白崇禧

自古英雄多磨难。三个月后，因身染恶性疟疾和军事学科测验不及格的原因，白崇禧自动退学。这次挫折对白崇禧触动很大，由此更加发愤读书，强健体魄。

功夫不负有心人。两年后，白崇禧以第二名的成绩考入广西省立初级师范，并被选为领班生。

1911 年，辛亥革命爆发。血气方刚的白崇禧加入了广西学生军敢死队，由桂林出发进入湖北，从此开始了他的戎马一生。

不久，白崇禧被送入武昌陆军预备学校。1914 年考入保定陆军军官学校。1916 年毕业后，在桂军任连长、营长、统领。1923 年被孙中山任命为广西讨贼军参谋长。次年任定桂讨贼军前敌总指挥兼参谋长。1925 年结束了旧桂系军阀对广西的统治，成为新桂系首领之一，与李宗仁、黄绍竑并称"桂系三巨头"。1926 年 3 月，两广统一，出任由桂军改编的国民革命军第 7 军参谋长。

北伐战争中，白崇禧任国民革命军总司令部副总参谋长、代理参谋长。1927 年 1 月出任东路军前敌总指挥，率部攻占杭州。3 月兼任上海警备司令，积极参与策划和发动"四·一二"反革命政变。8 月在南京城郊龙潭车站大败孙传芳。10 月任西征军第三路前敌总指挥。1928 年初，击败由湖北退往湖南的唐生智部。5 月任第 4 集团军前敌总指挥，率部参加第二期北伐，借机扩张了桂系势力。1929 年，在蒋桂战争中兵败逃往越南。1930 年，在蒋冯阎战争中任反蒋军第一方面军总参谋长，出兵湖南被击败。

1932 年，白崇禧任广西绥靖公署副主任兼民团司令，提出并实行自卫、自治、自给的"三自"政策和寓兵于团、寓将于学、寓征于募的"三寓"政策，得到了李宗仁的支持。

与其他军阀一样，白崇禧也特别注重加强军备。但当时的广西，虽然号称"模范省"，却是个典型的穷省。全省人口 1270 余万，土地贫瘠，农业生产效率低，基本没有什么工业设施，财政收入仅仅为邻省广东的六分之一。所以，桂系无法像湖南、广东军阀一样保持一支规模庞大的常备军。

不过，经数年扩军备武、苦心经营，桂军下辖 2 个军 5 个师，总兵力接近 3 万人。其中，廖磊的第 7 军下辖周祖晃第 19 师、覃联芳第 24 师，每师 3 个团，加上 1 个独立团，共 7 个团 12000 余人；夏威的第 15 军下辖黄镇国第 43 师、王缵斌第 44 师、韦云淞第 45 师，每师 3 个团，共 9 个团 17000 余人。当时桂军装备也较为精良，据 1935 年的桂军《七军年刊》记载：

武器弹药，及各项附属用具，自上年换发以来，现均一色新式步枪，机件精良，射击准确，至轻重机枪及各附属用具，亦配备完全。

土地革命战争时期，中国共产党在根据地建立的人民群众武装——赤卫队

熟悉中共党史和解放军军史的人都知道，中国共产党历来重视民兵建设，早在革命战争年代就形成了"寓兵于民"、"劳武结合"等一系列制度，为支援主力军作战、夺取新民主主义革命的胜利发挥了巨大作用；新中国建立后，又创新发展了"全民皆兵"、"军民联防"等形式，对抵御帝国主义侵略、保卫国家安全发挥了重要作用。

白崇禧把全省划分为桂林、平乐、柳州、梧州、南宁、龙州、百色、天保八个民团区。每个民团区都下设指挥部，负责指挥所属各县编练民团。各县设民团司令部，司令由县长兼任。每个民团区设有3个常备大队，每大队为60人，全省共计24个常备大队，8600余人，超过桂军1个正规师的兵力。除民团常备大队外，桂系要求各县组训后备队，每个区公所编一联队，每乡编一大队，每村编一后备队。按照白崇禧的说法：

广西有一千二百七十万人口，分为二万四千个村（街）。每村（街）有后备队一队，每队壮丁约百人，共有二百四十万人。由十八岁至三十岁的约居半数，即一百二十万人……

至于组织的系统，分政治、军事两方面：政治系统，是由省政府而行政监督，而县政府，以至区、乡、村、甲（城市设镇街，等于乡村）。军事系统，是由总司令部而区指导部，而县司令部，以至联队、大队、后备队。行政监督兼区指挥官，县长兼民团司令，区长兼联队长，乡长兼大队长，村长兼队长。

高小实施童军训练，初中实施青年军训练。所谓青年军训练，就是一半童训，一半军训，合于童训与军训之间。高中则于第一学期实施军训。初、高中及师范学校不能升学的学生，可进民团干部学校，毕业后可以当村长、后备队长。

桂系还规定：18岁至45岁的壮丁都必须参加训练。到1934年，广西全省约有半数壮丁，即120万人接受了军事训练。通过"全民动员"、"全民动手"、"全民皆兵"，桂系整体实力大增。

此外，李宗仁、白崇禧还极力鼓吹大广西主义和排外思想，提出"建设广西，复兴中国"和"桂人治桂"的口号，进一步巩固了广西势力地盘，保持着半独立的状态。

说起来，白崇禧与蒋介石曾有过很好的合作。

白崇禧参赞军机，指挥作战常以谋略制胜，在统一广西中更是表现出来非凡的军事才能，人称"小诸葛"。北伐伊始，蒋介石点名要他出任总司令部参谋长，后又任命他为东路军前敌总指挥。白崇禧自然也没有辜负蒋介石的信任，率军克杭州，逼上海，连战连捷。

"四·一二"反革命政变，则成为蒋白二人合作的高峰。政变的第二天，当上海工人游行示威，向白部请愿时，白崇禧丧心病狂，竟下令用机关枪向手无寸铁的示威群众扫射，当场打死100多人，打伤无数。时天降大雨，宝山路上血流成河。

辉煌过后便是衰败。

因帮蒋介石发动"四·一二"政变，建立南京政府，又在平定广西和北伐战争中屡建奇功，白崇禧自恃功高，开始不大听命于蒋介石了。

蒋介石对非嫡系的地方军阀一向视为异己，欲翦除之而后快，白崇禧当然也不例外。更何况白崇禧足智多谋，一旦羽翼丰满，势必拥兵自重，蒋介石又如何放心得下？

北伐途中的蒋介石

于是，蒋白二人的互不信任日渐发展为蒋桂两派的矛盾，最终演变为战场上的殊死拼杀。1929年的蒋桂战争、1930年的中原大战和宁粤之争，只要是反蒋行动，就少不了白崇禧的身影。

蒋介石一生中有过三次下野，几乎每次都离不开桂系的威逼。因此他将桂系视为眼中钉、肉中刺，屡屡欲连根铲除。对白崇禧，蒋介石更是恨之入骨，不仅撤销了他的本兼各职，将其开除出国民党，还指使粤军陈济棠部、湘军何键部大败桂军，迫使白崇禧败逃越南。

在20世纪30年代那个军阀连年混战、世事变幻无常的特殊时期，战场上同生共死的朋友瞬间变成兵戎相见的敌人，早已屡见不鲜。蒋介石与白崇禧这一对欢喜冤家，貌合神离，明争暗斗了几十年，其间打打和和，和和打打，关系就像一只万花筒，令人捉摸不透。

其实道理也很简单，说穿了，就是相互利用。

　　如今，蒋介石这个庞大的追堵红军计划，又需要白崇禧的帮助了。毕竟桂军战斗力强，又有白崇禧的头脑，是一支不可小觑的力量，而且这也正好是一个借"追剿"共军之机翦除异己的大好时机，蒋介石自然不会错过。

　　于是，蒋介石把第四道封锁线的重点设在广西北部全州、兴安之间的湘江沿岸，其用意是想把何键的湘军与白崇禧的桂军打造成两扇密不透风的铁门，封锁住红军前进的道路。待他们与红军拼得两败俱伤时，薛岳的中央军便可坐收渔翁之利。

　　重赏才能出勇夫。

　　蒋介石深知其理，马上派飞机给白崇禧急送两个军三个月的经费，及作战计划、密电本等，并附电报一封：

　　"匪将南窜桂黔，贵部如能尽全力在湘桂边境全力堵截，配合中央大军歼灭逆于灌阳、全州之间，则功在党国。所需饷弹，中正不敢吝与。"

　　晏道刚回忆道：

　　红军进入湘粤边时，蒋只命白崇禧在桂北防堵；当红军进据湘南后，蒋即电白崇禧集结桂军主力于灌阳以北各关口，与湘军合力在湘江东岸"消灭"红军，并要白崇禧至灌阳指挥。这时蒋介石为利用桂军，特别发了一笔相当大的军费。总之蒋介石是挖空心思策划湘桂军联合作战堵击红军，唯恐不达目的。

　　果然，白崇禧很快回复：遵命办理。

　　蒋介石得意地笑了，用手轻抚那光得发亮的秃头，沉浸在全歼朱毛红军于湘江岸边的"伟大胜利"之中……

● "小诸葛"摆开架式，要与红军"决一死战"

白崇禧说到做到，立即着手部署湘江防线。

桂军的《7军年刊》记述了当时的情形：

国军几次进剿，都未克奏肤功。乃自前年五次围剿，一面实行碉堡政策，一面又加以严密的经济封锁，共匪处此四面楚歌之中，无所施其伎俩，遂有溃围西窜之计划，以期打通国际路线，仰求苏俄直接接济。故于去秋8月间，首派伪第六军团萧克一股，突围西窜，以作开路先锋，因被我军蹑踪追剿，由湘而黔，沿途遭遇大小几十余战，率将该匪主力歼灭于黔之乌江南岸。正拟乘此良机，将盘踞黔东多年未决之贺龙一股聚而歼之，而赣匪朱、毛十余万众，于此时亦开始突围倾巢西犯。时我军进抵贵阳石阡，因吾省北陲适当冲要，为固边计，故不得已，星夜班师，未能以竟全功，深为遗憾。始于11月10日全部回抵桂林，时匪从已由赣边窜至湖南宜章、良田之线，声势浩大，湖南各属为之震动。

实际上，白崇禧对红军突围早有准备。

自10月上旬，桂军即大量征用民工，在桂北赶筑工事、碉堡。李宗仁在当年12月10日的广西省政委会上报告称：

自得到在赣共匪有倾巢西窜讯，本集团军于九月下旬即决定堵剿方案，筑碉堡三线：

（1）自黄沙河至桂林之边界线。

（2）自黄沙河、文市迄富川、贺县重要市镇之线。

（3）沿湘江西岸线。

另外，于附近湘、黔各地要点，筑设重层之碉堡林。

红军战士在长征途中写下的标语

到红军进入桂湘边界时，桂军仅在第三线就筑有碉堡140多座。为防止红军深入广西腹地，桂军还在省际交界的所有要隘处修筑了大量的碉堡，并在湘桂边境的清水关、永安关、雷口关、龙虎关，修建了防御工事。

10月上旬，李宗仁、白崇禧在南宁召集第7军军长廖磊、第15军军长夏威、第4集团军总参谋长叶琪、广西省政府主席黄旭初等桂系军政要员，以及各区民团指挥官，共商"防共"大计。

曾参加这次会议的广西省桂林区民团指挥部参谋长虞世熙回忆道：

1934年9月下旬，我率蒋鼎新大队由大埠头回到桂林。第三天即接总部来电要桂林、平乐、柳州等民团区指挥官、副指挥官和参谋长出席总部召开的"防共"会议。我是和陈恩元、岑孟达（副指挥官）及参议黄塽（保定军校毕业）等4人由桂林乘车赶到南宁的。会议日程一共3天，主持会议的是白崇禧和李品仙，省府团务处长卢象荣也出席参加。第一天开会时，由陈恩元报告防御红军过境和调集桂北民团协助防堵的经过情形；其次，是讨论民团章则和桂东、桂北各县先行成立民团常备队，以及如何筹集常备队的枪支、子弹、经费等问题；再次，是讨论构筑工事、碉堡和空室清野等办法。关于常备队问题的决定：甲等县成立两个联队，乙等县成立一个联队，丙等县成立一个或两个大队（一个联队辖3个大队，一个大队辖3个中队），所需枪支由民间富户征借，弹药由总部酌予补给，经费由县预备费项下支给。关于构筑防御工事和碉堡等方面，决定在桂东北通湘省的要道和关隘，择其具有军事价值者，构筑临时防御工事（即简单散兵壕等），其余小路，则应阻塞或破坏。全州的灌水和湘江西岸的渡河点均须建筑碉堡，以利防守。至于空室清野，划定恭城、灌阳、全州、兴安等县先行举办。最后，白崇禧提出邻近湘、黔两省边境的县长，一律委派军人充任，以便计划防守和指挥作战。这一议题决定后，白崇禧首先要陈恩元推荐一个军人充任全州县长。为此陈恩元曾两度和我商量人选问题，我前后建议调现任武鸣县县长陈良佐、黄塽充任，据谓，白均不同意。接着在白、陈两人商议下，决定要我去充当。

会毕，我就返回桂林，省府委我代理全州县长兼民团司令，委蒋鼎新为县民团副司令的电报也到达了，10月14日我就和蒋乘车赴全州，16日接理县篆。到任后，总部也把这次会议决议案随电附发到县府。接电后，我立即派县民团司令部的人员分途到县属灌水和湘江西岸选择渡河点，饬各乡征调民工建筑碉堡，共计建筑大小碉堡140余个。接着委蒋余苏为全县民团常备队第一联队长，委刘遂谋为第二联队长。所需枪弹，饬各区乡公所向民间富户尽量征借，缺少的弹药，则派员向总部请领。至于空室清野，也同时下令各乡做好准备工作。

这次会议还确定：立即在全省掀起一场大规模的"防共剿共"宣传活动，召集各界代表座谈,讨论"防共剿共"之意义与方法,刊印"告本省同胞书",广发传单,张贴标语。

《创进月刊》1934 年 11 月第六期刊登了广西省政府政训处的消息:

> 本处为使沿湘（边）各县民众彻底明了我省此次出兵剿共之意义及一切防共方法,特于十月卅一日派出宣传队两队,携带宣传品种,分头出发桂林、平乐两处各地宣传。第一队往桂林,第二队赴平乐。

国民党军修筑的碉堡

同年 11 月 16 日出版的香港《循环日报》也对此事进行了详细报道:

> 第四集团军总司令部政训处第一宣传队长李文钊,奉令到桂林区属各县宣传防剿共匪……

"告本省同胞书"传单中首述江西残余共匪,因在江西必消灭,故欲西窜四川,但现在湖南、贵州、广东、广西有二十余万军队,将匪围剿,共匪乃自行送死。次述共匪快将崩溃消灭,但匪能造谣,并且手段毒辣,为保存本省数年来建设计,不能容共匪侵犯。又次述本省现集中军队、民团极多,区区崩溃共匪,不难防堵截剿以消灭之,只要大众民众一致起来负责。若大家逃走,则共匪必来掳掠奸淫。最后希望民众注意三事:

（一）莫听信谣言,致中共匪诡计。

（二）赶筑碉堡炮楼,拼命扼守,勿使共匪侵入,并将谷米食物保存入内,使共匪无处觅食。

（三）与军队、民团切实合作,互相联络帮助,一有紧急情况,即速报告附近军队与民团。

全州是红军强渡湘江的主要区域,自然被列入宣传"防共剿共"的重点区域。李文钊亲率宣传队首先赶赴全州,召集民团训话,并四处张贴宣传画、标语,散发传单。

家住全州的雷德铭老人曾听过李文钊的宣传讲话,几十年过去了仍记忆犹新:

我小时候在体育场看见国民党宣传队的宣传，讲共产党"杀人放火，奸淫掳掠，共产共妻，无恶不作"。把共产党讲得一无是处，好像青面獠牙的味道，哪个不怕"共匪"！

另一位叫唐楚英的老人当时就住在全州石塘沛田村，据他回忆：

我那时候刚刚八岁，是在小学读二年级。听说红军要来，学校就放假了。国民党在学校散发了些漫画，画的是老百姓脑壳上盖着一片锯子，把老百姓拿来用锯子锯。当时广西流行一支歌，叫做"剿共歌"，同胞们大家出来去"剿共"，"共党土匪"杀人放火什么的，国民党是这样宣传的，老百姓在当时那种情况下，不懂得红军是个什么东西，到底和老百姓什么关系，老百姓一概不懂。当时我们这个地方也没有党组织，也没有进步活动，大家处于一种茫然的状态，你讲红军坏就坏，没哪个知道红军做了很多很好的工作。

这一番大张旗鼓的反共宣传，遍及城乡，渗透到广西全省境内的各个角落，尤其是桂北苗、瑶少数民族杂居区，更是家喻户晓，妇孺皆知。

此外，桂军还实行了空室清野的恶毒计策：将贺县、富川、灌阳、全州、兴安等桂北各县东西交通大道附近的居民，统统强迫迁徙到偏僻山区，并规定所有人畜粮食和家具物品，都一并随身带走或就地隐蔽掩埋，不允许留给红军。于是，桂北交通沿线各村庄如经历了一场大浩劫，人去屋空，一片空寂……

家住资源县两水街的李洪宝，当时仅有10岁，跟随父母躲上了山。他回忆道：

红军未来之前，国民党宣传红军杀人放火，把人全杀光的。我父亲就在山上扎了个茅厂，将粮食、红薯所有能够吃的东西都藏到山上，连锅都挑上山，猪牛鸡鸭都赶上山。红军来的时候，我们全家在山上躲了好几天，一直到红军过完了，我们才敢回家。

这些招数果然毒辣。后来红军突破湘江过境桂北时，遇到了难以想象的困难。饥饿、寒冷、伤病、死亡，如魔影般纠缠着红军将士们，挥之不去。

时任红八军团无线电队政委的袁光曾回忆道：

一路上虽然看到过几座苗寨，但寨子里空无一人。苗寨同胞素有搬迁的习惯，过去我就听说过"桃树开花，苗子搬家"。可是在反动派的欺压下，苗胞们只能向山高林深的地方躲避。大概是因为他们分不清红军与反动派的区别，听到红军来到的消息，也同往常躲避汉人一样，在山上藏身了。这些苗胞跑山极快，有时前卫部队看到人影，三转两转就再也找不见了……在苗山上，连人影都找不到，又如何进行群众工作呢？连续的山地行军，使同志们相当疲劳，最糟糕的是粮食快吃光了。

白崇禧真是处心积虑，该想到的都想到了，该防的也都防了，他在桂北大地给红军布下了一个天罗地网，只等红军来投。

不过，此时的白崇禧心里仍然不踏实。这种忐忑不是源于红军，而是来自正坐镇南昌行营的蒋委员长。白崇禧心里清楚，正是由于红军的存在，才使蒋介石没有足够的力量来对付桂军。老蒋只能是恨在心里，笑在脸上，"团结"桂军一起"围剿"红军。

红军长征途中留下的标语

防蒋与防共同等重要的道理，不仅陈济棠明白，白崇禧也懂得。

1932年夏，蒋介石命桂军去江西参加"围剿"红军，白崇禧不得不派出了两个团。但白崇禧却自有打算，在第44师师长王缵斌率莫德宏、周元两个团出发前，曾密召王缵斌，面授机宜：

"广西地瘠民贫，养不起更多的兵，而老蒋又时时想解决我们，不能不多养一些兵，以图自存。咱们这次去是为老蒋的补给去的，派你们两个团去剿，必须换回四个团的经费补给来。广西子弟当兵不易，你们都要完整地回来，不能损失一兵一枪。红军失败之日，也是老蒋灭我们之时啊！"

王缵斌深得要领，到了江西前线后，只是修筑工事，概不出兵，和红军形成遥相对峙的局面。

后来，在蒋介石的一再威逼利诱压迫下，参加"围剿"的桂军增至4个团，防守地区扩大到安远、龙南、虔南、定南一带，而白崇禧的上述"原则"并没有改变。桂军即便出兵，也只是做做样子，胡乱放几枪，又马上撤回。

1934年8月间，白崇禧判断中央苏区红军有突围意图，生怕桂军遭受损失，就亲自跑到安远，准备把部队开回广西兴安、灌阳一带，并连电蒋介石称：

"如为阻挡共军通过湘桂边境，广西部队愿独任其事，但必须先令王缵斌师归还建制，否则兵力单薄，难以抵御。"

蒋介石复电照准，但规定必须在灌阳至全县间占领阵地，不使红军通过湘桂边境。

9月底至10月初，王缵斌率第44师返回桂北，立即奉命分赴各县，并构筑工事。其中，第130团驻灌阳，第131团据全州，第132团守兴安，第134团到恭城龙虎关布防。

11月上旬，在接到蒋介石要桂军在湘江堵击红军的电令后，白崇禧立即在南宁召开高级军事会议，谋商对策。

参加会议的有第4集团军司令李宗仁、副司令白崇禧、总参谋长叶琪和第7军军长廖磊、第15军代军长夏威、广西省政府主席黄旭初等桂系要员，桂林、平乐、柳州等民团区指挥官、副指挥官和参谋长也参加了会议。

对红军下一步的动向，参加会议的诸将产生了激烈的争论，提出三种可能：一是深入广西腹地；二是直驱贵州，并在那里建立根据地；三是进攻四川，占领"天府之国"。

白崇禧认为：三种可能性中，以第三种可能性最大。因为四川内部四分五裂，又远离国民党中央的控制，是共产党立脚最好的地方。第二种可能性次之，因为贵州是山区，便于游击。第一种可能性最小，因为广西民团组织严密，红军不至于在此久留。据此，白崇禧得出结论：红军只是路过广西，并不打算在广西立足。

建于四川松潘的红军长征纪念碑

那么，是否遵照蒋委员长之命在湘江堵击红军呢？

白崇禧分析，蒋介石觊觎广西已久，对桂系早存吞并之心，而红军的存在已经成为蒋介石吞并广西的障碍。现在江西红军失败了，广西马上面临着生存的威胁。此次红军十万人马，来势凶猛，虽为失败而走，但仍是困兽犹斗。广西全部兵力只有2个军5个师16个团，总共不过三万兵力。以三万去堵十万，无异于以卵击石，更况且"归师勿逼，逃师更不可逼"，红军此时是夺路而走，肯定要拼个鱼死网破。弄不好就会被红军消灭；即使打得好，也会两败俱伤。无论出现哪种局面，都是老蒋最高兴看到的。到那时，蒋介石定会派嫡系人马乘虚而入，广西立马就会成为他蒋某人的天下。因此，决定还是要坚持既要反共又要防蒋的老原则，对红军只能追击，不能堵击。

这一原则得到了与会诸将的赞同，并依此确定了桂军在湘江战役中的基本作战方针：在红军入境前，将主力布防于湘桂边境一带，大造声势，摆出决战架势。一是给蒋介石看，二是给红军看，好让他们知道，广西早有准备，不要轻易进入广西。如果红军过境势不可免，就调整部署，将部队摆于南侧，让出桂北一条通路，让红军通过，但绝不能让红军深入广西腹地。这就好比为了保证水库堤坝的安全，不得不开辟一条泄洪道泄洪一般。

既然给红军让路，就要把这出戏演得更逼真一些，也好瞒过蒋介石。为此，白崇禧决定在红军通过时，桂军相机进行侧击追击。这样做一可打击红军，促使红军快走；二则不会冒红军主力回头打击的风险；三能应付老蒋，算得上一条保存实力和地盘的妙计。

这时，红军已开始突破粤湘边境，白崇禧立即进行了作战部署：以夏威第 15 军控制灌阳、全州一带；以廖磊第 7 军控制兴安、恭城；自己则亲率第 4 集团军前进指挥所进至桂林，准备迎敌。

时任桂军第 43 师第 129 团团长的梁津回忆道：

1934年10月，李宗仁、白崇禧闻红军由赣南突围西进之讯后，即令第十五军参谋长蓝香山同桂林区民团指挥官陈恩元视察兴、全、灌各县，凡属交通要隘地区，即插签标志之，以示建筑碉堡的地点。并命各区乡村长征调民工，运砖瓦、石灰和各项材料，兴筑碉堡，以备团队阻击红军之用，一切费用皆责诸人民负担，政府不给分文。各农村所存的粮食，亦强迫农民预先搬到山岩或偏僻隐蔽处收藏起来。使红军入境时不易觅食，作到"坚壁清野"，企图乘红军的困乏而加以袭击。

当红军通过桂境之前，我奉命率部到湘桂境上灌阳、道县交界处文市，见各区乡村长催征夫役，运粮秣和材料，忙碌至彻夜不能休息。

1934年初冬，当我在湘桂境上灌阳、道县交界处的雷田、永平、清水、永安等四个关口构筑防御工事时，第四集团军总部经电我"要与阵地同存亡"。桂省主席黄旭初亦电我"勿使红军越雷池半步"，故我那时决心死守阵地。除土工外，还运取残砖，累积顽石，构筑掩体四十余个。主阵地前的副防御物鹿砦，采伐山上的木柴构之不足，曾纵士兵滥伐农民所种的油茶树数百株以补充之。工事构筑既竟，乃仅开一缺口，方便自己部队的交通联络。至于民众的来往，则只许进来，不准出去，以封锁消息。

白崇禧把桂军的全部家当两个军悉数调至桂北湘江一带，张开大网，摆出一副在全州、兴安、灌阳之间与红军决战的架式。

● 刘斐一语"牛虽瘠而卧于豚上",说到了白崇禧的心坎上

在国民党军高级将领中,白崇禧人称"小诸葛",自然不是浪得虚名。他在调动大军的同时又出动空军,名曰侦察红军行踪,实则侦察中央军的行动。

很快,传来空中侦察报告:薛岳的中央军以大包圈形势与红军保持两日行程,其主力在新宁、东安之间停止不前,已有 7 日以上。这不禁令白崇禧疑心大起。

对薛岳,白崇禧非常熟悉,两人还曾有过一段过节。

"四·一二"反革命政变前,时任北伐军东路军前敌总指挥的白崇禧向蒋介石提议,撤销了具有"左"倾倾向的第 1 师师长薛岳和第 2 师师长严重的职务。如今薛岳早已转投陈诚门下,成为蒋介石的"剿共"重将,此次更是担任"追剿"军前敌总指挥,统率中央军 9 个师尾追红军,可谓今非昔比。

既然说是消灭红军的大好时机,中央军为何又走走停停,不积极"追剿"?白崇禧头脑中画出一个大大的问号:薛岳的葫芦里到底卖的什么药?

没过两天,答案就出来了。

保定军校纪念馆

桂系设在上海的秘密电台发来电报，称：

"蒋介石采取政学系头目杨永泰一举除三害的毒计，即压迫共军由龙虎关两侧地区流窜广西平乐、昭平、苍梧，更以主力向东驱逐其进入广东新会、阳春地区，或者沿罗定、廉江逼入雷州半岛，预计两广兵力不足应付，自不能抗拒蒋军的大举进入，如此既对红军形成前后夹击的态势，达到扑灭的目的，又可乘桂军力竭之际而消灭之，铲除其割据独立的局面，一举而三害俱除，消灭了蒋的心腹大患。"

发电人是白崇禧在保定陆军军官学校的同学王建平。王系广西平乐人，与白私交甚厚，其时已混入蒋军中枢参与机要，长期潜伏在上海为桂系搜集情报。

白崇禧恍然大悟：蒋介石用的是"驱虎吞狼"之计，难怪薛岳置主力于新宁、东安，只与红军后尾保持接触，意在驱赶而不在决战。原来老蒋是想效仿三国时刘玄德"明取西川，暗夺荆州"，借机进占广西。

想到此，白崇禧惊出了一身冷汗，连呼：

"好毒辣的计划，我们几乎上了大当！哼，既然你蒋某人不仁，也就休怪我不义。"

当即把桂军第4集团军兵站部参谋长汤垚叫到办公室来，先向他出示了王建平的密电，然后神情严肃地说：

"我现在就到龙虎关去，你也在今晚赶到平乐来，召集民团指挥官蒋如荃和县长、乡长等到平乐开会。你先打电话叫蒋如荃准备，你有时间也可以到龙虎关去看看沿途公路、桥梁、车渡的情况。今晚到平乐再见。"

就在白崇禧准备动身之际，副官报告：

"刘斐先生到了。"

白崇禧精神为之一振，冲口而出：

"天助我也！"

刘斐，字为章。1898年生于湖南醴陵。国民党陆军中将。1917年投桂军当兵，后任排长。1920年先后入广西南宁讲武学堂和西江讲武学堂。毕业后相继任定桂讨贼联军总司令部参谋和第三路指挥部参谋长，参加对旧桂系军阀部队作战。北伐战争期间，任国民革命军总司令部主任作战参谋。后赴日本留学，就读于陆军步兵专门学校和陆军大学。

虽身为湖南人，刘斐多年来却一直在桂系效力，以杰出的军事见解和能言善辩见长，是不可多得的高参，且与白崇禧、李宗仁甚是相得。

刘斐回忆道：

桂军高参——刘斐

109

湘江血泪

1934年9月间我由日本陆军大学毕业回国，旅居上海。我因出国已久（1927年春出国），对国内情形诸多隔阂，本想在五方杂处的上海住些时，以便了解各方面的情况，由于中央红军以迅雷不及掩耳之势，突然放弃江西根据地向湘南进军，蒋介石一再电桂系李宗仁、白崇禧竭力防堵，李、白为此寝食不安，他们于调兵遣将作堵击准备之余，电我急赴广西。当我到达南宁时，大约是10月底或11月初。

一见面，白崇禧又是握手又是拍肩，笑意吟吟：

"你来得正好，现在广西处在共军泰山压顶的形势之下，老蒋再三来电，要广西和湖南竭力堵截，务须把共军彻底歼灭于湖南、桂北地区，免遗后患。广西兵力单薄，形势险恶，任务非常艰巨，你是陆军大学毕业的，要来显两手才行呀！我马上到桂北前线去，请你同我一道去看看。"

刘斐连行装都来不及换，便穿着西装，也没有什么名义就同白崇禧出发了。

两人同乘一辆车，边走边谈。

白崇禧说：

"共军要突围，这并不是什么意外之事。春天我到前线走了一趟，那时便估计共军守不住地盘，要在这个季节移动，到八九月间，萧克部从湘南经桂北、湘西取道入黔，更证实了我的这种估计。老蒋的公路碉堡政策，对缺乏攻坚武器的共军来说，确实是一个致命的打击。可是，对广西来说，这极为不妙，共军大举入境，老蒋的中央军亦会步步紧趋，广西地小人微，不被吃掉也会被压瘪，对此我是有所准备的。因此老蒋要我在广西阻击萧克的部队时，我就借口广西兵力单薄，把原先调往赣南协助围剿红军的王缵斌第44师调了回来。"

见刘斐的神情充满好奇，白崇禧颇为得意地说：

"一接到老蒋的电令，我就知道这是个机会，只带着几个贴身的人，偷偷到江西安远跑了一趟，当面指示王缵斌秘密集中全师，一俟余汉谋的接防部队到达，立即交防就走，毫不迟延。"

白崇禧越说越起劲：

"这招棋算走对了，不那么样做的话，第44师就回不来了。现在他们已由粤北、湖南地区安然回到全州、兴安、灌阳地区，有一个团留在龙虎关设防。就广西说来，只有这个师有同共军作战的经验，我已要他们在兴安至黄沙河之线沿湘江赶筑碉堡线。湘桂、黔桂边境各县县长，已一律改用军官担任，以便指挥民团协同作战，并协助地方修筑碉堡。"

谈到堵击方案时，白崇禧面带忧虑地说：

"你看，我们广西一共只有16个团兵力，廖磊带2个师追堵萧克部入黔，现在又要他们火速回桂林附近集中待命。第 15 军除第 44 师已到全州、兴安、灌阳地区外，其余第 43、第 45 两个师，已由柳州及其以西地区向恭城、富川、贺县一带集中。现在共军号称 10 万，虽说是被老蒋打败了，但……"

刘斐见白崇禧"但"了许久，知他一时找不到合适的词，就接口说：

"牛虽瘠而卧于豚上，对广西说来是会被它压垮的，何况老蒋的部队又跟在后面。"

"是呀！老蒋对广西是不怀好意的，你看我们这个仗怎么打好呢？"显然刘斐的这句话说到了白崇禧的心坎里。

刘斐略微思考了一会儿，说：

"这确是一个难题，输是输不得，可赢也赢不得。"

"是呀，我们 16 个团，若打输了，共军进广西，老蒋说，'我来替你剿'，广西就是老蒋的了。"白崇禧一声长叹，话语中充满着忧虑。

刘斐点点头，接口道：

"即使打赢了，共军覆灭，广西已疲惫不堪，蒋介石说，我来替你善后，叫黄季宽（黄绍竑的字）回广西，把你们调到中央挂个空名义吃饭，你们就只好卷铺盖走路。"

白崇禧连连颔首，他太了解老蒋的为人了。

经过反复商讨，二人首先确定了对红军作战的主要着眼点，总的方针就是"送客"。在形式上做出堵击模样，实际上是保全桂军实力，既要阻止红军深入广西腹地，又要避免蒋介石的中央军乘机跟踪入境的双重危险。在具体做法上就是开放一条让红军西进的道路，采取"不拦头，不斩腰，只击尾"的方针，专从红军后卫部队上做文章，以便"送客"早走，敷衍蒋介石。

方针已定，白崇禧、刘斐决定事不宜迟，马上赶赴实地考虑地形状况，研究如何做法。

二人乘坐的汽车由南宁出发，一路上马不停蹄，到桂林也只略微部署城防，随即沿着蜿蜒起伏的山间公路，在五岭山的支脉中向龙虎关盘桓疾驰……

● 两害相较取其轻。"防共更要防蒋"的白崇禧向红军敞开了湘江大门

湘桂边境五岭山脉都庞岭上有四个关口，从北到南分别是清水关、永安关、雷口关、龙虎关，统称"四关"。

龙虎关，就位于都庞岭的南部，往北循都庞岭主脉绵亘至黄沙河以北的湘江地障，隔江与越城岭相对。

在前往龙虎关的途中，白崇禧和刘斐透过车窗，看到无数民夫正在紧张地抢修公路，架设桥梁，一刻不停，就连妇女、小孩也都加入到民夫行列。空气中弥漫着大战来临前的紧张气氛。

"一夫当关万夫难开"的龙虎关

几个小时后，白刘二人终于抵达龙虎关。在此地留守的第 44 师那个团长已恭候多时了。他报告了他们团构碉筑堡的情况以及当地的交通特征。白崇禧随即带领刘斐等一行向山顶爬去。

山顶上，白崇禧抬眼望去，只见山势雄浑，峰峦重叠，下面的隘路如牵肠草绳，关口险峭，易守难攻，确实是一道险关。自古以来，这里便是沟通湘桂交通之咽喉。

白崇禧不禁感叹：

"果然是一夫当关，万夫莫敌！"

随即冷然一笑，对刘斐说：

"要是按照老蒋的部署，将我军主力摆在灵川以北的湘江岸堵截，岸边无险可守，我们势必背水一战，那对我们来说是很不利的。共军若是从湘南西出龙虎关，可西逼桂林，南指梧州，无异于一把尖刀捅进了广西腹地。"

看着眼前这种宜守不宜攻的地势，刘斐想象着即将打响的恶战，不由地倒吸了一口凉气，深有同感道：

"是啊！在这样的地形，有一个坚强的团守住龙虎关是够了，这里是我们关门拒客的唯一要点，也是我们对北、东、南三面作战的枢轴；我们必须固守，将主力总预备队控制在这里，使共军只能从永安关以北的地区往西走。但也可以设想：共军号称 10 万，在老蒋从东北面乘胜猛追的压迫下，如果我们在龙虎关一堵，后面追兵又急，则有被迫向南进入我富川、贺县一带，甚至西渡抚河，乘虚进入广西腹地的可能。因此必须以桂东各县民团预先固守抚河沿线大小渡口，阻敌渡河西移，主力以龙虎关为轴由抚河东岸向南侧击，压迫共军于桂东粤北而歼灭之。总而言之，就是主力部队控制在龙虎关附近的恭城地区，机动策应三方面的作战，以有限的兵力，达到确保共军不致进入广西腹地的目的。"

白崇禧听得心花怒放，连声说：

"很对，很对！文章就这样做吧！为章兄，就有劳你了，先帮我把作战计划尽快弄出来。"

刘斐临危受命，遂在恭城连夜奋战。也不枉他在日本陆军大学留学数年，仅用一夜便拟定了桂军在桂北地区阻击红军的机动攻势防御计划。

许多年后，刘斐在题为《不拦头，不斩腰，只击尾的"送客"方针》的回忆文章中，详细揭露了这个作战计划的具体内容：

情况判断

（1）共军似有突破湘桂边境的永安关及其以北之线，进入兴安、全州间地区，再经桂北、湘西入黔、滇、川山地，重建根据地的企图。

（2）但共军在向永安关以北隘路进入时，如受强大的中央追击军的压迫，不能从容从隘路退向桂北时，亦有被迫改从龙虎关附近突破，深入广西腹地的可能。

（3）在我利用龙虎关有利地形，以主力进行坚强阻击，使其感到腹背受敌时，亦有被迫南下，向富川、钟山、贺县，西渡抚河，乘虚进入广西腹地的可能。

作战计划要点

甲、方针

我军以机动决战防御制敌之目的，于灌阳、兴安之线向北占领侧面阵地，主力总预备队控制于恭城附近，巩固龙虎关方面作战枢轴地区的防守，并相机由灌阳方面转移攻势，与北面湘省友军协力，务求于桂北的湘江以东地区，南北夹击歼灭之。

乙、兵力部署和作战指导要领

（1）以步兵10个团于灌阳亘兴安之线占领阵地。重点保持于灌阳方面，计6个步兵团，为攻势防御地区，以廖磊为地区司令官。当敌由桂北西进时，待其主力通过全州之线，即对其后尾部队转移攻势，以促其早离桂境，并收一定战果。

左翼兴安方面为守势防御区，用步兵4个团占领阵地，以夏威为地区司令官，利用纵深阵地拒止敌人南下，以保攻势地区作战之进展，并掩护桂林的安全。

（2）以步兵1个加强团，固守右侧后战略枢纽之龙虎关，形成守势钩形，如敌被迫不能从永安关以北西进，而以主力攻击龙虎关时，应全力固守，并在主力预备队支援下确保现阵地，以待主力决战方面之成功。

如敌主力在中央追击军压力下，被迫南下富川、钟山、贺县时，应固守现阵地，掩护主力预备队左背之安全。

（3）以步兵7个团为主力总预备队，置于恭城附近，为主力决战兵团，适时支援攻势防御区转移攻势；或支援龙虎关守备团之战斗；特别在敌向富川、贺县、八步抚河东岸地区南下时，应以全力南下攻敌侧背，压迫其向粤北地区与粤军协力歼灭之。

（4）抚河防守部队，调任所有桂系各县民团担任之，每一主要渡口至少有民团一个团的兵力（相当于正规军一营的战斗力），沿河固守。在统一指挥下，将所有民船集中控制于抚河西岸，在敌向抚河东岸南下或向抚河攻击时，应固守沿河之线，以配合和支援主力总预备队南下侧击之成功。

白崇禧对这个作战计划甚为满意，由衷地称赞道：

"战术这东西，确实要很好地学习，我们就这么点兵力，对这么大的地区和这样多的敌人，我想来想去也不知应怎样使用才能适合，照你这个计划，确实能适应各种不同的情况，真是好极了。"

但桂军中有将领提出疑义：红军主力一旦由灌阳、全州突入，夏威的第15军支持不住，湘江防线必然有失。

白崇禧愤然答道：

"老蒋恨我们比恨朱毛更甚，这计划是他最理想的计划。管他呢，有匪有我，无匪无我，我为什么顶着湿锅盖为他造机会？不如留着朱毛，我们还有发展的机会。如果夏煦苍（夏威的字）挡不住，就开放兴安、灌阳、全州，让他们过去，反正我不能叫任何人进入平乐、梧州，牺牲我全省精华。"

稍微停顿了一会儿，白崇禧接着说：

"至于放弃全州，朱毛红军若抢先占领，必能从速窜过湘江西去，离开桂境；若湘军抢先占领，必沿桂黄公路南下，以封锁湘江渡口，朱毛红军欲强渡湘江，与湘军必有一场血战。我军只需在兴安、桂林摆两个师，主力集结在灌阳、恭城一线，既可以防堵朱毛红军南窜桂林、柳州，又可拦截湘军、中央军深入腹地。"

这就是白崇禧"防共更要防蒋"的基本观点。何况桂军总共才16个团的兵力，无论面对10万人的红军还是9个师的中央军，只能钉成一块门板。对红军关上湘江大门，就等于向中央军敞开了广西大门；对中央军关上广西大门，无疑于向红军敞开了湘江大门。两者只能取其一。

蒋介石一生反共，最终却被共产党人赶出了大陆。图为败退台湾的蒋介石念念不忘"反攻大陆"，宣布"复兴"计划

两害相较取其轻。白崇禧自然明白这个最简单不过的道理，于是毫不犹豫地把关闭湘江的那扇门板拉过来，屏护恭城、桂林。其实早在来龙虎关前，他就已做好了开放全州、兴安、灌阳铁三角的准备。

待一切安排妥当后，白崇禧带着刘斐取道南宁、桂林转赴全州，准备和"追剿"军总司令何键派来的第一路军司令官刘建绪会商湘桂联防问题。

途中，白崇禧细心观察了灵川至兴安沿途的地形。当看到有几处隘路适宜于持久防御，立即指示防守部队构筑预备工事，巩固兴安方面守势作战地区的阵地纵深，以便持久抵抗，阻止红军南下桂林。

11月15日，白崇禧在从南宁动身前往桂林之前，电复"追剿"军总司令何键，表示桂军"协力堵剿"的决心并邀请何总司令到全州会晤，愿垂耳恭听何总司令堵截红军的高策妙计，其中有"尊电计划，积极行动，令人气为之壮。即望早日以重兵集中黄沙河附近，与敝部切取联络，协力堵剿，不难于湘水上游将匪歼灭"等语。

何键当即复电白崇禧，大加恭维一番：

健生吾兄勋鉴：

奉寒电，知于此间部署情形，均已洞悉。国军剿匪多年，成功视此一举。吾兄智珠在握。幸详示恢先(刘建绪的字——作者注)，俾收聚歼之效，为完一篑之功。

这一天，白崇禧出席了广西省政府举行的以纪念孙中山为名的例行周会。会上，白崇禧又故作姿态，大吹大擂，公开宣布他要去全州，与湘军会商联合防堵红军问题。

在赶往全州的路上，白崇禧还特意叮嘱刘斐：

"见到刘恢先时，千万不能把我们这一套完全告诉他。只说我们根据共军西行企图和中央军衔尾追击的情况，我们准备固守龙虎关，并在灌阳、兴安间占领侧面阵地，相机向北出击，希望湘军由北向南攻击，共同配合中央军的追击，务求在全州、兴安间的湘江东岸地区，包围共军而歼灭之就够了。"

白崇禧自然是害怕刘建绪知道他们送客的企图后，会向蒋介石告密讨好。其实，白崇禧也明白何键同样会保存实力，不会真正作战。在这方面，无论是桂军还是湘军，大家都心照不宣。

16日，白崇禧与刘斐风尘仆仆地赶到了全州，见到了乘飞机赶来的"追剿"军第一路司令官刘建绪。

双方在全州县城的关岳庙里见面了。

一阵虚情假意的寒暄后，白崇禧大谈广西方面遵照中央意旨，准备在全州、兴安、灌阳的湘江东岸地区，由南向北配合中央军之追击，协同歼灭红军的计划要旨，希望湖南方面由正面配合。

刘建绪也报告了他所率领的湘军兵力和同意由湖南方面配合桂军南北两方夹击的计划，并交换了有关具体协调的通讯联络事项等。

其实，白刘二人心里都清楚：此番红军倾巢西进，犹如猛虎出笼，势不可挡。无论湘军还是桂军，倘若从正面阻挡，势必损兵折将，白白地给蒋介石当替死鬼。这等傻事是谁都不愿干的。

于是，一个不愿将"赤患"引入湘西，一个不愿让"共匪"闯入广西腹地。二人各怀心腹事，都在小心翼翼地试探对方，想让对方多承担些责任。

经过整整一天的讨价还价，双方最终找到了一条兼顾湘桂双方利益的两全其美之策：决定利用湘、漓两水天险，严密布防，夹击红军。防区的划分是以黄沙河为界。桂军担任全州、兴安、灌阳至黄沙河（不含在内）之线防务；湘军担任衡阳、零陵、东安至黄沙河之线防务。

最后，白崇禧信誓旦旦地说：

"恢先兄，请放心，我军已做好充分准备，必将给流窜的共军以迎头痛击！"

刘建绪满心欢喜地与白崇禧握手告别，以为湘江防线业已被湘、桂两军衔接封闭。谁知恰在此时，桂军那扇大门却悄悄敞开了。

台湾出版的《中华民国史事日志》中记载：1934年11月17日，"白崇禧赴湘桂边布置防务"。

桂军的《7军年刊》是这样记载的：

军长（白崇禧）率少数员兵，赶至龙虎关侦察阵地。……连日军长率各师、团、营长以及参谋、副官等侦察阵地，逾山越岭，备极辛劳。其时朔风凛冽，砭人肌骨，而壕内各官兵，均能坚忍耐寒，恪守职务。

不辞辛苦的白崇禧不是去部署战斗的，而是去布置撤退的。

● "工事星夜挖去，让红军通过"

全州会议一结束，白崇禧又马不停蹄赶回桂林，与李宗仁召开"防剿"军事会议，决定集中兵力于富川、恭城龙虎关、灌阳文市、全州黄沙河一带，由刚从贵州回防的廖磊第 7 军会同夏威第 15 军防守。具体部署为：

以第 15 军为左翼，布防于清水、永安、雷口、龙虎四关，主力集结于兴安、全州、灌阳一带；以第 7 军为右翼，布防于贺县、富川、恭城一带，并拱卫桂林，策应两翼。

同时大量调集民团，协助防守，其中：派桂林区民团指挥官陈恩元，率部防守全州；派平乐区民团指挥官蒋如荃，率民团防守富川、贺县；派梧州区民团指挥官石化龙，集中民团于苍梧、昭平。此外，继续大征民工，从富川、贺县、龙虎关至全县黄沙河一带，赶筑工事、碉堡。

正赶往前线的国民党军

部署已定，李宗仁即刻返回南宁，由白崇禧坐镇桂林指挥。

白崇禧心里清楚，在面临与红军决战的生死关头，桂军突然撤离湘江防线，这样做无疑将红军引向湘西，必会遭到何键的坚决反对。于是，他又生一计，于 11 月 20 日以李宗仁的名义直接致电蒋介石：

> 据迭报，匪主力由临武分经嘉禾、蓝山西窜，龙虎关、富川、贺县同时吃紧。仁部原在龙虎关以北防堵，故拟即将仁部主力，移赴恭城附近，策应富、贺、兴、灌。但兴安、灌阳以北仅能留一部，诚恐力量单薄，请转饬何总司令，向江华、贺县推进，以期周密……

仗还没有打，就为以后的撤退找好了理由，这便是"小诸葛"的高明之处。

假戏就要真唱。为了进一步迷惑蒋介石，白崇禧决定再虚晃一枪，授意第 4 集团军总参谋长叶琪在 11 月 23 日的香港《循环日报》上刊载桂军积极部署防堵红军的报道：

（广州专讯）共匪之主力已移至江华、永明一带，前头部队已抵桂境，灌阳已呈紧张之状。桂军主力集中在桂林、灵川一带，加紧建筑防御工事，防堵共匪。匪之图桂，仍照以前萧克窜黔旧道，桂军早已探悉共匪犯桂之计，遂早有准备，布置军事，故此次共匪若从桂北窜黔，非有重大之牺牲难以通过。军、匪二次战争，将必在于桂北。

昨（二十二）日，据第四集团军消息，桂省防共军事，早有相当之准备，桂林一带均布满军队，势力甚为充足。我军人数约有三万之外，均是主力战争之部队，地方治安可由民团维持，第四集团军可以全力剿共，无后顾之忧也。桂省空军全部集中柳州，连日飞往湘、粤边境侦察匪踪。据空军报告，共匪确已西移，大部已抵江华，永明一带也已发现少数共匪。桂空军已配装重量炸弹，准备轰炸共匪。第四集团军总部昨已饬令桂北民众全体武装剿共，如共匪窜入桂境，则迎头痛击。副司令白崇禧自接到共匪犯桂（消息）以后，即已由邕前往柳州、桂林一带，检阅陆、空军。白氏坐镇桂林，督师剿匪。

其实，自给蒋介石的电报发出后，桂军就按照白崇禧的命令，做好南撤的一切准备。

时任桂军第 44 师参谋主任的张文鸿回忆道：

11 月上旬，白崇禧和刘斐曾到全州视察，当面指示第四十四师驻全州城的第一三一团团长王振朝担任守备全州县城及其附近高地，防止红军进占，并立即拟定防守计划，着手构筑坚固工事，但到了 11 月中旬，该团又奉命归还第四十四师建制开至石塘圩布防，遗下全州城防，改由民团部队负责。

第十五军第四十三师和第四十五师各部，约于 11 月初先后到达恭城、富川和贺县等地集中。第四十五师派第一三三团至龙虎关接防，加紧构筑工事，担任堵截任务。第一三四团交防后到灌阳附近为第四十四师预备队。当时第十五军各师集中富川、贺县、恭城等县后，其部署情形如何不详。到了 11 月中旬，第七军第十九师和第二十四师已经赶到桂林附近，第二十四师派归第十五军指挥，即奉命与第四十四师共同部署于石塘圩南北附近地区占领阵地，准备堵截红军。

11 月 21 日，白崇禧赶到平乐，主持召开了桂军军事长官及各县县长"防剿"红军的紧急会议。

为保证两个军的人马在恭城一带驻防，白崇禧在会上宣布：龙虎关到平乐一带，民食一律供给军用，由县府发给粮票，以后给钱。如有藏匿不交者，以有意留给共产党论罪。

这时，他接到了第7军的侦察报告：红军已进攻道县。

白崇禧站在军事地图前沉思良久，最后判断红军从桂北过境已经势在必行了。

看来，给红军让路的时机到了。

当日深夜，白崇禧果断下令：除固守龙虎关阵地外，命令永安关、清水关、雷口关的警戒部队撤退，并将工事星夜挖去，让红军从龙虎关以北各关通过桂北；命令防堵中坚、部署于全州、兴安、灌阳铁三角核心阵地石塘圩周围的第44、第24师撤至灌阳、兴安一线，变正面阵地为侧面阵地，改堵截为侧击；命令第7军集结恭城，灌阳至永安关只留少数兵力，灌阳全县完全开放，只留民团驻守。湘江防线完全向红军敞开了。

时任第15军参谋长的蓝香山回忆道：

11月下旬初，红军到达道县，停留四五日未西进，白崇禧极为忧虑，深恐红军入龙虎关，于是由恭城发来译电给夏威："着将四关工事星夜挖去，让红军通过。"

驻守四关的是桂军第43师第129团，团长梁津回忆道：

1934年冬一个阴雨天，将近黄昏时，我第一二九团正在灌阳、道县交界处的阵地上，第四十三师师长黄镇国忽从文市来电话，命我放弃阵地，向南面120里的黄牛镇撤退，执行刘斐的计划。因我当时不知其情，抗不奉命。他闻我不肯撤退，乃在电话中用慨叹的口气对我说："难道我的话你还信不过吗？"我回答他道："数日前总部电命我与阵地同存亡，省主席亦电我勿使红军越雷池半步，因何师长忽命我撤退呢？"他说："计划变更了。"我说："那末师长须有书面命令与我，使我有所凭据，我才撤退，否则绝不敢从命。"他说："好吧，我派人送去。"晚上七时，师部的命令文件到达，我才开始向黄牛镇撤退。翌日到达。闻当夜红军即用广西正面的纵队迅速通过四关。

这一回，蒋介石又失算了，防堵并歼灭红军于湘江的计划还没等实施就已胎死腹中。

更为可笑的是，蒋介石竟没有发觉白崇禧发给他的电报是计，于22日复电同意桂军撤离湘江防线的计划。

桂军的阵形出现了关键性变化。

原来沿湘江部署的南北阵形，恰似一扇在红军正面关闭的大门。现在突然间改为以湘江为立轴的东西阵形，尤其是全州、兴安、灌阳三角地带之核心石塘圩的放弃，这扇大门突然间打开了。

也就在这一天，红军如潮水般汹涌向西，长驱直进。右路红一军团第 2 师攻克道县，前锋已达湘桂边境的永安关。桂军则放弃全州、兴安、灌阳核心阵地，从全州至兴安 60 公里的湘江，已无兵防守。

图为晚年的蒋介石

白崇禧给红军让出了一条通路。而桂军这一连串不寻常的突然调动在全州、兴安、灌阳铁三角留下的空白，成为中国革命史上一段空白。以致半个多世纪后，当陈济棠让路大白于天下之时，仍有许多人还在猜测判断白崇禧当年的动机，甚至怀疑他与红军也有秘密协定。

的确，这并不是空穴来风。

蓝香山回忆道：

当时红军武装部队有8万人，桂军有5个师及新编民团武装，不过3万人，众寡悬殊，不能不使白崇禧忧虑。当时白崇禧判断红军的进军路线：一由湖南江华入龙虎关，通过广西腹地柳州向贵州西进；一由湖南兰山经道县入四关，由桂北西进。如果红军入龙虎关，白崇禧一怕红军入桂动摇割据老巢，唯一希望红军一兵一卒不入桂境，沿湘桂边境从黄沙河出湖南通道至贵州。二怕尾追红军的蒋介石部队乘机入桂。白崇禧和刘斐曾到兴安第十五军对夏威和我说："谁给红军送个信，说我们让一条路任其通过。"虽是试探性的笑谈，倒是他的衷心话。

蓝香山没有想到这确实不只是一句玩笑话。

原来，李宗仁、白崇禧早就有与共产党联系的打算。当红军有突围进逼广西的迹象时，两人便派出心腹刘少南秘密北上天津，与吉鸿昌联系。

吉鸿昌，字世五。1895 年生于河南扶沟。早年入西北军冯玉祥部当兵，因作战勇敢，人称"吉大胆"，递升至师长。曾参加过北伐战争。1929 年出任第 10 军军长兼宁夏省政府主席。蒋冯阎战争失败后，他接受蒋介石收编，任第二十二路军总指挥兼第 30 军军长，旋奉命参加"围剿"鄂豫皖苏区。后因不愿替蒋介石打内战，被解职，强令出国"考察"。

1932 年，吉鸿昌回国寓居天津，并秘密加入了中国共产党。1933 年，他与冯玉祥、方振武等在张家口组织察哈尔民众抗日同盟军，任第 2 军军长、北路前敌总指挥等职，浴血奋战，将日军驱出察境。后遭日军与蒋军的合围，同盟军失败，吉鸿昌遂潜回天津继续从事抗日活动。

李宗仁、白崇禧在这时候找吉鸿昌联系，其目的同陈济棠一样，无非是出于保全实力的需要，想和红军达成秘密协定，两军互不伤害，桂军借道给红军过广西。

遗憾的是刘少南没有完成使命。

1934 年 11 月 9 日晚，刘少南与吉鸿昌在天津国民饭店二楼 45 号房间以打麻将为掩护秘密议事时，遭到蒋介石特务枪击。刘少南当场死亡，吉鸿昌虽未被特务击中，却被法租界工部局扣押，后被引渡给北平军分会。24 日，蒋介石下令，在北平陆军监狱秘密杀害了吉鸿昌。

吉鸿昌

这个意外的变故使李宗仁、白崇禧没能和红军取得联系，也使桂系与共产党签订秘密协议的计划流产。对此，桂系甚是失望，而红军业已直逼广西。

后来到底有没有人给红军送去这样的信，李宗仁、白崇禧与红军有没有达成任何协议或默契，这已然成为历史之谜，没有人能够给出肯定的回答。

但有一点是可以肯定的——那就是在 1934 年 11 月 22 日这一天，湘江防线已完全向红军敞开。

DI-LIU ZHANG 第六章

湘军善战

打游击出身的湘军统帅何键，
一生反共，双手沾满了共产党人的鲜血，
不仅枪杀过毛泽东的夫人杨开慧，
还派人挖了毛氏祖坟。此番湘江会战，
何键荣任"追剿"军总司令，统辖中央军、湘军、
桂军和粤军数十万人马，好不威风得意，
对委员长的栽培重用更是感激涕零，
出奇地卖力，精心炮制了五路"追剿"计划。
然而，何总司令却把与红军决战的地点放在黄沙河，
看似无意实则有心。
毕竟防堵红军不入湘境才是他的最终目的。
在保境安民上，无论是粤军的陈济棠、
桂军的白崇禧，还是湘军的何键都是一致的。
白崇禧突然撤防，使得湘江防线出现了一个大漏洞。
为阻止红军向湘境推进，
湘军悍将刘建绪如同一台加足马力的战车，猛然起动了……

● 打游击出身的 "剿共先锋"

在 11 月 12 日的命令中，蒋介石出人意料地把 "追剿" 军总司令一职给了湘军统帅何键。

"剿共悍将"——何键

对何键，蒋介石并不陌生。两人同岁，又都崇尚曾国藩。

蒋介石在 27 岁那年因阅《曾文正全集》，竟至双目成疾。为蒋介石撰写年谱的毛思诚称其 "军事学即以巴尔克战术书为基础，而政治学则以王阳明与曾文正二集为根柢也"。

何键对曾国藩的推崇比蒋介石有过之而无不及。这不仅因为曾国藩是湘军的建军始祖，又与他是湖南老乡，而且他从内心里想效仿曾国藩 "以乡兵平大难"，在中国政坛上占据一席之地。

何键，号云泉，后改号芸樵。国民党陆军二级上将。1887 年生于湖南醴陵。辛亥革命后，先后入湖南将校养成所、湖北陆军第 3 中学学习。

何键是一个有着强烈的追逐功名之心的人。在陆军第 3 中学学习期间，有一次考几何学，他在勉强做完试题之后，即在卷子的空白处写道："春秋几何？人寿几何？几何而求贫贱耶？几何而求大富贵耶？" 一时成为老师和同学们茶余饭后的笑料。

1916 年，何键毕业于保定军官学校第 3 期步科，分配到湖南陆军暂编第 1 师第 1 旅见习。师长赵恒惕嫌他岁数过大，后见其体格魁梧，才勉强任命其为少尉排长。

这年 29 岁的蒋介石已官居中华革命军东北军参谋长，少年得志；而比蒋还大几个月的何键才刚刚初出茅庐，在湘军充任最底层的排级军官。

1918 年 3 月，北洋军阀张敬尧进攻湖南，湘桂联军被击败。何键在战斗中丢失了枪支，逃到长沙。后经四处钻营，上下活动，得到赵恒惕一纸手令，命其前往湘东收集溃兵散枪。谁也没想到这竟成了何键军旅生涯的第一个转折点。

当时，张敬尧在湖南实施暴行，三湘百姓恨之入骨。何键看准时机，回到家乡醴陵后，即联络同乡、保定军校同学刘建绪等人，打起 "保境安民" 的旗号，收集散兵游勇，组织游击队。当地的青壮年纷纷投效何键。短短几个月的时间，何键便拉起了一支 1000 多人枪的游击队，依托醴陵西南险要山地，多次挫败了张敬尧的进剿。

时驻郴州的醴陵籍湘军总司令程潜得知家乡有这样一支游击部队，即委任何键为"浏醴游击队司令部"司令兼第 1 支队队长。而此时，25 岁的毛泽东正在长沙参加"驱张运动"，苦苦探求救国真理。

毛泽东率湘赣边界秋收起义部队向井冈山进军（油画）

1919 年，湘军再次发生内讧，谭延闿联合赵恒惕赶走了程潜。何键的游击队也在劫难逃，副司令张国威率 3 个营直接编入了赵恒惕部唐生智团。何键顿时失去了三分之二的兵力，只得接受收编，任中校营长。

有道是：塞翁失马，焉知祸福。从此，这位游击司令在唐生智手下飞黄腾达。

1921 年，何键升任骑兵团团长。两年后，赵恒惕将部队扩编为 4 个正规师，何键得力于唐生智的保荐，升任第 9 旅旅长。

1926 年 5 月，唐生智宣布参加国民革命，并接受国民革命军第 8 军军长兼北伐军前敌总指挥职。何键升任第 2 师师长，旋即率部参加北伐。

北伐战争是何键人生的第二次大转折。

在向武汉进击时，何键被任命为江左先遣纵队司令，率部西渡长江，袭占汉阳。随后一鼓作气，拿下汉口，直逼武昌。

北伐时期的唐生智

据守武昌的是湖北督理兼中央第 25 师师长陈嘉谟和鄂军第 8 师师长刘玉春等部共 2 万余人。蒋介石的嫡系有"铁军"之称的第 4 军与号称"钢军"的桂系第 7 军两次攻城，伤亡万余人，均未奏效。

何键不仅骁勇善战，而且工于计谋。他认为武昌虽已是孤城，但城防坚固，易守难攻，只宜采取围困的方法，促其内变，择机攻城。

果然，在围困了 1 个月后，10 月 8 日，守军第 3 师师长吴俊卿率部投降。两天后，何键的第 2 师捷足先登，率先攻进武昌城，打开城门迎接大部队入城，一举全歼守敌，生擒陈嘉谟和刘玉春。

1926年10月武汉各界欢迎国民革命军大会会场一角

战后，蒋介石连发两电嘉奖何键：

"默运间谋，建树伟绩，……所有江左部队，并特犒赏洋二万元。"

1927 年春，第 2 师扩编为第 35 军，何键升任军长，从此跻身于北伐名将之列。

这时，何键又迎来了他人生的第三次大转折。

是年 4 月 12 日，蒋介石在上海发动反革命政变，向共产党人举起了屠刀，轰轰烈烈的大革命就此失败。

时任湘西善后委员会委员长的何键在长沙也撕掉革命的伪装，露出反共真面目，公开反对农民运动，列举了两湖农民运动的种种所谓"罪状"，坚决反对没收地主的土地。

5 月 21 日晚，何键指使所部许克祥独立第 33 团向湖南省党部、省市总工会、农民自卫军总部、省党校、特别法庭等革命机关和工人纠察队发动了进攻，收缴了纠察队的枪支，放走了拘押在特别法庭的土豪劣绅人犯，制造了震惊中外的反革命叛乱，史称"马日事变"。

6 月 29 日，何键发出通电，公开树起"清党反共"大旗，忠实执行蒋介石"宁可错杀三千，不可放走一人"的反共政策。一时间，长沙城里血雨腥风，共产党员、工农革命群众和革命青年学生每天都有数十人惨遭杀害，全省各县也先后重演了"马日事变"的惨剧。湖南进入了空前的反革命白色恐怖时期。

从此，何键与共产党人成为不共戴天的仇人。

1928 年 4 月，何键兼任湖南省清乡督办署会办，掌握地方武装，疯狂叫嚣"不要放走一个真正的共产党，如遇紧急情况，当杀就杀；若照法定手续办事，上面就不好批了，共产党的祸根就永远不能消灭"，残酷地屠杀革命群众和共产党人，妄图斩尽杀绝。

同年出生，同样崇尚曾国藩，对共产党同样心狠手辣，何键与蒋介石有太多的相同点，自然也博得了蒋的欢心，从此步步高升。

1929 年初，何键出任湘赣两省"剿共"代总指挥。

国民党反动派屠杀革命群众

在国民党高级将领里，何键又是一个善于投机的人。他虽属湘系，但与桂系白崇禧、胡宗铎、夏威是保定军校的同窗好友。四人曾歃血为盟，义结金兰，亲如手足。

1929 年 2 月，蒋桂战争爆发。3 月 25 日，李宗仁为把何键拉上了反蒋战车，任命他为第一路军总指挥，率湘军部署于湘东地区。第二天，蒋介石调集 18 个师又 1 个旅，连同海、空军共计 10 余人，讨伐桂军。

尽管与桂系有着多年的交情，但当蒋军大兵压境时，何键再一次显示出他在政治上的敏感嗅觉，便义无反顾地投靠了蒋介石，在李宗仁、白崇禧背后狠狠地刺了一刀！

投之以桃，报之以李。

这一年 4 月，蒋介石任命何键为湖南省政府主席，并令其率部出湘伐桂；5 月 15 日，湘军攻占桂林；6 月，李宗仁、白崇禧被迫通电下野，远走香港、越南。

1933 年，何键兼任湖南全省保安司令部司令，一举掌握了湖南的党政军大权，成为湘军的掌舵人。

靠"清党反共"捞取政治资本，逐渐爬上湘军头把交椅的何键，又充当起蒋介石"围剿"苏区的急先锋。

何键毕竟是靠打游击起家的，对游击战法颇有研究，因此在进行"围剿"作战时针对性很强，对红军造成的危害也较大。

1929 年 1 月，国民党集结湘粤赣三省兵力，再次大举进犯井冈山，发动了历史上的第三次"会剿"。

何键乘机一马当先，占领了井冈山，成为第一个攻下井冈山的国民党军将领。

井冈山一角

何部所到之处烧杀抢掠，无恶不作，一些地方甚至成了惨不忍睹的无人区。

1930 年 10 月，何键成立"平济绥靖处"，任命刘建绪为处长，率第 15、第 16、第 31 师进攻苏区，并颁布了"十大杀令"，对苏区人民实行血腥屠杀。

是年冬至 1931 年，为配合蒋介石对中央苏区的"围剿"，何键又纠集了湘鄂两省的部队对苏区进行反复"扫荡"。

1932 年 5 月，何键调两个师到湘南，"围剿"由赣入湘的红三军团，他本人也亲自赶到衡阳督战。

1933 年夏，蒋介石坐镇南昌，亲任"剿匪"军总司令，调集 50 余万大军，苦心筹划对中央苏区的第五次"围剿"。何键任西路军总司令，下辖湘军 9 个师又 3 个旅和浙赣闽边守军 5 个师又 4 个保安团，分别"围剿"湘赣、湘鄂赣和闽浙赣苏区红军，并阻止中央红军向赣江以西和赣东北机动。

打游击出身的何键一生中不知出任了多少"剿共"职务。可以说，自中国共产党开展武装斗争建立苏维埃根据地后，何键就开始了对苏区的"进剿"、"会剿"、"围剿"，成为名副其实的"剿共先锋"，双手更是沾满了共产党人的鲜血。红军创始人朱德、毛泽东的夫人均死于他手。

1929 年 1 月，朱德的夫人伍若兰被何键部旅长刘士毅在赣州杀害，人头悬挂在城头。

一年后，1930 年 11 月 14 日，毛泽东的第一位夫人杨开慧又是被何键枪杀于长沙浏阳门外识字岭。

不仅如此，何键还曾挖过毛泽东的祖坟。

虽然贵为湖南省主席、官居国民党军上将司令，但何键却是出奇的迷信。他的幕僚萧某精通风水之术，在实地察看过韶山冲毛泽东家的祖坟后，声称山川"妖气"

毛泽东的夫人杨开慧

环绕，将会"荼毒生灵"，便极力怂恿何键挖掉，以绝后患。

于是，何键命令湘潭县长王英兆负责执行。挖人祖坟在中国是最不为人齿之事，是要遭老天报应的。王县长考虑再三，本想拒绝，无奈上命难违，只得找来自己的

1959年6月，毛泽东回到阔别32年的故乡韶山，在父母坟前扫墓

心腹保安团长罗羹商议。

罗团长自告奋勇，表示愿亲率一个小分队悄悄潜入韶山冲，趁夜暗之时将毛泽东的祖坟挖掉。

正所谓：要想人不知，除非己莫为。

不知是谁走露了风声，毛氏家族连夜将祖坟铲平，并伪装了一番，保护起来。待罗团长一行人马赶到韶山冲时，哪里还找得见毛家祖坟，只好乱掘一气，回去交差。

何键知道后，大发雷霆，改派保安司令部特务队队长龚澍率一群特务跑到韶山冲，终于挖出了毛泽东第十一世祖的坟墓，并将尸骨扔进了湘江。

● 衡阳城，两名剿共悍将部署湘江会战

何键出任"追剿"军总司令，各地军阀纷纷连电祝贺。电文引经据典，各展溢美之辞，颇似文字游戏。这种虚情假意的官样文章，在当时国民党官场里极为盛行。

颇具戏剧意味，首先发电祝贺的竟然是桂系的白崇禧：

吾兄督剿赤匪，凤著奇勋，此次得膺新命，帅五省之师，系万民之政，声威所布，匪胆已寒，肃清之功，可以预祝。

11 月 14 日，踌躇满志的何键在各路"围剿"将领的夹道欢迎中，迈进了新设在衡阳的"追剿"军总司令部大门。

1934 年 11 月 15 日的《大公报》长沙版是这样报道的：

何总司令特于昨日十四号上午八时二十分钟，由公馆乘汽车径驶衡阳。陪往者有刘大使文岛、李师长觉。奉调随行职员，有总部参谋长郭持平、办公厅主任凌璋……，及经、交、医、械、副、法、党政各处科长各数员，由东站共乘汽车十六辆，先后随行赴衡……

16 日，也就是在红军突破第三道封锁线的第二天，薛岳理直气壮地率中央军入湘，抵达衡阳，会见新任顶头上司、比自己大 9 岁的"追剿"军总司令何键。

两个老牌铲共分子相见，不免虚情假意地相互吹捧了一番。

次日，遵照蒋介石的指示，何键在衡阳召开军事会议，商讨"追剿"计划。出席会议的除薛岳外，还有刘建绪、吴奇伟、周浑元、李云杰、李韫珩、柳善等湘军各军军长及各路军参谋长。

会上，薛岳率先发言，侃侃而谈：

"综合共匪当前之行动，企图从湖南西北入湘西与贺龙合股，公算不大；徘徊于粤边之连县，桂边之贺富地区迟迟不动，南入粤桂，生存不易，因之公算也小。"

说到这里，薛岳故意停了下来，目光在会场诸将身上溜了一圈后，才继续卖弄地讲下去：

"全面观察，共匪企图西行，强渡湘江入桂转黔，步萧克故伎可能性最大。为此，追剿军应基于行营指示，利用湘江地障，一面猛追，一面猛堵，以强有力之一部，

协同广西友军扼守全州迄灌阳以北四关，并沿湘江布防堵截，主力衔尾追击，并先占道县；另以一部机动于祁阳、零陵、全州间作为战略预备，以防共军取道零陵北进；待在湘江将其击破后，加以追歼。"

薛岳面带自负神情结束了讲话，在座诸将连连点头。

其实，粤湘桂边作战方针并不是出自薛总指挥之手，而是蒋委员长在南昌行营和他的智囊们精心策划的。正如晏道刚所回忆的：

粤湘桂边区封锁、追堵红军的部署和战役，自始至终都是蒋介石亲自在南昌指挥的。名义上何键是"追剿"军总司令，薛岳是前敌总指挥，事实上在派系林立下的国民党政权内，牵涉到三四个省、上十个军（粤军2个军、湘军3个军、桂军2个军、薛岳所率嫡系3个军）三四十万兵力规模的行动，即令蒋介石亲自出马也不可能指挥得好，因此始终是以南昌行营这套机构在那里敷衍行事。

薛岳只不过扮演了一个高级传令兵的角色。

何键心中雪亮，也不便当众点破，慢悠悠地说：

"薛总指挥分析得很有道理，对我们确定追堵方针极有启发，这与委员长的判断也是一致的。"

何键先送给了薛岳一顶高帽，然后让他的参谋长柳善宣布作战序列和任务。当然这也是早已定盘的。

柳善站起身来，清了清嗓子后，开始高声宣读这个旨在消灭中央红军的五路"追剿"计划：

（一）以湘军第28军军长刘建绪为第一路军指挥官，下辖章亮基第16师、陶广第62师、陈光中第63师和李觉第19师第55旅，补充第1、第2、第3、第4团和保安第9、第21、第22团，即刻开往广西全州，沿湘江东岸布防，北自觉山、朱蓝铺，南至永安关，主力集结于黄沙河地区，与灌阳桂军夏威所率第15军切取联系，正面堵截红军西进，并以一部兵力沿湘江构筑碉堡封锁线，阻止红军渡江。

（二）以中央军第4军军长吴奇伟为第二路军指挥官，下辖韩汉英第59师、欧震第90师，在全州东北方向沿湘桂公路进行侧击，经祁阳、零陵向黄沙河前进，策应追堵各纵队作战，防止红军北上；薛岳自兼机动纵队指挥官，直辖梁华盛第92师、唐云山第93师和惠济第1支队，与第二路军一起行动。

（三）以中央军第36军军长周浑元为第三路军指挥官，下辖谢溥福第5师、萧致平第96师、万耀煌第13师、郭思演第99师，经桂阳、新田直趋宁远，跟踪红军追击，并先进占道县固守，阻止红军南下进入桂北，压迫其向西行，予以追击。

（四）以湘军第27军军长李云杰为第四路军指挥官，下辖李云杰兼任的第23师和王东原第15师，先于宜章、嘉禾地区"清剿"，利用该部官兵人事地形熟悉，跟踪进占宁远，阻击红军向零陵北进；如发现红军有久据湘南企图，即发动地方民团进行围攻。

（五）以湘军第16军军长李韫珩为第五路军指挥官，下辖李韫珩兼任的第53师，经宜章、临武、与粤军李汉魂独立第3师联系，利用该部官兵熟悉地形便利，指挥地方民团对蓝山、水口进行截击，并以航空兵实施侦察和轰炸，确保第三纵队左翼安全，打破红军南下企图；如发现红军有久据湖南的趋势，即组织团队进行围攻；如红军继续西上，即行追击。

准备出发追剿红军的湘军

命令还要求即刻与粤、桂军会商作战计划，协同行动步伐。按照蒋委员长的作战部署，以白崇禧率桂军2个军列阵于桂北红军前方，作正面堵截；以陈济棠率粤军2个军列阵于湘粤边境的红军侧后，防止红军回头。

这样，参加这次庞大的"追剿"行动的总兵力为：中央军9个师、湘军7个师、桂军5个师、粤军4个师和1个独立旅，合计25个师近30万兵力。总的态势是大军前堵后追、左右侧击，粤、桂、湘军与中央军联合于湘江东岸与红军决战。

薛岳一面听柳善讲述方案，一面在心中冷笑不止。何键的这个作战方案，只不过是蒋介石部署要旨的具体化，处处透着委员长的心机：把湘军与桂军摆在正面，严严实实地封闭红军通过湘江的道路，而中央军精锐主力可借追击红军之机，打破粤、桂及西南诸省各自为政的半独立状况。

想到此，薛岳的心情霍然舒畅了许多，几天来一直憋在胸口的怨气也消失得无影无踪。因为几天后，委员长的"剿共"大业就要在他的手中完成了，他注定要与湘江"名垂青史"！

晏道刚回忆道：

这个5路进军的湘江追堵计划，蒋介石是很用了一番毒辣心机的。他处处从人地相宜着想，认为何键与李宗仁、白崇禧有私交，以湘军入全州，彼此不会猜忌，必能合力封锁湘江，堵住红军去路。桂北设有民团，亦可使过境红军遭到一些困难。李韫珩、李云杰都是湘南人，所部多系嘉禾、宁远子弟兵，跟踪追击地势熟悉，可收地利人和之便。蒋介石认为，以精锐之周浑元军抢占道县，压迫红军西进，吴奇伟军沿永州西进，阻遏红军北上，企图逼使红军强渡湘江，形成在大军前堵后追、左右侧击之下于湘江东岸进行决战的有利形势，必能造成红军最大伤亡。如红军不渡湘江则只有转入粤北或桂北，当时陈济棠已有好几万粤军集中于粤湘边，红军欲仓促建立苏区亦不容易。

客观地讲，这的确是一个相当周密的作战计划。蒋介石希望何键的湘军与白崇禧的桂军能打造成两扇密不透风的铁门，从正面严严实实地把红军通过湘江的道路封闭。

从战略上看，红军陷入了明显的不利态势，局面极其严峻。如果不能撞开湘江大门，红军只有掉头转入桂北或粤北。这一带民防组织甚多，地方军阀统治极严，且白崇禧、陈济棠几万大军虎视眈眈，进入他们老家，必然都要拼老命的，红军将很难立足；如果红军果真能够破门而出，也必将实力大损，以逸待劳的薛岳再率中央军雷霆万钧地从湘南压下来，突过湘江的红军又将面临背水而战的困境。

在蒋介石看来，此次湘江之战，朱毛红军插翅难逃。更令他暗喜的是，借追击红军之机，又可打破粤、桂及西南诸省长期以来各自为政的割据局面。

● 何键把决战地点选在了黄沙河，看似无心实则有意

蒋介石的算盘打得很精，可是地方军阀的算盘也同样打得很精。蒋委员长自认为天衣无缝的"一箭三雕"之计，还是被识破了。

粤系的陈济棠早早就看出蒋介石不怀好意，便与红军秘密签订互不侵犯协议，让出大道，让红军从容通过前两道封锁线。

桂系的白崇禧人称"小诸葛"，又怎会轻易上老蒋的当，决定采取"送客"方针，在形式上做出堵击模样，实则保全桂军实力，既要阻止红军深入广西腹地，又要防止中央军乘机跟踪入境的双重危险。

而蒋介石费尽心思选定的"追剿"军总司令何键，虽对委员长的"重用"沾沾自喜，出奇地卖力。但在关键时刻，何总司令却犯了一个致命的错误。

他对湘江决战的方向做出了三种判断：

其一，突破第三道封锁线的红军，如果在江华、道县间稍事徘徊，则湘军加中央军主力便从平田、道县一线向南截击，将红军迎头或拦腰斩断，在湘江、漓水以东解决战斗；

其二，如果红军主力经寿佛圩、新桥、黄沙河一线向西突进，则在黄沙河一带与红军决战；

其三，如果红军主力进出永安关、龙虎关，向全州、兴安、灵川之线突进，便由桂军力堵，而湘军以主力包围红军右侧背，与桂军协力歼灭之。

何键以为第二种判断的可能性最大。他与红军作战多年，深知红军善于从两省、两军的衔接处钻缝乘隙。黄沙河是湘、桂两省交界处，又是湘、桂两军防务衔接点，所以判断红军选中该点突破的可能性极大。

于是，11月19日，何键发布了关于围歼中央红军于湘江、漓水以东的命令，指示"追剿"第一路军司令官刘建绪指挥湘军第16、第62、第63师和第19师一部及4个补充团、3个保安团等部，"着集结主力于黄沙河附近，与桂军联系堵剿西窜之匪，并沿湘江碉堡线，下至衢州之东洋渡止，严密布防。……预期可于黄沙河附近与匪遭遇，即以主力迫匪决战。"

同时他又分电各军，勉励将士们建立奇功，重金悬赏缉拿红军首领，规定："除南昌行营原定拿获朱德、毛泽东、周恩来、彭德怀各赏大洋10万元外，如在湘境长追拿获者，另增赏大洋5万元。"

何键把与红军决战的地点放在黄沙河。刘建绪随即照此设想，展开部署：

令第 19 师师长李觉率补充第 1、第 2、第 3、第 4 团及沿江保安第 9、第 21、第 22 团，共计 7 个团的兵力，固守黄沙河、零陵之线，主力置于零陵；

令章亮基率第 16 师由祁阳经零陵向黄沙河前进，限 11 月 16 日以前在黄沙河附近集结完毕，与桂军联系衔接；

令陶广率第 62 师由文明司经郴州、新田向黄沙河前进，限 20 日前全部到达；

令陈光中率第 63 师由大汾、资兴向黄沙河前进，限 21 日以前集结完毕。

长征到达陕北的毛泽东与朱德

至 21 日，湘军主力向湘桂边境的黄沙河一线展开部署完毕，湖南段湘江被严严实实地封闭了。

与此同时，白崇禧指挥桂军在全州、灌阳、兴安地区关闭了广西境内的湘江门户。

蒋介石用湘、桂军联合封闭湘江门户的作战预案，基本得已实现。此时，红军正向湘江行进，一切似乎都在按照蒋介石的预计进行着。湘江之战不可避免，红军凶多吉少。

然而，何键估算的决战地点——黄沙河，比后来的实际地点偏北了 100 多里。

何键之所以做出黄沙河决战的部署，除了判断有误外，其实还有一个不可告人的目的。

虽说蒋介石此番以他为总司令，并破天荒地让他指挥薛岳的中央军 9 个师，令他多少有些受宠若惊。但要想让湘军出省作战，何键却是绝不会答应的。

理由很简单：其一，打游击出身的何键深知根据地的重要性，湖南是他的老巢，断不可随意离开；其二，几年来红军"剿"而不灭，这次是否能堵住红军，何键信心不足，更何况他最害怕的彭德怀此次率红三军团担任右前卫。

彭德怀曾是他的部下。

何键任第 35 军军长时，彭德怀在该军第 1 师第 1 团第 1 营任营长。第 1 营是第 1 师战斗力最强、军纪最严明的一个营。

由于彭德怀同情革命，何键怀疑他是过激党，决定将其调离部队，并特意给他个有油水的厘金局局长职务。不料，彭德怀率部在平江举行起义，上了井冈山，并成长为红军主力第三军团的军团长。

此后，何键、彭德怀二人多次在战场上面对面厮杀，可谓血海深仇。

土地革命战争中国民党军第一个攻下井冈山的，就是何键。而当时据守井冈山的，正是彭德怀。

1929年元旦，何键出任湘赣两省"剿共"代总指挥，以6旅18团的兵力，分五路向井冈山发动进攻，并悬赏5000大洋捉拿朱德、毛泽东。

红军决定避开与敌人正面交锋，采取"围魏救赵"之计，由彭德怀、滕代远指挥红4军第30、第32团留守井冈山；由毛泽东、朱德率红4军主力第28、第31团及军直属队出击赣南，打破敌人的经济封锁，同时钳制敌人对井冈山的新的大举进犯，这就是历史上井冈山革命根据地第三次反"会剿"。

此仗，何键打得很顺，彭德怀打得很苦。

1月29日，何键部王捷俊旅收买游民带路，从小路偷袭得手。井冈山最重要的哨口黄洋界失守，红军面临全军覆灭之险。彭德怀率余部数百人攀悬崖峭壁，沿猎人和野兽出没的小道用马刀砍树开路。

时值严冬，天降大雪。彭德怀干粮袋也丢失了，整整两天粒米未进。而此时，酒足饭饱的何键正在领受蒋介石的嘉奖。

俗话说：冤家路窄。

井冈山五大哨口之———黄洋界

仅仅过了一年，彭德怀就让何键吞下了长沙失守的苦果。在十年土地革命战争期间，红军里唯一攻下省会的，便是彭德怀。而当时防守湖南省会长沙的，恰恰就是何键。

1930 年 7 月 25 日，彭德怀率红三军团猛攻长沙。正在湘南指挥湘军与张桂联军作战的何键专程返回守城，指挥优势兵力向红军反击。他虽然在长沙城内出示布告，宣称"本人决与长沙共存亡"。但见红军攻势如排山倒海，湘军溃兵似洪水决堤，自己也两腿发软，连马背都爬不上去，由马弁搀扶逃到湘江对岸。

何键从此最怕彭德怀。

对何键来说，只要红军不侵入湖南腹地，就是万幸。所以他要刘建绪集结主力于黄沙河附近，严密布防，完成与桂军的接防便即行停止。

时任湘军第 19 师师长的李觉回忆道：

那时，国民党湖南省政府和军队都极度紧张，因湖南有过长沙失守的经历。几年来红军在江西多次反"围剿"中，把国民党军队打得狼狈不堪，歼灭何止三十万；尤其像董振堂率部起义参加红军的事实，对军心震动最大。当时湘粤桂三省的地方部队，都对堵截红军心存畏惧。……我们对堵截红军是谁也没有信心的。湖南方面的想法，只是如何能使红军迅速通过，不要在湖南省境内停留下来，就是万幸。

● 自古"无湘不成军"，湘军从来不缺悍将

就在蒋介石调兵遣将、紧急部署湘江战役之际，辎重缠身、包袱沉重的红军仍在缓缓西进。至11月22日，右翼红一军团第2师袭占道县，随后左翼红九军团占领江华，全军在道县至江华间渡过潇水，红八、红九军团西出永明。

与此同时，何键接到了蒋介石发来关于桂军南移恭城的电报：

"据德邻号电：以据迭报，匪主力由临武分经嘉禾、蓝山西窜，龙虎关、富川、贺县同时吃紧。仁部原在龙虎关以北防堵，故拟即将仁部主力移赴恭城附近，以策应富、贺、兴、灌，但兴安、灌阳以北，仅能留一部，诚恐力量单薄，拨请转饬何总司令所部，向江华、贺县推进，以期周密。等情。除电复外，希即查照办理具复。"

原来，白崇禧接受了桂军高参刘斐的建议，对红军"不拦头，不斩腰，只击尾"，放弃兴安、全州、灌阳核心阵地，将其主力南移至龙虎关、恭城一带，准备专从红军后卫部队做文章，以敷衍蒋介石。因为在白崇禧的心里，防共与防蒋是同等重要的。

突如其来的变故，何键叫苦不迭，破口大骂白健生要滑头。

"小诸葛"抽身而退，让出近200里的湘江防线，如何填接？桂军向腹地收缩，要湘军深入桂境协防，湘境必将出现漏洞，又有谁来填接？

其实，何键早就担心白崇禧能否坚守兴安、全州、灌阳铁三角，全力阻击红军。为此，他曾专门派刘建绪为湘军全权代表前住全州，与白崇禧协商湘桂两军湘江堵截计划。

刘建绪回来后报告：白崇禧表示广西方面将遵照中央意旨，准备在兴安、全州、灌阳的湘江东岸地区，由南向北配合中央军之追击，协同歼灭"共匪"的计划要旨，希望湖南方面由正面配合，还信誓旦旦地对他说：

"我军已做好充分准备，必将给流窜的共军以迎头痛击！"

尽管如此，何键还是对这个"小诸葛"放不下心。果然，越怕出事越出事。大战在即，白崇禧脚底抹油，率军撤防，一心只想保住广西。而这样一来红军很可能再度入湘，这是何键万万不能答应的。

此时，湘军只有章亮基第16师及李觉率领的4个补充团在最接近全州的黄沙河一线；陈光中第63师刚刚到达东安；陶广第62师至少要两三天后才能到达黄沙河；

薛岳的中央军也才集中于零陵，且疲惫已极。

气急败坏的何键致电蒋介石：桂军此举使湘军孤军奋战，失去夹击之效，据飞机侦察，桂军不是在进击，而是在撤退……

果然，随着桂军从永安关、清水关、雷口关撤退，红军先头部队快速通过灌阳以北地区，朝空虚的石塘圩一带猛进，前锋直趋桂境湘江。何键精心构筑的黄沙河决战设想瞬间泡汤。

时任赣、粤、闽、湘、鄂"剿匪"西路军总司令部顾问的胡羽高在《共匪西窜记》中是这样评论桂军南移空出湘江防线一事的：

当兵力转移之初，白氏心灵手敏，先电行营请示，得到复电许可，而后再电湘军延伸接防，又电陈恩元电话通知章亮基，转请何键饬令周浑元部迅速向南压迫，以便夹击。按上编日记计算，周浑元二十三日才抵宁远，二十六日才克道县；湘军之章亮基二十四日集中沙子街，陈光中师开抵黄沙河；薛岳所部才集结零陵；自然是决河救人，缓不济急。因为我军延伸不及，衔接不上，生出空隙，湘、桂两军原来拟定之封锁计划成为废纸。

曾任黔湘边区"剿匪"司令部少将参议的胡羽高是何键的老部下。这段话显然是站在湘军立场上说的，不过也并不完全都是谬论。

白崇禧的确是要了手腕，先向蒋介石请示，待得到批准后，才通知湘军的。因为如果真诚合作，自然应该事先与湘军沟通。但白崇禧怕湘军会激烈反对，致使蒋介石不批准，故"先电行营请示"。这么一来，搞得湘军有点被动：遵令行事吧，又不太愿意；拒不执行吧，那又是违抗中央命令。幸而湖南是出产政治家的地方，湘军用政治家的手腕巧妙地破解了这道难题。

23 日，即接到白崇禧撤防电的第二天，何键电令刘建绪：

"沿湘水上游延伸至全州之线与桂军切取联络，堵匪西窜。"

两天后，何键再电刘建绪、薛岳：

"着第一路追剿司令刘建绪指挥所部，担任黄沙河（不含）至全州之线，置重点于全州东北地区；着第二路追剿司令薛岳指挥所部，担任零陵至黄沙河（含）之线，集结主力于东安附近，并策应第一路；第一、第二路，均限明晨开始行动。"

何键让刘建绪与薛岳采取梯次衔接、逐步推进的方法，用意很明显。湘军可以入桂境接防，但接防地点是全州，不是兴安。湘军的江防可从黄沙河向全州延伸 70

里，但决不再向兴安方向前进，去"填接"桂军留下的那100多里空隙。一旦有漏，则以红军佯攻黄沙河一线，刘建绪部集结时间过于紧张，虽"星昼南移"，也来不及在湘江的全州至兴安段全线布防为由，推脱责任。为此，何键反复叮嘱刘建绪不要伸过全州。

乘坐汽车"追剿"红军的国民党军士兵

原来，耍滑头的绝不止白崇禧一个。

白崇禧撤防，何键不补，蒋介石精心构筑的湘江线突然出现了一个硕大的漏洞。

就在湘军、桂军与中央军互相将最重的作战任务推来推去的时候，中革军委决定中央红军分四路纵队从全州、兴安间抢渡湘江，突破国民党军第四道封锁线，

前出到湘桂边境的西延地区。

25日，红一、红三军团没费多大气力便突破桂军的阻击进入桂北。

27日，红军先头部队红一军团第2、第4师各一部渡过湘江，迅速控制了脚山铺至界首间30公里的湘江两岸渡口。

为掩护军委两个纵队及后续军团渡过湘江，军团长林彪决定以脚山铺一带4公里长的山冈线作为阻击主阵地，并立即部署红2师进入阵地构筑工事，阻击国民党军。

同日，国民党"追剿"军第一路军刘建绪部进占全州；第二路军进至零陵、黄沙河一线；第三路军进至道县；第四、第五路军进至东安地区；桂军5个师开至灌阳、兴安一线。

下午5时，刘建绪下达关于依托全州、桥头三线阵地夹击中央红军的作战命令：

1. 据报，匪两万余本日抵文市。其最先头便衣散匪约二三千人，刻正分途通过茅埠、屏山渡、凤凰嘴之线，向我侦察。东山徭方面尚无匪情。我桂军一部正在灌阳西三峰山、镰刀湾一带与匪激战。另有桂军八团已集结新圩、唐家园之线，会同我军向

《东北解放战争纪实》 定价：48.00元

《八路军新四军征战传奇》 定价：49.80元

《谁主沉浮》 毛泽东在中央苏区的日子 定价：42.00元

《那年，那月，鸭绿江那边的记忆》
1950-1953我在朝鲜战场 定价：39.80元

《肝胆相照》 毛泽东和国民党爱国将领 定价：42.00元

《历史选择了邓小平》 定价：55.00元

《峥嵘岁月》 毛泽东与叶剑英素 定价：45.00元

《惊世书圣：毛泽东秘书解读毛体墨迹》 定价：49.80元

《赤都风云》
中央苏区第五次反围剿纪实 定价：49.80元

《走近伟人》 毛泽东的保健医生兼秘书的
难忘回忆 定价：49.80元

《匆匆忙忙，他们就这样相亲相爱》
开国将领的奇婚奇缘 定价：39.80元

《从南京到台北》 蒋介石败退台湾真相始末 定价：39.80元

《伟人之间》 毛泽东与邓小平 定价：45.00元

《抗美援朝战争最前线志愿军生活全记录》
朝鲜战争最前线志愿军生活全记录 定价：79.80（上、下册）

《湘江血泪》
中央红军长征突破四道封锁线纪实 定价：49.80元

《碧血丹心：毛泽东和他的麾下将领》 定价：45.00元

《走到西藏》 西藏和平解放亲历往事 定价：35.00元

《张琴秋传》 花开花落，无衔女将的美与痛 定价：36.00元

《从西柏坡到中南海》 定价：39.80元

扫一扫 各章行文更多好书！

团购电话：
133 1118 2098

打开红色记忆 ● 发扬光荣传统 — 选选田

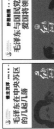

匪夹击。

2. 本军以协同桂军夹歼该匪之目的，决先依托全县沿飞鸾桥至桥头之线占领阵地，以主力集结大石塘、石角村、全县、五里牌，待机出击。

3. 着章师迅即占领飞鸾桥、桥头之线阵地，主力控制桥头后方，另派精锐一营，轻装星夜兼程占领寨圩，切实固守，但桥渡须构成据点。

4. 着何平部迅即就秀衣渡、王家、茅埠沿河之线，严密布置警戒，主力控制全县城北端。

5. 着陶广师即集结五里牌附近待命。

6. 着陈光中师以一部严密固守黄沙河至秀衣渡沿河之线；主力即集结太平铺待命。但沙子街仍须留守兵固守。

7. 着李司令觉即率成铁侠部，迅即集结全城西北端待命。

8. 着喻炮兵营即在大石塘附近选定阵地，对各方测定射击距离。尔后暂归章师长指挥。

9. 予在全县。

注意：（一）全县城防系统由桂军陈指挥担任；（二）各部队均应于直前方远派侦察及游击队。

右命令九项，注意二项，仰即遵照。

于是，湘军恶狠狠地向脚山铺红一军团的阵地扑来……

在中国近代史上曾有"无湘不成军"之说。湘军的起源可追溯到晚清，是一支官兵主要从湖南招募、具有浓厚封建私属性的勇营武装。

清咸丰二年，即1852年夏，太平军由广西向两湖进军，迭挫追堵的绿营兵。清廷下令各省举办团练"助剿"。奉命帮办湖南团练的在籍侍郎曾国藩认为"团练缓急终不可恃"，对付太平军"总宜以练兵为要务"。于是，针对绿营的积弊，参照明代抗倭名将戚继光的"束伍"成法，组建了一支组织严密，能遂行野战任

即将开赴战场的清末湘军将士

务的勇营武装，史称湘军。

湘军以勤王忠君和捍卫封建伦理纲常为根本宗旨，贯彻以"书生带山农"的方针，在湖南网罗了一批具有"忠义血性"和亲朋、师生关系的书生为将领，用取保具结方法招募诚朴健壮的山区农民为士兵，编组成军。使上级与下级、将弁与士兵之间平时建立起私恩私谊，战时协力同心、患难与共，以提高部队的战斗力。由此形成浓厚的封建依附关系，开近代中国"兵为将有"之先例。

湘军组建后，先后参加镇压太平天国、捻军、陕甘回民起义的战争和清军收复新疆战争、中法战争和中日甲午战争，为维持危机四伏的清王朝统治立下了赫赫战功。

湘军自古不缺悍将，曾国藩、左宗棠、胡林翼、刘长佑、杨岳斌、曾国荃、刘坤一，个个都是骁勇彪悍。虽说，清政府早已寿终正寝，但湘军依然善战，湘将依旧勇猛。刘建绪便是其中之一。

刘建绪，字恢先，国民党陆军上将。1892 年生于湖南醴陵。1913 年，考入保定陆军军官学校第 3 期炮科。陈诚是 8 期生，叶挺是 6 期生，可见刘建绪在军界的资历之深。

保定军校旧址

1916 年，刘建绪在湘军第 1 师赵恒惕部炮兵营任见习官，不久升任排长。1918 年 3 月，北洋军阀张敬尧进攻湖南，湘桂联军被击败。战斗中，何键丢失了枪支，刘建绪则丢失了两门山炮，畏罪逃回老家醴陵。

不久，何键来到醴陵，打起"保境安民"的旗号，收集散兵游勇，组织游击队。刘建绪全力支持自己的保定军官学校同学何键，从此追随其左右。

随着何键的飞黄腾达，刘建绪也官运亨通：何任游击支队长，刘任营长；何为旅长，刘任团长；何出任军长，刘任师长，成为何键的得力助手。

刘建绪骁勇善战，在湘军中是出了名的。

1930 年 6 月，他指挥所部第 19 师进占湘潭，大败张桂联军，为蒋介石中原大战胜利立下大功，从此得到蒋介石的赏识。同年 9 月，红军进攻长沙，刘建绪率部死守石马河、阿弥岭一线阵地，致使红军无功而返。

与何键一样，刘建绪也是一员"剿共"悍将，与红军有着血海深仇。

1929 年 1 月，刘建绪兼任湘赣两省"剿匪"总司令部第五路司令，曾以优势兵力对离开井冈山、出击赣南的红 4 军主力进行长程追击；

1930 年 10 月，率第 15、第 16、第 31 师进攻苏区，并颁布"十大杀令"，对苏区人民实行血腥屠杀；

1933 年 7 月，出任西路军第一纵队司令，率 6 个师参加对中央苏区的第五次"围剿"，主攻永新和井冈山；

1934 年 11 月，任"追剿军"第一路军总指挥，率湘军主力堵截红军长征。

同年 11 月 29 日，刘建绪连接何键两封艳戌电，要其"督率主力，务于全州、咸水间沿河乘匪半渡而击灭之"。

刘建绪非常不满意白崇禧这种伎俩——为了保全自己的实力，为了不让红军进入广西，而采取收缩防守的办法。白崇禧这样一收缩，就等于把刘建绪的地盘敞开了一道大门。刘建绪当然明白，湘军此时只有殊死一战，才有可能阻止红军向湖南方向推进。

30 日，刘建绪发布作战部署电：

着李代司令觉率章亮基师、补充四团、陈子贤旅仍遵前令续向咸水攻击前进。惟驻寨圩之戴鼎甲团应由该司令迅饬经雪滩、大帽岭向西延截剿。

着陶广师即由现地出发，随李司令后跟进。

着陈广中师即由现地出发，经四板桥限江日到达城步，迅速构筑城步、梅口、绥

湘江血泪

宁之线碉堡，堵匪西北窜。

湘军悍将刘建绪像一台加足马力的战车，猛然起动了。他的对手，是红军突击先锋林彪。

于是，一场旷野大血战在湘江之滨的桂北全州展开了。

急转直下

红四、红五团飞兵百里，智夺道县城，
粉碎了蒋介石利用潇水天堑围堵红军的企图。
蒋介石调集了近 30 万重兵，
在湘江东岸布下了一个绝杀之阵，
只等红军来钻。心系红军危亡的毛泽东再三提出转兵建议，
但均遭博古、李德的断然拒绝。
红军连续突破了敌军的三道封锁线，
洋顾问信心倍增，
要在绝艰奇险中带领这支远征大军创造出无人可比的奇迹，
亲自制订了四路入桂计划，以实现与红二、
红六军团会合的计划，
不料一头撞进了蒋介石早已布好的陷阱里。
就在形势危急之时，白崇禧为保桂军实力，
主动撤防，向红军敞开湘江防线。
然而面对无人防守的全州城，李德犹犹豫豫，
军委纵队如同"叫花子搬家"，
两天才走了 14 公里，
原本可以兵不血刃顺利渡过湘江的天赐良机，
被轻而易举地丢掉了。
于是，一场空前残酷的血战不可避免地打响了……

● 红军占领道县，毛泽东再献破敌良计

11月中旬，红军从各方搜集的情报显示，国民党军正分多路向湘南地区开进。中革军委判断敌军行动的企图，"是在从两翼截击我军之后续部队，以后则向我主力两侧后并行的追击"。

14日，中央军委下达作战命令，决定"迅速、秘密的脱离尾追之敌，前出到临武、嘉禾、蓝山地域"，要求"三军团应占领嘉禾城，一军团应占领临武及蓝山城"。具体部署是：

以红三、红八军团为右纵队，归彭德怀、杨尚昆统一指挥，由秀凤峤等地出发，经保和圩、青和圩，向嘉禾方向前进；红一、红九军团为左纵队，归林彪、聂荣臻统一指挥，由宜章、坪石地区出发，经梅田，向临武、蓝山前进；军委两个纵队及红五军团为中央纵队，随后跟进。

15日，遵照中革军委的命令，红军各部继续西进。

16日，左纵队红一军团占领临武城。这时，桂阳之敌两个团已抢先进至嘉禾，强攻对红军不利。右纵队红三军团第6师遂从嘉禾南扼制敌军，保障左纵队攻占蓝山。

蓝山有1800多户人家，在郴州地区算得上一个不大不小的县城。城的四周筑有高墙，有保安团千余人。夺取蓝山的任务交给了红一军团第1师第3团。

为出敌不意，红3团冒雨强行军，于19日晚攻占蓝山城。参加此战的肖锋时任红3团党总支书记，他在《十年百战亲历记》一书中回忆道：

晚上七点多钟，我一营乘敌不备，发起猛攻。一阵炮火之后，一营冲击县城的南门。经过一个多小时的激战，消灭了敌保安团的一个营，敌人另一个营怕作瓮中之鳖，弃城而逃。

此时，红军前进的方向横着两条大江：潇水和湘江。

潇水西岸的道县，旧称道州，是周围一带的第一大县城，也是湘江的一大渡口，更是红军西进的咽喉要道，自古即为兵家必争之地。

红军要过潇水，必须首先占领道县。

20日，中革军委将占领红军北上生命线道县县城的艰巨任务交给了最能打硬仗的红一军团。

林彪、聂荣臻决定派军团前卫红2师抢占道县。师长陈光、政委刘亚楼接受任务后，立即研究确定由耿飚率红4团从正面攻击，陈正湘率红5团从侧面迂回，一举拿下道县城，为大部队西渡湘江打开通道，同时阻击由零陵向道县前进之敌。

红4团和红5团在接到命令时，离道县还有100多里路。时任红4团政委的杨成武回忆道：

我们刚到达祠堂圩不久，就接到师部的命令："薛（岳）敌率五师之众在我野战军后尾追，湘、桂两敌向道县、蒋家岭前进，企图配合薛敌截我于天堂圩、道县间，道县无大敌。我野战军为达到迅速先敌占领道县，渡过潇水，转入机动地域，打击敌人的目的，着你部立即由此地出发，经天堂圩，限明日相机占领道县，并拒止由零陵向道县前进之湘敌。"

英勇的红4团和红5团将士们克服种种困难，经一昼夜急行军，于22日拂晓赶到了道县城下。

当红4团赶到道县东岸时，敌人已将架浮桥用的船只悉数收拢至西岸。潇水又宽又深，只见浪花翻滚，旋涡飞转。

兵贵神速。红4团立即组成了由工兵排长率领的精干的夺船小组。4人跳入11月冰冷的水中，在晨雾的掩护下，泅向对岸。

凌晨时分正是冬日黎明前最黑暗、最阴冷的时刻。县城里的敌人正躺在暖暖的被窝里睡大觉，做着升官发财的美梦。他们做梦都没有料到红军来得这样快，因而戒备不严。当发现有

1955年被授予上将军衔的杨成武

人泅渡时，才慌忙开枪射击，但很快被红军强大火力压住。

天刚刚放亮时，红军利用夺得的船只，渡过河去，很快就占领了城南水南街，并用渡船架设了一座宽三四米的大浮桥。

红4团主力迅速越过潇水，从城南进攻道县。与此同时，红5团也从潇水上游过河，直取道县。两团成钳形攻势，道县守敌见大势已去，弃城而逃。

多年后，聂荣臻回忆道：

十一月二十日，一军团二师受领了长途奔袭占领道县，并阻止零陵之敌向道县前进的任务。

湘江血泪

二师师长陈光和政委刘亚楼决定，将抢占道县的任务交给四团、五团。四团攻正面，五团迂回。四团团长耿飚，政委杨成武，他们率领部队，以日行一百多里的速度，长途奔袭；于十一月二十二日拂晓，四、五团同时攻入道县，消灭了守敌，并向零陵方向派出了警戒部队。六团在道县以南的葫芦岩、莲花塘、九井渡架起浮桥，掩护中央军委后续部队渡过了潇水。

红军以迅雷不及掩耳之势占领道县，意味着蒋介石企图利用潇水天堑围堵红军的计划彻底失败。通往湘江的门户向红军洞开。

红军长征中留下的标语

23日，进驻道县的中革军委和红军总部决定：为进入广西突破湘江防线而迅速开辟西进道路，打击尾追之敌。首先打击尾追我军的周浑元第96师、李云杰第23师，而后迅速脱离敌人，于25日前全部渡过潇水。一部攻占湘桂边界的蒋家岭、永安关，一部向南袭取江华。

红一军团担负夺取位于道县西面的永安关的任务。

位于湘桂两省交界处的永安关，是都庞岭"四关"之一。关口以东为湖南境界，是一片平坦的田野；关口以西为广西境界，是一片高低起伏的小丘陵。一条山脊横亘南北，永安关就位于山脊凹处，两侧山石嶙峋，地势险要，可谓一夫当关，万夫莫开。

林彪命令红2师师长陈光、政委刘亚楼、参谋长李棠萼，率红4、红5团占领永安关，同时命令李棠萼直接与先期到达全州一带侦察的军团侦察科科长刘忠取得联系。

当日黄昏，红5团团长钟学高、政委易荡平率领红5团将驻守永安关的桂军一个排和民团击溃，占领了永安关，并向关内派出了警戒。

24日，红4团进占水口。黄昏时分，红一军团司令部进驻与永安关近在咫尺的蒋家岭。

148

这时，蒋介石已部署好了第四道封锁线，共调集 25 个师近 30 万重兵，在越城岭和都庞岭之间的湘江东岸布下了一个绝杀之阵：

以第一路"追剿"军日夜兼程，开赴广西全州沿湘江布防，与在灌阳、兴安以北的桂军切取联系，进行堵截；第二路"追剿"军沿湘桂公路对红军进行侧击，并防止红军北上与红二、红六军团会合；第三路"追剿"军占领道县，继续尾追红军；第四路"追剿"军与第三路"追剿"军相配合，由桂阳向宁远方向尾追红军；第五路"追剿"军协同粤、桂军，向水口、永明尾追红军；桂军 5 个师仍在灌阳、兴安以北至全州地域集结，堵截红军西进。

蒋介石的意图很明显：以中央军精锐之周浑元部由北向南，压迫红军西进，吴奇伟部沿零陵西进，阻遏红军北上，企图迫使红军强渡湘江，形成在大军前堵后追、左右侧击之下于湘江东岸进行决战的有利态势，必能造成红军最大伤亡。

为重申军令，严肃军纪，11 月 22 日 19 时，蒋介石又电令各路"追剿"大军：

此次，朱毛被我压迫，离开赣南老巢，窜拢粤、桂、湘边境，如任其窜过湘西，将贻国家之大患。各部队如能协力堵剿，亦为歼灭赤匪之良好时机。兹求各部队共同注意之要项如下：

（一）匪之惯伎，向利用边区防务之弱点以图窜逃。此次无论追、堵部队，应不分畛域，合力同心，务期扑灭而后已。

（二）凡任堵剿之部队，务须切实严密防堵，力求迟滞时间，经便追击队之夹击。其授有城池及指定封锁工事之军政官吏，尤应固守待援，不得擅离职务，否则以军法治罪。凡经指定工事封锁地带及重要城镇，宜预置烽火。如遇股匪急攻，或在其附近接触时，即举烽火告警。

（三）任追剿之部队，宜与匪保持接近。以特授追剿部队应匪之主力而击破之。以免失去时机，以可行截击，其半渡时期，尤不可轻易放过。

（四）空军除陆续尽力侦察、轰炸外，应多置通信筒，随时将匪情告知军队，以取联络。对于匪之主力接战，以及追击队进攻险隘时，尤须尽力协同作战。

上四项，希即通饬所属遵照。

显然，中央红军已处于战略上的被动局面。形势日益严峻起来，能否渡过 30 万敌军重兵布防的湘江，将决定红军的生死存亡。

其实，红军中并不是没有高人。

当行进至郴州、宜章以西的嘉禾县虎口村时，彭德怀就向中央建议：以红三军团迅速向湘潭、宁乡、益阳挺进，威胁长沙，"在灵活机动中抓住战机消灭敌军小股，

土地革命战争时期，彭德怀与彭雪枫在一起

迫使蒋军改变部署，伺机阻击、牵制敌人"；同时，中央率领其他兵力进占淑浦、辰溪、沅陵一带，迅速发动群众，开辟战场，创造根据地，粉碎敌军进攻。"否则，将被迫经过湘桂边之西延山脉，同桂军作战，其后果是不利的"。

这个改变红军西进方向的建议极有见地。因为红军"西窜"已在蒋介石意料之中，现在忽然掉头北进，就出乎蒋介石"不致北犯"的意料，他的"湘江会战"全盘部署就要落空，红军也可以避免湘江惨败。

可惜，彭德怀的建议如石沉大海，博古、李德既未答复，也未采纳。

当红军进抵第三、第四道封锁线之间的湖南宁远地区后，敌情更趋严重。而红军却在加速向潇水挺进，日甚一日地往"天罗地网"里钻。

红军的命运不容等闲视之，已被排除在中央决策层外的毛泽东心急如焚，向"最高三人团"第二次提出了关于进军方向的建议：

"红军主力不要过潇水，不要攻道（县）、江（华）。应沿潇水东岸经保和圩、雷家坪等地，攻占零陵的栗山铺，再向东北攻祁阳，过湘江，在两市镇或宝庆一带与敌决战。然后再返回中央革命根据地去。"

这个建议更具战略眼光，与彭德怀的建议有着异曲同工之妙，主动放弃与红二、红六军团会合的原定计划，改西进为北上，不但可以避开湘江东岸的"天罗地网"，还可以跳出包围圈寻求决战，再打回中央苏区，与在那里苦战的留守红军会合，挽救中央革命根据地。

毛泽东的这一建议并不是无足轻重，也不是随意想象。他是从与蒋介石的多次较量中，探索到对手的军事思想与原则，从而得出的结论，可以说是做到了知己知彼。

在毛泽东看来，蒋介石对中央红军此次西征的目的——与红二、红六军团会合，应该是很清楚的。一个已经被敌人熟知的战略意图，仍然不顾一切地去实施，无疑是自投罗网，将使红军有全军覆没的

长征到达陕北的毛泽东

危险。

一如毛泽东之前提出过的所有正确建议一样，这个建议毫无例外地被掌握着红军指挥权的博古、李德等人拒绝了。

红军渡过潇水、占领道县后，心系红军危亡的毛泽东再次提议：

"红军应沿潇水西岸北上，攻柏桥铺、渔寿湾、华江铺、双牌、富家桥，再向西攻零陵，过湘江向北取冷水滩，越过湘桂铁路，进军宝庆，诱敌决战，夺取反'围剿'胜利。"

这个建议同上一个建议具有同样的战略性质，改西进为北上，改逃为打，如被采纳，同样能收到避免湘江之败和摆脱被动挨打局面，重新获得战略主动和开辟新的根据地之效果。

遗憾的是，"左"倾领导者再次同样固执地拒绝了毛泽东的建议，坚持从桂北渡过湘江，夺路去湘西与红二、红六军团会合。

23日14时，中革军委在命令红一军团夺取永安关后，又以红军总司令朱德的名义发布电令，命红三军团侦察永安关以南的道路。

彭（德怀）、杨（尚昆）并告林（彪）、聂（荣臻）、陈（光）、刘（亚楼）：

A. 三军团应于今廿三日派出一个师带电台密本走四眼桥以北道路，开至葫芦岩、九井渡、新车渡地域控制渡河点及道县江华、永明两条大道在我手中，并进行下列侦察：

1.永明方向敌情。

2.由新车渡经小坪走永安关以南的平行路。

3.由新车渡经永明以北程义家到灌阳的道路。

4.道县、永明之间向全县、灌阳之间不经大道的其他山道及其里程人家。

B. 上述一个师的开动时间由彭、杨依宁远方向战况自定之，该师到达指定地域，应转令六团及一军团的工兵部队即开道城归还二师主力。

C. 执行情形电告。

朱 德

廿三号十四时

25日，红军主力从道县与水口间渡过潇水后，锋芒直指湘江，死不回头地硬往蒋介石早已布置好的陷阱里钻。

面对敌人布好的口袋阵，毛泽东第四次向中央提出：红军进入广西境内后，应立即从灌阳的文市北上攻占全州，但不应该从全州县城以南渡湘江，爬越城岭，而应该从全州以北的黄沙河过湘江，经庙头，攻湖南东安，后北上直取宝庆，接着可

毛泽东在中央苏区

从东北攻两市镇、永丰，也可继续北上攻新邵，再穿过湘中丘陵，攻打蓝田，并在此摆开战场与敌进行决战。待粉碎"围剿"之敌后，或在湘中建立根据地，或返回中央苏区去。

不幸的是，毛泽东的四次建议均未能阻止红军西进的脚步。许多年后，李德还对此事耿耿于怀，在《中国纪事》里攻击道：

他（指毛泽东）不顾行军的纪律，一会儿呆在这个军团，一会儿呆在那个军团，目的无非是劝诱军团和师的指挥员和政委接受他的思想。

● 洋顾问制订四路入桂计划，硬要往蒋介石的口袋阵里钻

广西的东北部，高山林立的丛山间，奔腾着一江碧水，从西南朝东北方向流入湖南后，仍保持东北走向，贯穿湖南全境，注入湘东北的洞庭湖。这条大江便是湘江。

在湘江的西面是绵延数十公里的西延山脉，东面数十公里的湘桂边境有一条南北走向的山脉叫都庞岭。经过几番搏杀的中央红军此时继续以甬道式队形，携带着大量的物资器材，沿山路缓慢西进，向湘江走来。

这支远征大军一路上连遭风雨露寒，加上错误路线领导者的滥施淫威与在敌情面前的无能为力，险恶情形常人难以想象。全军已由从中央苏区出发时的 8.6 万人减少至 6.4 万人，战斗力亦有不少削弱。

更令人担忧的是，不安和不满情绪开始在部队中流露。离开苏区已经 1 个多月了，数万大军在粤北湘南的大山里艰难行进，谁也不知道往哪里去，总是一直往前走。

肖锋回忆道：

在行军路上，担架队战士梅若坚问我："总支书，这里是什么地方？二、六军团在哪里？走到哪是个头？"说实在话，我当时也不知道哪是个头，只好回答说："我们这两条腿是属于革命的，上级让往哪走，我们就往哪用劲啊！"

由于机构臃肿，加上携带了大批辎重，部队停停走走，速度极慢，平均每天只能走三四十里路。有时一夜才翻一个山头，一天才走十几里或二三十里。战士们一停下来就站着睡着了。有的甚至一边机械地移动步子，一边就迷迷糊糊地睡觉。队伍之疲惫、沮丧、烦躁，可想而知。

扩红运动的后遗症此时也已完全显现出来，许多战士产生了思想波动，尤其是新战士不愿远离家乡，故意掉队的人员越来越多，红军一天比一天少。

尽管如此，在突破敌人第四道封锁线前，红军总的建制和序列还是完整的，除中共中央、中革军委、中华苏维埃政府领导机关人员所组成的军委第一、第二纵队外，红一、红三、红五、红八、红九军团尚有作战部队 12 个师，装备有 3.3 万多支步枪、700 余挺轻重机枪、15 门迫击炮。掉队落伍者多为非战斗部队的挑夫和新兵，主力

军团仍保持着较为旺盛的战斗力，仍然是一支能征善战的劲旅。

李德久久俯视着桌上那幅巨大的军用地图，陷入了深思。坐在他两旁的是中共中央临时负责人博古、中革军委主席、红军总司令朱德和中革军委副主席、红军总政委周恩来。

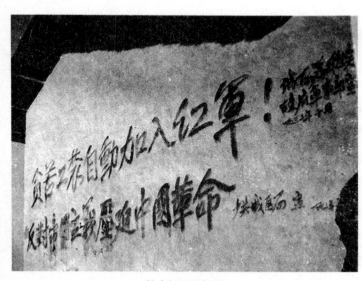

扩大红军的标语

这里有必要介绍一下这位共产国际派来的军事顾问。

李德，又名华夫，本名奥托·布劳恩，1900年9月18日生于德国慕尼黑郊区的伊斯玛宁镇（一说是出生于奥地利的德国人）。他的父亲是个会计，去世很早，母亲是个教师。6岁时，李德被送进一所天主教孤儿院，在那里接受了初等教育。他很勤奋，学习成绩一直不错，还获得过奖学金。1913年，慕尼黑的一所师范学院破格录取了他。

第一次世界大战爆发后，李德应征加入奥匈帝国军队，上了奥地利和意大利前线，一直战斗在最前线。血与火的洗礼使他很快成熟起来，同时也使他变得自负起来。1916年被俄国军队俘虏，拘于西伯利亚。俄国十月革命胜利后参加苏联红军，因作战勇敢，升任骑兵团长、旅参谋长。1919年回到德国，加入社会主义青年团，参加了保卫巴伐利亚苏维埃共和国的战斗，指挥工人弟兄们同反革命的武装士兵浴血奋战。奥、意前线的战斗经验，使他在街垒战中，表现得异常出色。

巴伐利亚保卫战失败后，李德被捕入狱。是年秋，逃亡到汉堡，加入了共产党组织。1921年初，在德国共产党中央军政情报处工作。两年间，阅读了大量军事论著，同时也熟读了《拿破仑》、《苏沃

李德

洛夫》、《恺撒》等人的传记。但对东方军事家的传记，李德却不屑一读。有关东方的历史，包括风土人情，更是近似到无知的程度。到中国后，他不懂中国历史，更不了解中国农民，这就必然导致他的指挥走向失败的结局。这种结局，在今天看来便不足为奇了。

1921 年底，李德再次被捕入狱。他组织狱中的关押者越狱，最终获得成功。1924 年初，调到德共中央委员会做情报工作，从事反奸细和法西斯组织的特别工作。同年，结识了女青年奥尔加·贝纳里奥，并吸收她参加了党的工作。不久，两人结为夫妻。

1926 年秋，夫妻俩双双被捕，关押在莫阿比特监狱。三个月后，奥尔加获释，而李德却一直监禁到 1928 年春。狱中的生活，使他学会了俄文和英文。1928 年 4 月，在战友以及妻子奥尔加的帮助下，又一次越狱潜逃成功。

苏联伏龙芝军事学院学员举行阅兵式

李德的胆略、机智和勇敢，曾在柏林和德国引起了很大轰动。越狱后，德共决定将他秘密送到苏联。那时的苏联，十月革命已经胜利了十多年，共产主义的地位在全世界起着举足轻重的作用，是全世界共产主义者向往的天堂。而李德的这段不平凡经历，引起了苏共领袖斯大林和莫斯科中山大学校长米夫的重视，觉得他是个人才，就把他送到著名的伏龙芝军事学院深造。李德系统地研究了布尔什维克的革命经验和军事科学，同时也受到正规训练。

20世纪30年代初，国际工人阶级和共产主义运动的注意力渐渐转向中国。那时，各国的共产主义者，还没有一个国家像中国从事这么伟大的群众武装运动，共产国际组织也支持中国革命，并希望中国革命成为俄国革命的翻版。

在这样的历史大背景下，共产国际任命曼弗雷德·施特恩将军（俄文别名叫弗雷德）为驻中国的军事总顾问。此人就是后来在西班牙战争中名声大噪的克勒贝尔将军。

弗雷德和李德一样，参加了第一次世界大战，先后在澳大利亚和匈牙利军队里服役，曾被俄国人俘虏。加入布尔什维克后，参加了苏联国内战争，随后去了伏龙芝军事学院。

1932年，以优异成绩从伏龙芝军事学院毕业的李德被共产国际派到弗雷德手下，并于当年夏秋之交来到了中国。

那时，李德连一句中国话都不会讲。由于对中国历史的不了解，对当时中国革命的处境，看到的也仅仅是表面现象，但他的热情却是空前的高涨。他要在中国这张白纸上，涂满他理想的未来。

李德就很快体现出日耳曼人的工作作风——严谨、勤奋。他了解到中国共产党内博古领导的那一派，是由在莫斯科留过学的坚决拥护苏联路线的一批中国青年组成，王明是他们的领导。所以，李德便对博古等人大谈恺撒、塔西陀、拿破仑……谈起正规战争更是津津乐道，不久即得到了博古这些拥苏派的信任。

当时，上海的中共地下组织在蒋介石的残酷打击下已近土崩瓦解，许多共产党人被枪杀。白色恐怖使共产党几乎无安身之处，只有赣南的中央苏区和闽西、鄂豫皖、湘鄂西苏区处在一派兴盛之中。1933年初，在上海已无法立足的临时中共中央迁入中央苏区。同年9月，李德也踏上了中央苏区的土地，成为红军的军事顾问。

李德到来之时，恰逢蒋介石对中央苏区发动空前规模的第五次"围剿"。不懂军事的博古指望共产国际派来的这位"洋顾问"能给他带来好运气，帮助他打赢这场战争。

这位普鲁士骄子也是踌躇满志，想通过帮助中国革命，在东方这块古老的土地上显示自己的军事才华。来到苏区不久，他就否定了毛泽东的游击战，认为红军时机已经成熟，是该打正规战的时候了，转而推行他的街垒战术，归结为"猛烈的短促突击"。

所谓"短促突击"的战术原则，李德曾有过专门的解释。

1934 年 4 月，李德以华夫为笔名，接连在中革军委创办的军事理论刊物《革命与战争》第二、第三期上发表了《革命战争的迫切问题》、《论红军在堡垒主义下的战术问题》两篇文章，论述了"短促突击"新战术的原则及其实施办法。

面对敌人的堡垒新战术，红军过去采用的简单的游击战方法已不足以应用了，"把敌人诱入我们的阵地，现在通常已不能成功"，红军必须掌握和运用现代军事战术的原则。

在敌人实行堡垒战的条件下，红军新的战术主要应从下列三个准则出发：

1. 红军应派出小股战斗部队牵制、削弱和分割敌人力量，与在敌人背后、侧翼以及正面活动的地方部队协同动作；

2. 红军在敌人主攻方向应建立防御体系来直接保卫苏区，"应在重要的战略地点建立分散的堡垒，或牢固的阵地（堡垒群），来抵抗敌机的轰炸和炮兵的射击。……堡垒地带应配置一定数量的人力和火炮，当敌人在阵地前沿出现时，应以埋伏之主力部队，利用短促突击和奇袭的方法，加以驱散和消灭。"

3. 红军主力应集中于一定方向，给予在阵地以外的敌人以坚决的突然的打击，消灭其有生力量。"但必须切断敌人与出发地的联系，这样才能有把握地消灭敌人有生力量，缴获敌人的武器和器材。一进入战斗，就必须立即投入所有人力和物力，尽快地、一下子就决定战斗的结局。"

红军粉碎敌人堡垒新战术最基本的战术，是要在堡垒主义条件下寻求运动战。红军应向在运动中的敌人进行短促的突击，当敌人离开堡垒向前移动时，突击其先头部队，当敌人前进到十里以外时突击其后续梯队。

红军应在敌军后续梯队或从堡垒内出来的增援队未到达之前迅速解决战斗，应注意利用夜间及昏暗条件进行机动及局部的战斗，应采取积极和消极的防空方法，应隐蔽地接敌和进行白刃战斗。

为避免敌人于一个方向箝制红军主力，而在另一个方向前进，红军应迅速和不断转变自己的突击方向。

红军为更确实的箝制敌人，应利用支撑点及其它堡垒。这些堡垒不仅要能抵御敌人的机枪火力，而且要能抵御敌人的迫击炮弹和飞机炸弹。进行短促突击作战时，红军守备部队的火力应在堡垒内，而突击部队则在堡垒外进行反突击。

李德提出的这种"短促突击"的战术原则，在实践中的要求，就是敌人筑碉堡红军也筑碉堡，然后对于从堡垒内出来作短距离推进筑垒的敌人，乘其立足尚未稳定时予以不意的、迅速的、短促的突击，以消灭敌人的有生力量。

这种战术要求极高，既要有准确的情报和判断，又要集中精干的兵力，还要和敌人作阵地战，更要能积极的结束战斗。因为敌人重兵集结，弹药充足，火力较强，四面呼应，红军稍有不慎，就会陷入敌人的包围。而这种战术，限制了红军的主动性，红军不能去调动敌人，而只能坐等敌人出碉堡时以求一战。

然而梦想与现实竟有那么大的差距。"短促突击"使红军的反"围剿"战争，成了不折不扣的阵地战、堡垒战、消耗战，并没能有效地消灭蒋介石的部

红二、红六军团部分领导人合影

队，相反却让蒋介石的部队三里五里一进，十里八里一推，一口口地吃掉苏区。最后，中央红军被迫放弃苏区，进行战略转移。

一连串的失利让这位倔强而又孤傲的日耳曼人焦头烂额，也令他颜面扫地。他怎么也想不通他精心制定的战术会败得如此之惨，英勇的红军为何就无法阻挡住敌人的进攻。这究竟是谁的过错呢？

博古、项英在他面前总是那么谦逊，对他的战术思想从来都是推崇备至，从来没有提出过任何异议。周恩来、朱德虽对他的战术打法提出过不同的见解，但最终还是勤勤恳恳地去执行他的指示。

难道去指责那些红军战士？他走过许多国家，参加过无数次战斗，却从来没有见到过这么英勇的战士。在前线，他亲眼看到衣不遮体、食不裹腹、手执简陋武器的红军战士，怀着不可动摇的意志和信念，呐喊着、勇往无前地冲向敌阵。他从来也没有怀疑过中国工农红军是世界上最优秀的军队。

李德在困惑中思索，在痛苦里挣扎。他在心里一遍遍地问自己，难道是他苦心研制的战术真的有问题？他在冥思苦想，在努力寻找答案。

不过，他不是一个容易灰心的人。恰恰相反，他的性格是倔强的，不屈不挠的，

特别是在遭到危难的时候。自从红军主力撤离中央苏区开始远征后，一路上过关斩将，极其顺利地突破了敌军的三道封锁线，李德的信心又开始一点点地恢复了。他坚信在绝艰奇险中，方能表现出雄才大略和英雄本色，他也一定能够带领这支军队创造出无人可比的奇迹。

这时，总部作战局负责人走进司令部，打断了李德的深思。

综合目前从各方汇总来的情报：北面之敌是何键的第一、第二路"追剿军"，南面和西面是桂系军队的主力，而第三、第四、第五路军仍继续尾追我军。

"一定要与二、六军团会合，不然，后果将是灾难性的。"

说完，李德把手中的红蓝铅笔往桌上重重地一丢，似乎在表示出他不可动摇的决心。

博古向司令部人员翻译了军事顾问的决心。这个决心是否正确，他心中无数。但李德的决心，就等于他的决心。

"最高三人团"中，李德全权负责军事。既然他已定下决心，周恩来和朱德也没有再提出异议。毕竟，与红二、红六军团会合是早在撤离中央苏区前就已定下的计划。

于是，中革军委正式决定：突破敌人的第四道封锁线，渡过湘江，向西翻过越城岭，而后进至湘西南地区，以期与贺龙、萧克的红二、红六军团会合。

当天，中共中央、红军总政治部在禾塘发布《关于野战军进行突破敌人第四道封锁线战役渡过湘江的政治命令》。

一、我野战军即将进行新的最复杂的战役，要在敌人优势兵力及其部分的完成其阻击我西渡的部署条件下，来突破敌人之第四道封锁线并渡过湘江。此战役须经过粮食较缺乏之两个大山脉，并要克服二条［河］道与开阔地带，及部分的敌人堡垒。野战军应粉碎前进道路上敌人之抵抗与击溃向我翼侧进攻及尾追之敌，任务是复杂与艰巨的。但由于敌我部队质量之悬殊，我工农红军之顽强坚决、忍苦耐劳，可断言胜利是属于我们的。

二、为着胜利的进行这次战役，要求野战军全部人员最英勇坚决而不顾一切的行动。进攻部队应最坚决果断的粉碎前进路上之一切抵抗，并征服一切天然的和敌人设置的障碍，掩护部队应不顾一切阻止及部分的扑灭尾追之敌。各兵团应不断的注意自己的翼侧之安全，如敌人向我翼侧进攻时，应机断专行的坚决击溃之。同时，不应离开、放弃完成自己的前进道路。

三、对每一个指挥员要求明确的执行放在面前的战斗任务，与友军确实的协同动作，不间断的进行各种侦察、警戒，并应遵守一切战术规定，以避免不必要的损伤。指挥员应牢记争取战斗的胜利，不仅依靠个人的勇敢，而首先是在正确的指挥部队。

朱德向红军指战员讲话

四、政治工作人员应以不疲倦的政治宣传与鼓动及个人的模范，克服战斗员中的疲劳、落伍与各种动摇，应与指挥员一起征服为完成战斗任务上的一切客观困难，并最高限度的提高全体红色军人的战斗精神、顽强抗战及其坚决性。我野战军的基本口号应该是：不仅要安全的不受敌人损害的通过封锁线，且须击溃及消灭所遇之敌军。

五、当前战役的胜利完成，是将决定着我们突破敌人最后的封锁线，创造新的大块苏区，协同其他红军部队（二、六军团，四方面军）一致进行全线的总反攻，与彻底粉碎敌人五次"围剿"。

六、本政治命令随军委二十五日十七时作战命令同时下达至团、至梯队首长为止。军团、师、团政治部（处）应据此进行加强的政治工作，但不应下达提出作战任务。

17时，野战军司令部发布《我野战军前出至全州、兴安西北之黄山地域的作战部署》。

林（彪）、聂（荣臻）、彭（德怀）、杨（尚昆）、董（振堂）、李（卓然）、周（昆）、黄（甦）、罗（炳辉）、蔡（树藩）、叶（剑英）、罗（迈）、邓（发）：

甲、根据敌人最后的部署，其企图是在湘江阻击我们，并从两翼突击我们。北面为敌之第一、第二路军；南西面则为广西的主力；而敌之第三、第四、第五路军则直接尾追我们。

乙、我野战军为到达前出至全州、兴安西北之黄山地域（湘桂边境）的目的，应该：

（一）我进攻部队（一军团主力及三、八军团）应迅速连续地占领营山山脉之各关口隘路，并于全州、兴安之间渡过湘江。在这种决心下，应迅速坚决消灭敌之第一、第二及与我接触之桂军部队。

（二）掩护部队（一军团一个师及五、九军团）应连续于潇水及营山诸隘口阻止敌第三、第四、第五路军前进。当其急进时，则应坚决消灭其先头部队。

（三）作战的第一步是前出到湘江地域。在这个阶段中，野战军分四个纵队前进。

1. 一军团主力为第一纵队，沿道县、蒋家岭、文市圩向全州以南前进。

2. 一军团一个师、军委第一纵队及五军团缺一个师为第二纵队，经雷口关或永安关及文市以南前进。以后则依侦察结果决定前进路线。

3. 三军团、军委二纵队及五军团一个师为第三纵队，经小坪、邓家源向灌阳山道前进，相机占领该城，以后则向兴安前进。

4. 八、九军团为第四路纵队，经永明（如不能占领永明则从北绕过之）三峰山向灌阳、兴安县道前进。

（四）二十六日诸兵团的行动如下：

1. 一军团主力于文市圩地域停止，向全州派出得力的侦察队，并侦察全州、兴安间的前进道路、渡河点及沿岸的工事情形，特别要注意麻子渡、咸水圩等水田地域，第六团则进到永安关地域。

2. （三军团）第四师占领邓家源以后，则向灌阳方向侦察前进，三军团主力于二十六日晨应进到小坪地域，以后则随四师后跟进。

3. 八军团应协同九军团之第九团占领永明城，如不能占领永明城时，则从北绕过，进至武村、程义家地域。其先头部队应防守三峰山隘口。第九团则仍留永明附近，以保证九军团主力继续通过永明地域。

4. 第一师、五军团及九军团的主力则照今廿五日十时的电令（行动）。

5. 军委一纵队于廿六日晨进到高明桥地域。军委二纵队今日仍在原地休息，并准备从廿六日午刻随三军团后进至钟坪地域。

6. 各军团执行情形电告军委。此电令不得下达。

朱　德

廿五日十七时

其实在两天前，也就红军攻克道县、前锋抵达湘桂边境永安关的当天，桂军突然放弃全州、兴安、灌阳核心阵地；而何键也怕红军深入湖南境内，不愿调湘军主力前往接防。这样，湘江防线上便出现了一个大缺口——从全州至兴安60公里的湘江，已无兵防守。

　　显然，李德在作出上述部署时，尚不了解桂军从湘江地域撤防的情况。此四路进军计划，旨在全面打乱敌人的防御部署，以多路前进抢渡湘江为目的。

　　湘江两岸战云密集，杀机重重。

● 全州，红军失去了千载难逢的机会

在突破国民党军第三道封锁线后，中央红军已陷入了国民党军的重兵包围之中：在东面，有国民党中央军和湘军的 6 个师；在北面，有国民党中央军的 5 个师；在西北面，有湘军的 4 个师；在西面，有桂军的 5 个师；在南面，有粤军的数个师。

中央红军似乎已经插翅难飞。然而在这个看似没有任何机会的死局中，却存在着一个巨大的机会——因为在蒋介石精心制订的这个五路进军的湘江追堵计划中，无论是蒋介石本人，还是桂军白崇禧、湘军何键都在各打各的算盘。

蒋介石只让中央军担任在东面追击、在北面防止红军北上的任务，而把最为艰巨的正面堵截红军的任务交给了桂军和湘军。

桂系为了保证广西腹地安全，也为了保全实力，在红军即将入境之际，突然将其主力从全州、灌阳、兴安撤往恭城。

湘军则只乐意在北面部署重兵防止红军北上湖南腹地和湘西，只愿意派兵从东面驱赶红军尽快离开湘境，而不愿在全州、灌阳、兴安间正面堵截红军。

于是，蒋桂湘三方都作出了对自己最为有利的选择。而这种选择的结果，便是全州至兴安间出现了一个巨大的缺口，湘江门户洞开达 9 日之久。

这就是红军的一招活棋——从这个缺口迅速钻出去，跳出蒋桂湘粤的包围圈。

11 月 23 日，即桂军从湘江南撤的第二天，"追剿"军第一路军司令刘建绪便得知湘江无兵防守，叫苦不迭，立即报告"追剿"军总司令何键。

何键顿感事情不妙：全州乃湘桂走廊上的枢纽，谁能先机抢占，控制渡口，谁即可占据湘江之战的主动权。于是，电令各军：

命令：

（一）据报，匪大部尚在宁远、道县间与我三、四路军对抗中。一部已窜入富川。又据李觉师长电话，匪一、九两军团在龙虎关与桂军激战。又，桂军主力已移向恭城方向。

判断：匪以一部佯攻龙虎关等处，吸引桂军南移，其大部必循萧克故道向西急窜。

（二）我军应不失时机，尾匪追击。并应增强湘水上游防线，衔接桂军，防匪逸窜。

（三）着三、四路联合，迅速击破当前之匪，尾匪追剿。

（四）……

（五）着第一路沿湘水上游延伸至全州之线，与桂军切取联络，堵匪西窜。

同时电令刘建绪率所部4个师立即南下全州，并于当日19时致电蒋介石，狠狠地告了白崇禧一状：

长征中的周恩来

迭奉钧令，务歼匪于湘、漓水以东地区，职于元日拼命追剿，寒日进驻衡阳，本最大之决心，将所部区为五路，分任追堵，并请粤、桂两协剿。又经派刘建绪赴全县与白商妥，联防堵击，即经呈报在案。刻奉养酉电，已准桂军主力移赴恭城附近，所有灌阳、兴安以北地区防务，责令职路军南移担任，闻命悚懼。缘职路军兵力，除已令周、李、李三路跟匪进剿，尚在宁、道间与匪主力对战外，薛路正向零陵集结，尚未完毕。刘路原以主力布置零陵以南、黄沙河之线，刻又令其伸延至全县与桂军衔接，实属再无余力继续南移，增任两三百里之正面防务……刻下新宁、城步、绥宁及其以北等县，无兵控制。若灌、兴、全间，又准桂军移调，则不免门户洞开，任匪扬长而去……似此情势迫切，忽予变更计划，兵力、时机两不许可。合围之局既撤，追匪之师徒劳。职受钧座付托之重，虽明知粉身碎骨，难免功亏一篑。

当时，桂军白崇禧部已经撤走，湘军刘建绪部还没有赶到全州，灌阳、湘江一线十分空虚，如果红军能利用桂军南撤留出通道的有利时机轻装前进，抢先占领桂北重镇全州，控制两岸渡口，则完全可以在一昼夜内渡过湘江突破敌人的第四道封锁线，也就避开湘江之战，顺利地达到与红二、红六军团会合的目的。

遗憾的是，红军当时对敌情的这一重大变化并不了解。

其实，红军并不是没有机会。早在攻占道县之前，林彪就授意军团参谋长左权，派遣军团侦察科长刘忠，率军团便衣队和红5团侦察排，化装成算命先生、小货郎、补锅匠，沿着红六军团西进的道路进入桂北侦察。

11月18日，侦察小分队到达黄沙河一带，不料被防守的民团识破，遭到桂军的包围。刘忠率部突出重围，于22日绕道全州南面的界首渡过湘江，进入全州城。令刘忠等人大吃一惊的是：全州城里竟然没有正规军，只是一些民团把守。

时任红 5 团侦察排长的欧阳华参加了这次侦察行动，他回忆道：

我们傍晚进入全州县城，高高的城墙，砌在湘江边上。我们在城里住了一夜，发现城内只有少许民团驻防，国民党的正规军尚未到达，守备十分空虚。

25 日中午，刘忠向率领红 5 团驻守永安关的红 2 师参谋长李棠萼汇报了他在全州看到的情况：全州是一座空城，界首至全州数十公里湘江河段的桂军也已撤走，只有少数民团把守，红 5 团可以即刻渡过湘江，抢占全州县城，控制各渡口，确保红军主力过江。

李棠萼不敢自作主张，便通过电台向军团部汇报。在道县蒋家岭村的林彪接到报告后，又发电报向中革军委请示，并建议迅速占领全州，以抢占渡过湘江的有利地形。

这时，红军总部已进至广西境内灌阳县文市圩的桂岩村。李德、博古、周恩来和朱德正在开会研究敌情。

红 4 团来电：他们已进至湘江防线的界首，并准备在那里占领阵地阻击由兴安北上的桂军一部，他们一路顺利，湘江防线极为空虚，建议总部和后面各军团火速向湘江进发。

红 5 团来电：他们已由全州县境石塘进至大坪附近湘江渡点。全州城防确实空虚，湘江沿岸除少数民团守护，并无其他守敌，加之冬季河水很浅，全团已在大坪徒涉过了湘江，湘军刘建绪部 4 个师正疾速由黄沙河向全州县城推进。

红三军团第 4 师也来电：他们已过麻子渡，正向界首急进，一路并无敌踪，望总部速令军委纵队和后卫部队加速西进。

熟悉地图的李德迅速找到了全州的位置。一旁的作战参谋立即向首长们介绍起全州来：

全州，是一座有着两千多年历史的古城。秦始皇统一六国后（公元前 221 年）即在此始设零陵县，一直归属湖南管辖，为历代州、路、府的治所。元代置府，筑有坚固高大的石城墙，外有护城河。1394 年，即明洪武二十七年，太祖朱元璋下令将全州由湖南永州府改隶广西桂林府。

原来，这位参谋就是广西人，曾参加过百色起义，对桂北一带相当熟悉，因此介绍起来游刃有余。

全州不仅是座千年古城，更是历代兵家必争之地，素有广西第一镇之称。它地处湘江上游，背依湘山，前濒湘水，地势险要，易守难攻，且扼岭南关钥，为中原进入岭南之咽喉。兵家称之为"广西门户，北连湘楚，南蔽桂林，扼要筹防，向称重镇"。

湘江在全州境内有 90 多公里，湾多滩急，可徒涉点甚多。从县城到界首有共处 4 渡口，由南至北依次是界首渡口、凤凰嘴渡口、大坪渡口、屏山渡口，每个渡口之间相距不过十余里。若不抢先占领全州，则只能被迫沿红六军团故道在全州所属的湘江上游抢渡，但那里两侧崇山峻岭，中间地势开阔平坦，易攻不易守。

因此，先机抢占全州，扼关而守，控制渡口，便成为湘江之战成败的关键所在。

然而，李德并没有立即相应改变部署，仍按原来为打破敌人在湘江堵截而制订的四路进军的计划进行。

23 时 30 分，心急如焚的林彪终于收到了以朱德名义下发的中革军委命令：

林、聂：

1. 据最近所得情报，全州仅有桂敌之两营干训队及民团二联队防守，兴安亦无大股敌军。

2. 全州为战略要地，占领全州可保证野战军迅速渡过湘江，并使湘敌一、二路失去侧击我军的机会。

3. 你们必须立即详细侦察占领全州之可能性。你们最后的估计应于明廿六日午前电告。

4. 如据你们估计，以现有力量能占领全州，即应准备廿七日晨占领之。否则，仍按廿五日十七时作战命令执行之。

事后看来，李德此举是多么愚蠢。既然已得到全州空虚的情报，为何还要红一军团侦察占领全州的可能性，并且于 26 日中午上报。

这时，红一军团已抵达全州县境的石塘圩。鉴于红 1 师第 1、第 3 团尚留在潇水西岸继续阻击追敌，红 2 团随军团司令部行动，林彪当即决定由陈光、刘亚楼的红 2 师担负抢占全州县城和界首渡口的任务。

红 2 师以第 4 团抢占界首，第 5 团抢占全州县城，第 6 团占领屏山渡。各团接到命令后立即分头从灌阳的文市出发，日夜兼程向西疾进。

有道是：兵贵神速，战机如电，稍纵即逝。

27 日，红 5 团 2 营、3 营经石塘、麻市，从全州大坪涉渡湘江，疾进至全州县城西南约两三公里的柘桥、飞鸾桥一带；红 5 团 1 营和红 6 团经全州两河到达鲁塘坪西的土桥后，红 6 团向西占领湘江的屏山渡口，红 5 团 1 营则向北经石冲门挺进到全州县城南面的水南村，抢占了制高点五甲岭，并会合刘忠率领的军团侦察分队，准备与已到湘江西岸的 2 营、3 营夹击攻取全州县城。

但红军还是晚了，被沿桂黄公路快速南进的湘军刘建绪部抢先一步。当红 5 团到达全州城外时，发现湘军刘建绪的大部队正在陆续入城，城防各隘口的兵力成数倍增加，湘军还向县城南面派出了大量警戒部队。显然，守城湘敌已经超过一个旅。

全州县城四周的城墙又高又厚，以红 5 团这么一支经过长途行军已疲惫不堪的队伍，用简陋武器攻城，是无论如何也不可能从数倍强敌手中夺占全州的。

许多年后，李德在《中国纪事》中回忆道：

当我们先头部队到达县城时，发现周（浑元）已走在我们的前面了。周的一个旅占领了县城，将主力埋伏在离县城不远的地方。全县四周的城墙又高又厚，就像中国内地大部分古城一样。用我们的武器攻城看来不大可能，至少要消耗很多时间和付出很大伤亡。在全县的近郊进行决战也几乎不能成功，因为在这个地区兵力很难展开。

毕竟时隔多年，李德把抢占全州的敌军搞混了，不是周浑元的中央军，而是刘建绪的湘军。但这并不重要，关键的是扼守湘桂走廊的桂北第一座古城，就这样被敌军先机占领。

红军又一次错失了顺利渡过湘江的良机。

● 红军再错渡江良机，一场空前残酷的血战不可避免

抢占全州不成，红 5 团只得折回石冲门转向屏山渡过湘江，与红 6 团赶往脚山铺、鲁板桥一带抢占山头，构筑工事，等待其他各团和军团部的到来。

原本空虚的湘江防线、敞开的百里过境走廊，早就给绝境中的红军留出了一线生机。可是，因为坐失抢占全州的良机，使红军再度陷入了绝境。

但绝处却仍有几分化险为夷的希望存在。

据红 5 团和刘忠侦察分队的情报，到 11 月 27 日，全州以南至兴安的湘江仍然空虚，几十里湘江还是没有桂军正规部队防守。

至 26 日，红军各纵队的态势是：第一纵队进入广西灌阳文市地域；第二纵队进至灌阳文市以南之王家、玉溪地域；第三纵队在邓家源因山道不通受阻后改道由雷口关入桂，主力到达灌阳水车地域；第四纵队最为被动，仍在都庞岭以东向南，离主力前进路线越来越远。其中，红八军团攻占永明，红九军团主力在江华的石桥、江渡一带。

如果红军能立即放弃四路入桂的计划，收缩红八、红九军团，将四路纵队改为左右两路，精简辎重，急速从雷口关、永安关大举入桂，直抵湘江。而红一军团只要挡住从黄沙河南进到全州城的湘军，保住全州以北至兴安段的湘江渡点，主力红军即可在一两天内过江完毕，不会遭受太大的损失。

但这一切都是假设。此时的红军仍不肯丢弃辎重，按照四路入桂的计划，慢悠悠地行进着——26 日，军委纵队从永安关进入灌阳的桂岩，一天之内只走了 8 公里；27 日，从桂岩到文市，行程仅 6 公里。整整两天时间，军委纵队在湘江以东只走了 14 公里。

为什么军委纵队行动如此之慢？

通常的说法是"叫花子搬家"，用彭德怀的话说就是"抬着棺材走路"，说白了就是搬的东西太多。

"大搬家"主要在中央纵队（即军委第二纵队）。这个纵队约有 1 万人，动用的民夫就多达 5000 人，挑着苏维埃共和国的大量财物——印刷机、纸币镌版、造子弹的机器、重新装填空弹筒的压床、满载文件资料的箱子、银元、金条、药品、备用的枪炮、收发报机、电话设备、大卷的电话线等等。需要七、八个人抬的石印机，需要十几个人抬的大炮底盘，也舍不得丢下。大山炮没有骡子拉，就用人力扛。卫

生部把 X 光机也抬上了，说怕碰怕跌，十几个战士像捧着瓷碗似的抬着它走。野战医院以为就在附近苏区打仗，连给伤员用的屎盆、尿盆都带上了。

朱德在他的自传中曾沉重地总结这一教训：

> 长征就像搬家一样，什么都搬起来走，结果太累赘，很吃亏。补充来的新兵没有来得及搞到团里、营里去——没有带过兵的人，就会搞空头计划，他们不知道没有训练过的新兵，不跟着老兵怎么走，结果，就让新兵去搬运东西——整个司令部、党政军机关、干部都很重要，连印刷机、兵工机器都搬出去。结果，一个直属队就有一万多，所以需要的掩护部队就多了。因此，部队动起来很慢。

其实，不仅军委纵队的行李多，就连主力军团的担子也不少。据时任红五军团第 13 师师长的陈伯钧回忆：

> 每一个军团成立后方部，有的有一千副担子，有的有八百副担子，我们的军团就有一千副担子，什么东西都挑上。

在瞬息万变的战场上，时间就是生命，时间就是胜利。就在这两天里，形势急转直下。

第一路"追剿"军刘建绪部的湘军 4 个师已从全州迅速向南延伸，经才湾、咸水圩向界首逼进，以求与兴安南下之桂军衔接，全部封锁全州至界首、兴安间的湘江，堵击由灌阳文市西进的红军。

紧随刘建绪部的是第二路"追剿"军周浑元部已于 26 日占领道县城，在接替刘建绪的黄沙河阵地后又继续向南推进，与湘军形成在湘江西岸逐次向南压迫，并彻底阻断红军去路的态势。

白崇禧见湘军已占全州城，为防止周浑元的中央军尾追红军进入广西，便下令第 15 军从恭城南返灌阳，在新圩以南马渡桥至枫树脚一线山地展开，准备截击红军后尾部队，并阻止中央军进入桂北。

几路敌人已形成南北两面步步逼近、一头一尾前后夹击的态势。

而此时，红一军团第 1 师主力尚在潇水西岸阻击尾敌之敌；第 2 师正在全州南面的脚山铺占领湘桂公路两侧山头构筑工事，准备迎击南下的湘军刘建绪部；第 15 师，即"少共国际师"，奉命在灌阳文市和全州两河之西北监视全州南进之敌，以确保红军右翼中部的安全。

红三军团前锋张宗逊所率第 4 师正向界首以北兴安方向的光华铺前进，准备扼阻由兴安北上界首的桂军；第5师主力第14、第15团在行军途中接到命令即改向新圩急进，在新圩以南之杨柳井与马渡桥之间的山间大路上发现桂敌先头部队后，即抢占山头准备阻击；第5师第13团正由水车、苏江向灌阳方向的泡江山路进击，以击退桂军1个团，接应后续入桂的红八、红九军团，保证红军西进队伍不被切断。

红五军团主力第34师及红三军团第6师第18团仍在道州之蒋家岭和湘桂边界永安关、雷口关一带回击中央军周浑元部；

红八、红九军团由江华北上水明，随红三军团之后向三峰山攻击前进，但在三峰山隘口遭到桂军和地方民团据险顽抗，屡攻不克，伤亡惨重，无法前进。

中央红军如不当机立断迅速渡过湘江，后果不堪设想。

当夜，中革军委终于改变了作战部署，决定红军主力从永安关、雷口关进入广西，以红一军团为右翼，红三军团为左翼，向湘江挺进，抢占渡口。红八、红九军团立即改道，以强行军赶到雷口关进入桂北，随红三军团后，抢渡湘江。

长征中红九军团部分干部合影（后排左五为军团长罗炳辉，前排左三为军团政委何长工）

李德四路入桂的计划宣告彻底破产。

午夜时分，野战军总司令部以朱德名义下发《关于一、三军团行动的指示》：

林（彪）、聂（荣臻）、彭（德怀）、杨（尚昆）：

甲、据彭、杨电，邓家源至灌阳山道不能通过。

乙、我三军团应即由小坪改道，经永安关、雷口关至文市以南之车头、宾家桥、水车地域，转向灌阳侦察道路及敌情，以争取时机。

丙、为保证一、三军团及军委一、二纵队行进路线不致拥挤，特规定：

1.一军团（缺一师）于今廿六日上午全部开抵文市地域。

2.三军团于得电后即出发，限今晚开抵车头、宾家桥、水车地域，并须从雷口关、永安关取平行路至宾家桥地域。

3.军委一纵队于今晚由高明桥经永安关开至伍家村、玉溪地域。

4.军委二纵队随三军团最后一个师后，开至雷口关、茅铺地域。

丁、一军团主力到达文市后，执行军委廿五日十六时半及廿三时电令不变。

虽然，红军前锋抢占了湘江渡口，做到了乘敌之隙，形成了全军从永安关、雷口关直达湘江的态势，但总体上还是晚了一步。

对于这一点，李德也意识到了。后来，他在《中国纪事》中毫不讳言地指出：

我们通过无线电侦察得知，蒋介石三四个师的兵力由周（浑元）将军指挥在我一侧平行方向进行追击，并力图夺取位于广西北部的县城全州，同时打算渡过湘江，在这里堵住我主力，乘我军渡江之际消灭我们……然而这期间又过去了两天宝贵的时间，出其不意的时机也失去了。而且由于在此期间桂军的大批人马迅速赶来，向我们的左翼发起进攻，局势变得越来越复杂了。

直至这一天，蒋介石在湘江东岸全州、灌阳、兴安精心布置的"铁三角"和"口袋阵"方才开始发挥作用。

面对30万敌军的前堵后追，红军必须左右开弓，四面撑开，然后不惜代价拼出血本，从西面捅出一个洞来，才能钻出"天罗地网"。

时任红三军团第4师师长的张宗逊回忆道：

红军通过第三道封锁线以后，蒋介石大为震惊，亲自部署二十个师，要在湘江以西堵截消灭红军。湖南和广西军阀商定以全州为界，全州以北为湖南军阀防区，全州以南为广西军阀防区。由于"左"倾机会主义的错误领导，红军在接近第四道封锁线时行动迟缓，延误了四天时间，以致敌人重兵紧迫，造成非常严重的局面。

蒋介石在湘江东岸修筑了大量碉堡，他预期在湘江以东消灭红军，万一红军突过湘江以西，也不能让中央红军和四川红军或红二、红六军团会合。红军决定在全州和兴安之间渡过湘江，红一军团在右翼，红三军团在苦战，冒着敌机轰炸和地面敌军的火力封锁，掩护全军脱离了险境。

11月27日夜至28日凌晨，军委纵队在两翼的掩护下，从灌阳水车、伍家湾等处过灌江浮桥，经陈家背向全州

1955年被授予上将军衔的张宗逊

的石塘、麻市方向西进。

从灌阳文市地域到湘江仅 58 公里。如果当时红军轻装疾进，则完全可以在第二天晚上开抵湘江渡口。这时，两翼敌人尚未夹击到位，红军便已大部渡过湘江。

正如时任中央教导师特派员的裴周玉回忆的：

如果我军占领道县后就迅速抢渡湘江，敌人尚未发现我军强渡湘江的意图，兵力尚未调集好，蒋介石的主力大都在道县以北一线，此时广西境内湘江这一段还是比较空虚的。而道县距湘江仅二百余里，若是中央决心果断，没有中央纵队这些坛坛罐罐的拖累，部队快速行军的话，只要两天就能赶到湘江边，可以较顺利地渡过湘江。

然而，历史的结局却是那样的出人意外。

史载：28 日，军委纵队从文市到石塘，走了 26 公里；29 日，从石塘到界首，走了 32 公里。

一天可以走完的路程还是因辎重压身而慢悠悠地走了两天多时间。原本可以兵

反映湘江战役的红军长征纪念碑园雕像

不血刃顺利渡过湘江的天赐良机，就这样一而再、再而三地轻易丢掉了。由此而造成的悲惨后果，则是数万名红军将士鲜血和生命的付出！

于是，一场空前残酷的血战不可避免地打响了。湘江，注定要以"血江"二字载入共和国的军史上……

DI–BA ZHANG 第八章

新圩血战

按照"不拦头，不斩腰，只击尾"的作战方针，
在桂军日历上红军通过的第五天，
白崇禧狠狠地杀了红军一个回马枪。
没想到，对手竟是五年前百色起义中从桂军脱胎换骨出来的红五师，
更为巧合的是，师长李天佑还是他的小同乡。
红五师昼夜兼程抢在桂军之前占领了全灌公路咽喉——新圩，
彭德怀电令李天佑要"不惜一切代价，
全力坚持三天到四天"。
一场惊心动魄、惨烈而又悲壮的血战就此打响。
面对桂军七个团在飞机重炮掩护下的疯狂进攻，
红五师仅以两个团顽强抗击了三天两夜，
师参谋长胡浚、团长黄冕昌为苏维埃共和国流尽了最后一滴血。
全师以伤亡三分之二的巨大代价，
为军委纵队和后续军团撑开了一条渡过湘江的西进通道……

● "不拦头，不斩腰，只击尾"，白崇禧杀了红军一个回马枪

11月27日，红军右翼红一军团第2师渡过湘江，抢占了大坪渡至界首的渡口；左翼红三军团第4师第10团从红一军团第2师第4团手中接过界首防务，并进至光华铺，向南警戒兴安县城之敌。

这样，红军就控制了脚山铺至界首间30公里的湘江两岸渡口。

按照中革军委的部署，红军主要是从永安关、雷口关入桂，经全州、灌阳、兴安三县之间地带，在全州、兴安间西渡湘江。全州至兴安间有四个渡口，从北到南分别为：屏山渡口、大坪渡口、凤凰嘴渡口、界首渡口，每个渡口之间相距十余里。

选择这一段渡江，无疑是明智之举。因为这一带江面宽阔平缓，水流不急，可以架设简易浮桥，浅滩处甚至可以徒步涉江。

黄镇画的漫画——红军过湘江

此时，军委两个纵队和红军主力正由湖南道县开始进入广西灌阳县的文市、水车，并分途经新圩附近之大桥、鲁水等地向全州西进，准备抢渡湘江。但一向行军神速的红军却因辎重太多，道路狭窄，行动格外迟缓。军委第一、第二纵队尚在文市和文市玉溪及水车的宾家桥一带，包括红五、红八、红九军团在内的近一半红军主力还在都庞岭以东的湖南境内，尚未进入广西地界。

相比而言，国民党"追剿"军的速度却出奇地快：第一路军进至全州、咸水一线；第二路军进至零陵、黄沙河一线；第三路军进至道县；第四、第五路军进至东安地区；桂军5个师开至灌阳、兴安一线。

近30万敌军从四面杀气腾腾地围上来，形势对红军愈发不利。

中革军委命令红一、红三军团在桂北湘江两岸的新圩、脚山铺、光华铺等地区，紧急构筑工事，扼阻敌军，以掩护军委纵队及后续军团渡过湘江。

令人意想不到的是，最先与红军激战的并不是迎面扑将上来的湘军刘建绪，却是抽身闪出通道的桂军白崇禧。

原来，正在南昌行营坐镇指挥的蒋介石收到何键"追剿总部"的密报，得知湘江无兵防守的情况。蒋委员长万万没有想到，首先打破湘江"铁三角口袋阵"的不是红军，而是桂军，顿时气得火冒三丈，破口大骂：

"娘希匹！白健生，你违令开放通黔川要道，无异纵虎归山！"

11月28日，蒋介石怒发冲冠地给白崇禧发了一封斥责电：

据恢先感戌参机电：匪先头已于宥、感两日，在勾牌山及山头与上米头一带渡河。迭电固守河流，阻匪窜渡，何以全州沿至咸水之线并无守兵，任匪从容渡河，殊为失策。窜渡以后，又不闻我追堵各队有何处置，仍谓集结部队，待机截剿。匪已渡河，尚不当机立断痛予夹击，不知所待何机？可为浩叹。为今之计，惟有一面对渡河之匪，速照恢先、健生所商夹击办法，痛予除歼；一面仍击匪半渡，务使后续股匪不得渡河，并照芸樵预定之计划，速以大军压迫。匪不可测，以迟滞匪之行动，使我追军得以追击及兜剿。总之，窜匪一部漏网，已为失策，亡羊补牢，仍期各军之努力，歼匪主力于漓水以东、四关以西地区也。前颁湘水以西地区剿匪计划，已有一部之匪西窜，并望即按计划次第实行，勿任长驱西或北窜为要。

而就在几个小时之前，桂军已对红军发起了攻击。

这难道是巧合？

其实不然。即使蒋介石没有发来这封"问罪"的电报，桂军也会在这一天发起攻击的。因为白崇禧认为对红军"让路"的目的已经达到，现在该是侧击"送客"的时候了。

红军于11月23日夜进入清水关，首尾衔接继续向西挺进。为避开敌军飞机的空中侦察，红军昼伏夜行，白天休息，夜间行军。据此，桂军将领们估计红军要经过5夜才能通过完毕。

既然"不拦头，不斩腰，只击尾"的作战方针已定，但还存在击大尾还是击小尾的问题。桂军将领们开始研究具体方案，结果意见出现了分歧。

桂军第15军参谋长蓝香山回忆道：

由于时间急促，白崇禧不能亲自召集师长以上干部会议，责成第十五军军长夏威在灌阳召集师长黄镇国、王缵斌、韦云淞开会，由我拟定堵截方案两个，第一案：于红军通过第四日夜，由新圩至石塘圩间将第十五军3个师全部展开，截击红军后尾。理由：（一）由于红军连日行军一个多月很疲劳，其目的在于西进，可乘其危，占领了掩护阵地，攻击红军后卫；（二）桂军在红军进路的侧面新圩、石塘圩之间展开，红军地处平坦，桂军居高临下，红军前有漓水、后有灌水，处于不利地位；（三）湘军第十九师李觉部和第六十三师陈光中部已推进到全州，居红军右侧背，桂军居红军左侧背，"中央军"薛岳所率领的追击纵队紧跟红军后尾，红军受夹击如入口袋中，形势不利。第二案：于红军通过第五日夜，在新圩展开一个师，截击红军最后一小部。师长王缵斌赞成第一案，韦云淞主张第二案，黄镇国未发言，夏威采用第一案，于是用电话向白崇禧请示。廖磊先接电话反对第一案，他说："正面过大，须使用全部兵力，如果红军反攻，桂军要作出很大牺牲，若蒋介石继红军后图广西，我将束手自缚，应保存实力，不可存奢望。"白崇禧接着说："在新圩用一个师打红军后尾就得。"

桂军第44师参谋主任张文鸿回忆道：

大约11月下旬，中央红军主力已到道县附近，前锋迫近桂境。同时获悉中央军的追剿部队周浑元、薛岳等部，在红军后面跟踪而来。又传闻蒋介石有利用红军与桂军作战的时候乘机袭取广西的企图。李宗仁、白崇禧看到这种严重形势，既要抵御红军入境，又要防备中央军的入侵，势必两面作战，颇为恐慌。因此李、白决定放弃堵截红军的计划，将原来已经部署于石塘圩南北地区的阵地变更，饬令第四十四师和第二十四师由石塘圩附近地区撤至灌阳、新圩附近东西地区之线，占领侧面阵地，监视红军行动，对红军只采取截击其后卫部队和相机追击，对中央军的入侵则采取抗击。此时，第十五军第四十三师的一部则控制于兴安及大榕江附近地区，掩护桂林方面的安全，并归第七军军长廖磊指挥（廖率第十九师在桂林附近）。

约于11月底，中央红军开始进入桂境，沿永安关、文市、石塘圩、麻子渡，渡过湘江后分两路西进。红军一部在文市、石塘圩南北两侧高地占领阵地，担任侧卫和后卫。红军主力通过石塘圩后，第四十四师和第二十四师奉命向石塘圩和文市方面进攻。

这足见白崇禧的精明过人之处。他只以1个师去支援兴安，以防红军南下，而又命令第15军立即从恭城北返灌阳，抢占新圩至湘江一线阵地，然后全力向北截击经文市、水车、新圩地域向湘江前进的红军后续部队，并与自兴安西来的桂军在全州的石塘地域形成会攻态势。这样一来，桂军既不会冒红军回头打击的风险，又可以向蒋介石交差，更为重要的是可以防止尾追在红军后面的中央军周浑元部借机入桂，可谓一举三得。

于是，11 月 27 日深夜至 28 日凌晨，在桂军日历上红军通过的第 5 天，桂军王缵斌的第 44 师率先向红军左翼部队发动攻击。

蓝香山回忆道：

> 27 日晚，第四十四师师长王缵斌以莫德宏团在新圩展开，与红军侧面掩护部队接触，由于桂军在隘路中不能向两翼展开，只能用步枪、机枪火力与红军对峙。白崇禧频频用电话询问情况，我说："红军有戒备，我军不能出隘路，正在激战中。"白说："不要猛进，等待红军过去。"28 日拂晓红军全部过完，其掩护部队也全部撤走。

红三军团在长征途中向百姓借粮收条

善用计谋的"小诸葛"白崇禧狠狠地杀了红军一个回马枪，对手是担任左翼掩护的红三军团。

彭德怀的红三军团与林彪的红一军团是中央红军中较为突出的两大主力部队。这两个军团又各有特点：红一军团善于快速行军，打仗巧妙灵活；红三军团作风硬朗，能打硬仗。

长征中，红一军团担任开路先锋，负责抢占战略要地。而硬仗、恶仗则多交给红三军团。

李德在他的《中国纪事》里对彭德怀和他的红三军团是这样评价的：

> 在军团总指挥中最有特色的是彭德怀。……他爽直、严厉，既反对损失浩大的阵地战，也反对分散的游击行动。唯独他的军团由三个师组成，人数上是最强大的军团，正规战训练方面也是最好的军团，因此他通常总是被派去承担最艰苦的任务。他曾多次陷入险境，但又一次次的化险为夷，突破难关……

彭德怀的红三军团善战，而白崇禧的桂军战斗力也不容小觑。

据说当时曾流传着一种说法：黔军滇军两只羊，湘军就是一头狼，广西猴子是桂军，猛如老虎恶如狼。

与邓小平一起领导发动百色起义的张云逸，曾任广西警备第 4 大队大队长兼教导总队副队长，对桂军十分熟悉。他是这样评价桂军的：

桂军被反动宣传灌输得麻木，作战勇猛得如野人拼命，阵地上战至最后一人时，仍能坚决拼刺刀顽抗，直到被打死，反抗才停止……且战术灵活，动作熟练，认为桂军比同等武器装备条件下的日军更难对付。

桂军战斗力强首先是将领出色。李宗仁、白崇禧均为国民党军中数一数二的优秀将领。桂军总参谋长叶琪、第 7 军军长廖磊、第 15 军军长夏威等，在北伐时都已是军长，个个久经沙场，作战经验丰富。

其次，桂军的军官也比较优秀。桂军的基层指挥官与蒋介石的中央军不同，出身正规军校的不多，多是职业老兵出身，虽然年龄普遍偏大，但实战经验颇丰，是战斗中的真正骨干。

但桂系军队战斗力强的最重要原因还是士兵。这并不是因为广西人性格彪悍，而是因为广西人老实。当时的广西经济、文化都比较落后，属于典型的穷乡僻壤。那里的老百姓有两大特点，一是吃苦耐劳，二是性格朴实。老实人听话，对上级的命令执行起来自然不会打折扣。一支由这样听话的老实人组成的军队，其顽强与韧性可想而知。这与湘军专门招募诚朴健壮的山区农民为兵有异曲同工之妙。

红三军团能打硬仗，桂军也能打硬仗；广西人老实，红军却有信仰。可以说，红三军团与桂军是棋逢对手。

●彭德怀电令要"不惜一切代价，全力坚持三天到四天"

新圩，位于广西灌阳县西北部，南距县城 15 公里，北距红军西进路线最近的大桥村古岭头仅有 5 公里，距湘江渡口三四十公里。通往灌阳县城的全（州）灌（阳）公路自此穿过，是灌阳县北部的重要交通关隘，也是灌阳县城通往全州和桂军进逼湘江封锁湘桂边界的必经之路。

如果红军不先敌抢占新圩一线山头阵地，扼住全灌公路咽喉，并阻击由灌阳县城北进的桂军，则会危及全军渡江计划的实施，招致难以想象的严重后果。

谁也不曾想到，小小的新圩，这个在十万分之一军用地图上都很难找到的地方，竟会对整个西征的中央红军有着极其重大的战略意义，成为军委纵队渡过湘江的主要生命线。

历史上经常有这种情况：一个原本并不引人注意的小地方，往往因为一个偶然的机会，发生了一件足以改变国家和民族命运的大事，而倍受注目。

中革军委命令红三军团无论如何必须抢占并守住新圩一线山头阵地，以掩护军委纵队和红军主力后续军团通过灌阳前进湘江。

11 月 27 日，红三军团前卫部队第 5 师 3000 多名将士，经过几天急行军，已行至灌阳县水车灌水西岸的修睦村。

部队刚刚休息半日，正准备继续前进，突然接到了军团部发来的紧急电报：命令红 5 师第 14、第 15 团（第 13 团归军团直接指挥）和临时归其指挥的军委"红星"炮兵营立即行动，急速奔赴湘江、灌江之间的新圩，阻击桂军进攻，保证整个野战军左翼的安全，掩护中央和军委机关过江。

电文最后用铁定的语言下了一道死命令："不惜一切代价，全力坚持三天到四天！"

师长李天佑、政治委员钟赤兵、参谋长胡浚就在路旁打开地图，找到了军委和军团首长要求的阻击位置。三人心里都很清楚：以武器、弹药均不足的两团疲惫之师对付以逸待劳且在本土作战的桂军一个齐装满员的主力师，其任务之艰巨可想而知。

红 5 师是红三军团的主力师，是一支能征善战、具有光荣传统的部队。

巧合的是，红 5 师的前身正是 5 年前在广西百色举行武装起义的桂军部队。1929 年 12 月 11 日，广西教导总队一部、警备第 4 大队和右江农军 4000 余人发动百色起义，成立了中国工农红军第 7 军，下辖 3 个纵队，张云逸任军长，邓小平任前委书记兼政治委员。

红7军组建后，迅速发展壮大至7000余人，并创建了右江苏区。李宗仁、白崇禧等桂系军阀十分恐慌，急忙调集大军"围剿"。

1930年2月初，红7军在广西隆安城外突遭桂军3个团的围攻。激战三天后，红7军因伤亡较重，被迫撤至东兰、凤山一带休整。3月中旬，为避开桂军重兵进攻，并解决给养困难，红7军主力向桂黔边境出击，先后攻占河池东南的怀远镇和贵州省榕江县城。

这时，蒋介石与阎锡山、冯玉祥之间爆发了大规模的新军阀混战，史称"中原大战"。远在广西的桂系军阀也不甘寂寞，参与其中。5月，李宗仁、白崇禧指挥反蒋军第一方面军3万余人，由全州出兵湖南，夺取衡阳。广西境内一时兵力空虚。

红7军趁机回师右江苏区，于6月重占百色，声威大振。10月，红7

红7军军部旧址——百色八角楼

军与红8军余部在凌云县上岗村胜利会师。11月在河池整编，下辖第19、第20师，共7000余人。

1931年初，红7军主力从河池出发，转战黔、粤、湘、鄂、赣五省边界，于4月进抵湘赣苏区永新。7月下旬，到达中央苏区藩都（今于都），编入红一方面军第三军团建制，下辖第55、第56、第58团。

毛泽东曾经亲手授予红7军一面锦旗，上面书写着"转战千里"四个大字。此后，毛泽东还多次称赞："红7军特别能打硬仗！"

进入中央苏区后，红7军相继参加了第三、第四次反"围剿"作战，由3个团扩编为3个师，并逐渐成长为中央红军的一支劲旅。1933年6月，红一方面军整编，红7军与红21军缩编为红三军团第5师。

更为巧合的是，师长李天佑与桂系军阀白崇禧还是同乡，都是广西临桂（今桂林）人。不过，李天佑要小白崇禧21岁。

1931年11月，第一次全国工农兵代表大会在瑞金叶坪村召开，当选为中央工农政府主席的毛泽东给红军授旗

1914年1月8日，李天佑出生在临桂县六塘圩高皮寨。自幼聪颖的李天佑因家境贫寒，只读过两年私塾。1928年夏，北伐名将李明瑞在桂林招兵买马，不满15岁的李天佑报名投军，当上了一名勤务兵。这时，白崇禧早已是"桂系三巨头"之一，声名远播。

1929年，李天佑入广西省政府南宁教导总队学习，同年10月秘密加入中国共产党。12月参加百色起义，任红7军排长，不久升任特务连连长。

李天佑是一员虎将，作战十分勇敢。1931年1月，他率特务连作为红7军的先锋，在永安关击溃了扼守关口的湘军1个排和民团武装，为主力进军湘南开辟了胜利之路。特务连由此得名"小老虎连"。这年7月，年仅17岁的李天佑任红7军第58团团长。

1933年，李天佑任红三军团第5师第13团团长，随由军团主力组成的东方军入闽征战。围泉上、战归化、攻朋口，袭夏道，李天佑的13团所向披靡，战无不胜，一路凯歌高奏，成为彭德怀手中的一把利刃。

9月18日晨，红13团与国民党军第366团及第78师1个营、第52师1个营共5个营，在闽北沙县芹山遭遇。第366团号称第十九路军中最有战斗力、从未打过败仗的"铁军"。

狭路相逢勇者胜。两支主力就在芹山——这座茅草丛生的大荒山上展开了殊死搏杀。

红13团不顾一夜行军疲劳，奋勇抢占了芹山主峰，敌军则拼命争夺主峰。战斗进行得异常激烈，最后双方在山巅上展开肉搏战。

战斗中，李天佑身先士卒，指挥部队勇猛冲杀。敌人终于支撑不住，溃不成军，或缴枪投降，或夺路而逃。红军一面猛追，一面开展政治攻势，乘胜直追数十里。

激战两小时，骄横一世"铁军"吃到败仗了，败在更加勇猛无敌的红军手下，而且败得如此之惨，几乎是全军覆没，就连团长郑为辑也受伤被俘。

此役，红13团毙伤敌200余人，俘虏近千人，创造了红军以一个团兵力在运动战中消灭敌一个团的骄人战绩。战后，红13团被授予"英雄模范团"的光荣称号。李天佑获得三等红星奖章。

1970年9月27日，李天佑在北京病逝。伍修权曾撰文称赞他"必身先士卒，冲锋在前，专打恶仗硬仗，多少次在危急关头扭转战场形势，夺得战斗胜利"。

中央苏区人民热烈庆祝反"围剿"胜利

1934年1月，李天佑升任红5师师长。8月率部参加了高虎脑防御战。

此役是中央苏区第五次反"围剿"作战中最典型的阵地防御战，是一次异乎寻常的硬仗、恶仗。坚守高虎脑阵地的是李天佑的老部队——红13团，主攻高虎脑的是国民党军王仲廉第89师。

一个善守，一个能攻；一个是以擅长打恶仗著称的红军主力团，一个是号称国民党军精锐之师。一场恶战，惊天地泣鬼神。

结果，英勇的红13团击退了第89师的数次集团冲锋，像磐石一样在高虎脑阵地上坚守了一天。从清早一直血战至傍晚，第89师伤亡4000余人，丧失了战斗力，不得不提前退出战斗。战后，国民党北路军总指挥陈诚哀叹道：这是自"进剿"以来所"未有之牺牲"。

高虎脑的硝烟尚未散尽，红5师又随军团主力参加了万年亭战斗。

万年亭，位于高虎脑以南10余里，丘陵起伏，四面山高林密。它是通向驿前、石城的咽喉要地，地形异常险要。在蜿蜒的山间道路上，有一座古亭，名曰万年亭。路穿亭而过，此地便因亭而得名。

8月14日，国民党北路军第三路军开始向万年亭发起进攻。具体部署是：以第67师为中央纵队，担任主攻；第88、第79师等部为左、右纵队，担任助攻。

是日拂晓，20 多架机翼上涂着青天白日徽标的黑十字式意制飞机穿梭在硝烟里，不时俯冲下来肆虐地扫射投弹，然后是重炮猛烈轰击。炮声过后，就是黑压压涌上来的敌军。

坚守阵地的是红 5 师第 13 团第 3 营。红军战士们急红了眼，手榴弹、步枪一齐吼叫起来，重机枪"哒哒哒"地发出粗犷的声响，轻机枪也用清脆的嗓音加入了这场雄壮激烈的大合唱，把敌军打得像风暴摧折的禾秆样纷纷倒地。

但是，打退了一批，又冲上来一批；再打退一批，又有一批冲上来。

敌军步步紧逼，红军的子弹打光了，便抽出身后的大刀，叫喊着冲出阵地。这时候，没有了炮弹的震颤，只剩下了冲锋和反冲锋。白刃格斗，双方都呐喊着，在阵地前杀成一团。

一会儿阵地被敌军占领了，一会儿红军又冲了上来。阵地一会儿失而复得，一会儿又得而复失……

危急时刻，师长李天佑立即命令第二梯队红 15 团和红 14 团各以一部兵力，由万年亭阵地西北向敌侧后进行反击，终于打退了敌人的进攻，稳住了阵地。

万年亭战斗，红 5 师血战一天，再次予敌以重创，但同时也付出了沉重代价，师政治委员陈阿金战死。

不满 20 岁的钟赤兵接任红 5 师政治委员，成为李天佑的新搭档。1930 年参加红军的钟赤兵，是彭德怀的湖南老乡，是从红三军团成长起来的年轻优秀指挥员，曾先后担任红三军团第 3 师连政治委员、师军需处政治委员，第 4 师团政治处主任、政治委员，第 5 师政治部主任等职。

别看钟赤兵年龄不大，比李天佑还小近 1 岁，却已是身经百战，跟随彭德怀参加过两次攻打长沙和中央苏区的历次反"围剿"作战，获得过三等红星勋章。

李天佑和钟赤兵的勇猛顽强，深受彭德怀的喜爱。长征开始后，李天佑、钟赤兵率红 5 师就一直担当军团的开路先锋。此次，彭德怀把在新圩阻击桂军的重任交给红 5 师，足见对二人的信任。

于是，在湘江渡口边的小小新圩，从桂军中脱胎换骨出来的红 5 师与桂军第 44 师展开了一场惊心动魄、惨烈而又悲壮的血战！

●从百色起义中诞生的红五师与桂军血战新圩，三天两夜竟折损了三分之二

对于白崇禧的指挥能力和桂军的战斗力，李天佑是非常熟悉的。他的红 5 师与桂军原本就是一对冤敌。当年百色起义后，红 5 师的前身红 7 军曾与桂军多次交手，互有胜负。如今这对老对手再次在桂北大地狭路相逢、兵戎相见，李天佑的心情久久无法平静。

1931年红7军到达湘赣苏区后，参加集会的情形

是的，三年前出关远离故乡，他还是稚气未脱、血气方刚的年轻小伙，走向的是红色圣地瑞金，充满希望与向往；三年后入关重返故土，他已是身经百战、智能双全的红军师长，面对的却是伏兵重重、危机四伏的湘江，无比迷惘与困惑。

既然桂军已经向新圩逼近，那么时间对于红 5 师来说，就非常紧迫了。只有先敌赶到新圩，抢占有利地形，才有可能完成阻击任务。

于是，李天佑、钟赤兵、胡浚迅速选定了进军路线，命令全师官兵立即轻装前行，火速向新圩推进。

红军第 5 师由文市向南，桂军第 44 师由灌阳向北。双方都在争分夺秒，不约而同地加快了行军速度，目标只有一个——抢占新圩。

经过两个多小时的急行军，下午 4 时许，红 5 师终于抢在敌人前面赶到了新圩的预定阻击阵地，并派出少部兵力继续沿全灌公路向马渡桥警戒推进，主力迅速占领公路两边的山头高地，构筑工事。

多年后，李天佑在《红旗飘飘》一书中回忆道：

下午四点多钟，我们赶到了预定的地点，显然敌人是掉队了，我们比敌人先到达了这里。派出了侦察、警戒以后，政治委员钟赤兵同志、参谋长胡浚同志及两个团的指挥员来到原定阵地上。

从新圩往南至马渡桥长约 20 里的公路两侧是一片连绵的丘陵地带，草木丛生。此时已是深秋时分，公路两旁稻田里的庄稼早已收割完。险峻的山峰、茂密的松树林和路边一簇簇的灌木丛，刚好紧紧扼住公路的道口，构成了阻击战的理想阵地。而从新圩往北至大桥村，一直到湘江岸边则是一马平川，无险可守。

看过地形，李天佑等人愈发感到这场阻击战的艰巨和重要。

红 5 师自撤离中央苏区，经过一个多月的长途连续行军作战，部队减员很大，官兵们极度疲劳，加之粮食、弹药也不足，战斗力大大削弱，而他们面对的又是桂军的精锐之师。红 5 师以寡敌众，以弱抗强，估计坚持一两天还是有把握的，但要坚持三四天就有困难了。

可如果让敌人突破了这段阵地，向东北则可直取水车、文市，阻住湘桂边界的永安关、雷口关，向西北则可直捣全州石塘到湘江西岸的各个渡口，将对军委纵队和后续部队抢渡湘江构成重大威胁，整个红军西进队伍则有被拦腰斩断的危险。

为了保证党中央、中革军委和兄弟部队的安全，红 5 师必须要像颗钉子似的牢牢钉在新圩，决不能让敌人突破这道防线。

想到此，李天佑与几位师领导交换意见后，作出战斗部署：把全师摆在从新圩向南至排埠江村长约 8 公里的公路两侧山头上。以公路为界，分成左右两翼，互相配合形成交叉火力。

具体部署是：红 15 团在左翼，即打锣山、水口山、钟山上；红 14 团在右翼，即月亮包山、判官山上；军委"红星"炮兵营配置在左后侧。以钟山、水口山、古平至月亮包一线为前沿阵地第一道阻击线，并把师指挥所设在离第一道阻击阵地只有 1 公里的杨柳井村口几间低矮的民房里。

位于全灌公路右侧的杨柳井村，其实是一个只有五六户人家的小山村，因村口一棵数百年的大杨柳树下有一口四季长流的小水井而得名。

2006 年，距湘江战役已过去了整整 72 年，一位广西记者来到了杨柳井村，找到了当年李天佑的临时指挥所。

民房早已破败不堪，现在里面还住着 86 岁的何小妹一家。当时 14 岁的何小妹刚结婚不久。岁月无情，当年年轻美貌的新婚少妇如今已变成白发苍苍的耄耋老人。

当记者提起红军，老人昏暗的眼中立马放出光来，记忆的闸门一下子打开了……

11月底的天气在灌阳已经冷得很，早上还会打霜。一天下着雨的清晨，何小妹起床干活，一开门看见两三个士兵蜷缩在门口的屋檐下睡觉，外面、周围坐满了兵，何小妹吓呆了。这时，一个士兵站起来告诉她，他们是红军，不会伤害老百姓。何小妹忙退回屋子，一个上午没敢出门，雨还在下着，屋外依旧安静，她想起红军身上只有薄薄的秋衣，脚上穿的还是草鞋，冻得哆哆嗦嗦的样子。终于，她打开了门，让红军到屋里烤火、躲雨。

"红军来之前，桂军告诉我们他们是红头蛮子，会杀会抢。其实红军好得很，杀猪、分田，红军对我们好，我们也对红军好。"

后来，红军在山头上挖战壕，何小妹煮饭，丈夫给红军送饭。

为了不暴露目标，减少伤亡，李天佑下令：部队不许生火做饭，饿了便啃生米、红薯；渴了便舀田水喝。同时向军团部发去了电报，表示保证完成阻击任务。

这时，前方侦察员回来报告：桂军王缵斌第44师已先我军占领马渡桥，并派出一个侦察连向北推进。该连在进抵花桥时，与我先头部队遭遇，被击溃。我军乘势向南追至枫树脚。目前，已抢占附近的钟山、水口山和月亮包等山头，正在构筑临时工事。

李天佑脱口而出："敌人来得好快呀！"

在与红5师先头部队短暂交过火后，桂军并不急于进攻，而是在狮子山、瘦马岐、张家岭一线摆开阵角，构筑进攻出发阵地。敌我双方的前沿阵地相距约千米，中间为水田、旱地和小村落。

按照白崇禧的事先部署，桂军前线最高指挥官、第15军军长夏威把指挥部设在灌阳县城，以王缵斌第44师为攻击部队，以第7军之覃联芳第24师和独立团为预备队。

11月28日，天刚刚放亮，冬日的浓雾尚未散尽，一阵密集的炮火打破了大战前的沉寂，红5师的前沿阵地处在一片硝烟火海之中。新圩战斗就此打响了。

排炮过后，大批桂军从阵地里冲出来，在机枪的掩护下向红军发起了猛攻。善于山地作战的桂军企图凭借优势兵力和精良武器，一鼓作气拿下红军阵地，夺取新圩。

这是一场力量对比严重失衡的作战。只有近战，才能克服火力弱、弹药匮乏的困难，发挥红军之长。

李天佑命令部队对敌人最初的进攻不予理睬，把敌人放到阵地前沿，而后突然反击。

桂军见红军阵地上一片寂静，以为仅凭松树和灌木丛作掩护的红军早就被刚才猛烈的炮火轰得差不多了，便纷纷直起腰来，嗷嗷叫着向红5师的前沿阵地猛扑过来。

当距离红军的前沿阵地只有二三十米时，突然雨点般的手榴弹从天而降，马克泌重机枪嗒嗒地响了起来，各种火器喷射出无数道火舌，急风骤雨般向敌阵扑去。与此同时，"红星"炮兵营发射的迫击炮炮弹也在敌群中炸开来。敌人顿时被打得措手不及，丢下数十具尸体，狼狈不堪地溃败下去。

桂军的第一次进攻就这样被打退了。新圩阻击战首战告捷。但仅仅过了几分钟，桂军又发动了第二次进攻。这次的进攻更为猛烈、更为持久。

李天佑走出临时指挥所，站到离前沿阵地不远处的一个小山包上，用望远镜观察战事。这样的拼杀情景不

红军使用的自制手榴弹

禁使他想起不久以前的高虎脑战斗。从敌人的进攻态势看，他们肯定是要不惜一切代价攻下新圩的。他和他的红5师面对着一群虎狼之师，一场空前惨烈的血战不可避免。

李天佑回忆道：

战斗一开始，就十分激烈。敌人在猛烈的炮火、机枪掩护下，向我们的前沿阵地猛扑。指挥所离前沿不过三里路，在望远镜里一切都看得清清楚楚：敌人的排炮向我们前沿猛击，一时，卧在临时工事里的战士们全被烟尘遮住了。敌人整营整连毫不隐蔽地向前沿冲击，越走越近，我们的前沿一直沉寂着，但是当敌人前进到离我们只有几十公尺时，突然腾起了一阵烟雾——成排的手榴弹在敌群中爆炸了。战士们就像从土里钻出来似的，追着溃退下去的敌人射击。这时，"红星"炮兵营的炮弹也在敌群中爆炸起来，敌人的冲击垮下去了。从敌人溃退的情况来看，我们给敌人的杀伤力不小。但是，因为我们没有工事，在敌人的炮火和机枪扫射下，也付出了相当的代价。

桂军的第二次进攻很快又被击退了。红5师的英勇顽强大大出乎桂军将领的意料。第44师师长王缵斌重新整顿部队，加强兵力和火力，改集中进攻为轮番进攻。红5师的前沿山头阵地经受了一次次残酷的摧打。

在督战队机关枪的威逼下，桂军士兵一次接一次向红5师阵地发起了猛烈进攻。但每一次进攻都以失败告终。

激战至下午4时，王缵斌见正面进攻毫无进展，便派小部兵力沿左侧的瘦马岐迂回到钟山、水口山一带，对红军前沿阵地前后包抄。

坚守在钟山、水口山上的红15团顿时腹背受敌，形势危急。红军指战员们毫不

畏惧，顽强阻击着不断发起进攻的敌人。手榴弹扔光了，子弹也打没了，就用石头砸，刺刀拼，最后干脆与蜂拥上来的敌人厮打肉搏起来。

桂军的进攻越来越疯狂，一次比一次猛烈。为保存有生力量，红15团团长白志文命令钟山、水口山上的部队立即突围，撤往第二道防御阵地。

新圩龙桥村村民黄玉修亲眼目睹了这场惊心动魄地大战：

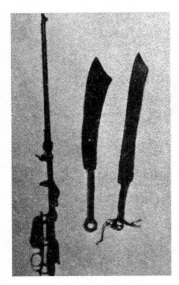

长征中，红军就是使用这样的简陋武器打退敌人的疯狂进攻

红军在枫树脚水口山与李（宗仁）军打了一天。上午，一个红军急急忙忙跑到黄百街家（红5师临时指挥所——作者注）门口报告，说水口山可能守不住了，他们一个班牺牲了7个，只有3个人了。红军领导说，不能撤，要死守。于是从这里派一个班的人上去补充。到了下午，红军才从水口山撤下来。

夜幕终于降临了，一场惊心动魄的生死搏斗，总算暂停了。双方主帅开始斗起智来。

李天佑对钟赤兵说：

"今日敌军进攻受挫，明天必会改变攻击方式，发起更疯狂的进攻。我看得重新组织防御，避免更大损失。"

钟赤兵深表赞同。

二人决定最前沿阵地上的红军趁夜幕掩护，撤退到杨柳井村两侧的平头岭和尖背岭一线，连夜赶筑工事，准备抗击敌人第二天新一轮的进攻。

平头岭和尖背岭是公路两侧的最高山峰，红15团防守公路左侧的平头岭，红14团防守公路右侧的尖背岭，两个阵地互为犄角。

灌阳县城桂军第15军指挥部里，军长夏威看罢战报后，大为震惊。

据可靠情报，当面阻击他们的是红三军团第5师的两个团，区区三千来人，而他投入一个整师六七千人，加上地面强大的炮火支援，原以为不用半日即可拿下红军阵地，进占新圩。然而强攻一天，第44师所获不大，反遭红军重创，勉强占领了红军的几个前沿山头，还是红军主动放弃的。

夏威自言自语道："彭德怀真是个强敌，红三军团的确不好惹！"随即将当日战况电告白崇禧。

正在桂林督战的白崇禧同样感到震惊。不过，他更担心的是：如果桂军被阻于新圩以南，不能按预定计划侧击红军并促其赶快离开桂境的话，就很有可能让衔尾而来的薛岳的中央军趁机而入。对广西早就不怀好意的蒋介石，说不定顺手牵羊就此灭了新桂系的势力。

人称"小诸葛"的白崇禧熟读兵书，"假途灭虢"之计自然晓得。于是，他连夜赶到恭城，打电话怒责夏威：

"是共匪的哪支部队在新圩阻挡我们，竟有如此战斗力？为什么不能迅速击溃他们？"

夏威如实相告：是彭德怀部第5师，师长李天佑、团长黄冕昌等很多官兵都是广西同乡，打得很顽强，简直是拼命三郎。

白崇禧听罢，又惊又怕。这个对手，他并不陌生。红5师的老底子就是5年前百色起义张云逸、邓小平带出广西去的红7军，其中不少人还参加过北伐战争，战斗精神相当顽强。当年桂军重兵"围剿"了一年多也没能将红7军彻底打垮，反而任由其挺进到中央苏区，发展壮大。如今故地重回，熟悉桂境的山川河流、风土人情，兼之又是破釜沉舟、夺路突围，其迸发出的战斗精神绝非一般可比。

对这样的对手，只能智取不可强攻。

沉思了很长时间后，白崇禧下令：从明天起加派飞机支援，把预备队第24师和第7军独立团也全部投入战斗，轮番冲击，同时以大兵力迂回侧后进行夹击，使红军首尾不能相顾，一定要尽快占领新圩。

11月29日拂晓，6架敌机从柳州机场飞抵新圩上空，不时俯冲下来肆虐地扫射投弹。

接着，桂军的迫击炮和山炮疯狂地向红5师阵地轰击。呼啸的炮弹雨点般落在小小的阻击阵地上，顿时浓烟滚滚，满目疮痍，遍体鳞伤，整个大地都在颤抖着。浓黑的烟云笼罩住了阵地，半边天也被染得浑沌一片。

炮火过后，黑压压的桂军涌了上来，发起了不间断的轮番冲击。

坚守阵地的红5师将士们，被浓烟呛得睁不开眼睛，耳朵也被炮声震聋了。他们沉着抵抗，接连击退敌人数次进攻，给敌以重大杀伤。

但桂军还在不断地投入兵力，组织进攻，一点点地蚕食着红军的阵地。红军原本就少得可怜的弹药消耗得差不多了，战士们就用刺

参加"围剿"红军的国民党空军飞机

刀、石块与敌人拼杀，伤亡越来越大。几个小山头相继丢失，有的山头是在弹尽粮绝、全部战士伤亡后才被敌人占领的。

时任红14团连指导员的何诚许多年后仍对这次战斗记忆犹新，写过一篇名为《阻击在湘江之滨》的回忆文章：

战斗已经进行一天了，我们的阵地，到处都被敌人打得稀巴烂，第一道工事连影子也没有了，山上的松树也只剩下了枝干。谁也记不清已经打退了敌人多少次进攻，但大家记得最清楚的是黄冕昌团长对我们的指示：我们的背后就是湘江，我们这座小山，是全团的前哨阵地，我们要坚决守住它，保证中央纵队顺利渡过湘江。

激战至中午，李天佑接到红15团参谋长何德全打来的电话：团长白志文、政委罗元发都已负伤，三个营长有两个牺牲，全团伤亡500余人，被迫撤至第二道防线。

要知道，当时的红15团只有一千二三百人，伤亡五百多，可以说已接近能够承受的最后极限。

参谋长胡浚立即带上通讯员，冒着敌人的弹雨赶到红15团的阵地，指挥战斗。

没过多久，何德全又打来电话向李天佑报告：胡浚参谋长在组织部队反击时，不幸中弹牺牲。

李天佑愣住了，几乎不能相信这是真的。胡浚年轻、勇敢，指挥上也有一套办法，早在瑞金红校学习时，他们就认识了。但如今却永远不能再见到他了。

左翼的红15团伤亡惨重，右翼的红14团情况也差不多，团长黄冕昌阵亡，营连干部战死了一大半。

在红5师的历史上，这是前所未有的。李天佑回忆道：

这时已是下午。我们已整整抗击了两天，中央纵队还在过江。现在两个团的团长、政治委员都已牺牲或负了伤，营连指挥员也剩得不多了，负伤的战士们还不断地被抬下来。但是，我们是红军，是打不散、攻不垮的。我们的战士们在"保卫党中央"这个铁的意志下团结得更紧，指挥员伤亡了立刻就有人自动代理；带伤坚持战斗的同志也越来越多……

●七十多年过去了，新圩当地的村民仍记着那场血战……

11 月 30 日，激战再起。

红 5 师已伤亡大半，战场形势愈加不利。前沿的几个小山头已经丢失，其余阵地上的两道工事也已无险可守，完全暴露在敌人炮火的有效射程之内，随时都有被攻破的危险。就连师指挥所也成了硝烟弥漫的前沿阵地。

李天佑心急如焚，他知道敌我力量太过悬殊，红 5 师处于绝对的劣势，照这样打下去，不出两天，老本就会拼光。他不断催问军委纵队的渡江情况。

"'红星'纵队正在向江边前进……"

"'红星'纵队已接近江边……"

"'红星'纵队先头已开始渡江……"

军团的电报不断传来军委纵队的情况,而几乎每封电报都要求红 5 师"继续坚持"!

虽然红五师官兵很英勇，但终归寡不敌众，红 14 团防守的尖背岭和红 15 军团防守的平头岭相继失守。红军交替掩护，且战且退，在板桥铺附近的虎形包构筑数层工事，集中兵力死守。

虎形包是红 5 师防线中最后一个具有战略意义的制高点。红军指战员深知自己肩上的重任，"只要有一个人，就不能让敌人进到新圩！"

战斗愈来愈惨烈，在数公里长的战场上，硝烟弥漫，杀声震天，尸横遍野，桂军发动了一次又一次的猛烈攻击，但始终未能越过红 5 师那道钢铁般的防线。

时任红 15 团政治委员的罗元发回忆道：

战斗进行到第3天，部队伤亡更大了。我把二营预备队和团部机关的警卫、通信、参谋、干事，凡一切有战斗力的人员，都组织起来投入了战斗。……全团干部战士伤亡过半……有的连队只剩下十几个人，战士们仍坚守着阵地。营长负伤连长主动代理，连长伤亡排长代理，阵地却一直坚如磐石，矗立在敌人面前。

战到中午时分，敌人改变了战术，再次出动数架飞机对虎形包狂轰滥炸，同时以重兵迂回左侧高山，对红军实施两面夹击。

腹背受敌的红军被迫撤出阵地，退守新圩附近的楠木山和炮楼山一线。

虎形包阵地失守后，形势更加险恶。但红 5 师仍在顽强地坚守着，凭借仅存的几个险要山头，紧紧扼住了灌阳通往新圩的马路要冲，将桂军的 7 个团死死挡在新圩以南。

此时此刻，全师官兵的心里只有一个信念，那就是：为了保证党中央和军委安全过江，决不后退一步，决不能让敌人突进新圩！

一直焦灼不安的李天佑终于熬到了头。

英勇的红军战士

下午 4 时许，李天佑接到了军团部来电：军委第一纵队已于今晨渡过湘江，第二纵队即将渡江，命令红 5 师将防务交给红 6 师第 18 团后，兼程西进，迅速渡江。

至此，红 5 师两个团在新圩板桥铺至杨柳井、枫树脚一线，与桂军两个师另一个独立团激战了三天两夜。

撤离阵地后，红 5 师清点人数：全师 3000 余人，连同伤员只剩下 1000 多人，折损了三分之二。自师参谋长胡浚以下，团、营、连干部几乎全部非伤即亡。渡过湘江后，红 5 师缩编为 1 个团。

红 5 师以如此惨重的代价完成了阻击任务，2000 多员指战员用鲜血和生命，为军委纵队和后续军团撑开了一条西进通道。

当夜，李天佑率领红 5 师幸存的 1000 余人急行军赶到渠口，在满天星斗的映照下，渡过了水寒流急的湘江，向西疾行而去……

中华人民共和国成立后，李天佑先后任广西军区副司令员、司令员，广州军区第一副司令员、代理司令员，人民解放军副总参谋长，中央军委委员等职。1955 年被授予上将军衔。这场惊心动魄的大血战，一直索绕在他的脑海里，仍之不去：

事情已经过了许多年，仍然不能磨灭我对于这次战斗的深刻印象：无论敌人何等的凶恶强大，要想消灭革命的

1955年被授予上将军衔的李天佑

武装力量——中国工农红军是不可能的。我也不能忘记"左"倾分子在军事指挥上所犯的错误，由于他们惊惶失措的逃跑主义，在这样大的战略转移中，不能主动灵活地歼灭敌人，行动迟缓，只以消极的防御作战来被动应付，至使我们付出了这样大的代价。我更不能忘记那些为红军的生存，为了革命胜利而牺牲的烈士们，他们以自己的胸膛阻住敌人，保存了革命的力量。

光阴似箭，岁月如梭，72 年过去了。

2006 年，当记者沿着先辈的足迹，再次踏上了桂北这片热土时，湘江依旧从南向北流淌，新圩已是一派田园景象。但是，当地的百姓永远不会忘记那一幕。

楠木村，就位于当年红 5 师李天佑的临时指挥所杨柳井村不远处。90 岁的村民易炳宣还依稀记得打仗的场面——

"红军的枪不好，没有桂军好，总是卡壳，有时要拉好几下才能打枪（响）。"

老人说那场战打了三天两夜，不断有子弹打到他们家的墙上或木板上。"后来，红军败了，桂军就追上去"。仗打完了，他们上山看到，红军的尸体遍地都是，"太惨了，我们就把尸体抬到战沟里，挖土埋了。"

如今，楠木村的一些无名的坟头葬着的就是红军。

"下立湾村祠堂的红军伤员更惨。"当时，红军将临时救护所放在下立湾祠堂，没来得及撤退被桂军包围了。"一两百个伤员在里面，被桂军抓住后捆住手脚，活活扔到村外三四百米外的酒海井里。"

酒海井，在一片农田之间，南侧有一条小路，这里通往另外一个村。难以想像，井口才二三米宽的这口井，曾有一两百位红军葬身于此。扔一块石头下去，扑腾一声后再没了声音。当地的老百姓介绍，看似井，其实是个溶洞，地下有暗河，由于井口像个酒瓶，井下却如同深不见底的海，酒海井则由此而来。

"一个星期内，不断有'救命'的声音从井底发出来。"老人惨痛地回忆到。然而，整个村子被桂军占领，村民没有一个人敢去救人。

红 5 师撤离后，新圩方向的阻击任务就交给了红 6 师第 18 团。

团长曾春鉴、政委吴子雄决定在新

在长征中牺牲的红军烈士墓

圩南面楠木山村附近的炮楼山一带进行布防，其中以两个营扼守楠木山村附近之炮楼山，一个营布防于陈家背。

12月1日拂晓，桂军对红18团楠木山阵地发起猛攻。

红军将士虽然英勇，但以一团之力阻挡敌军7个团，是根本无法做到的。红18团与桂军短兵相接，展开了白刃格斗。血战一番后，因伤亡惨重，被迫放弃炮楼山阵地，向陈家背后撤。

桂军紧紧咬住不放，迅速占领炮楼山，并一路跟踪追击。红18团边打边撤，向湘江岸边突围，被桂军分割包围于全州古岭头一带。

最终，红18团大部分壮烈牺牲，只有少数突破重围，但又在随后的地方民团的"围剿"中惨遭杀害，全军覆没。

界首阻击

红军抢占界首渡口，"小诸葛"白崇禧一声令下，
桂军蜂拥而至。小叫花出身的军团长彭德怀有着
"红军中第一号善战的湖南人"之称，
为确保军委纵队渡过湘江，别无选择，
只能在光华铺背水结阵，拼死一搏。
彭德怀的红三军团作风硬朗，能打硬仗，
而白崇禧的桂军战斗力也不容小觑，
一场惊天地泣鬼神的血战打响了。
红十团一日之内竟有两位团长战死。
彭德怀厉声命令：再给军委纵队发报，
十万火急，迅速渡江！面对岌岌可危的局势，
中革军委发出了"我们不为胜利者，
即为战败者"的电文，用词之严厉前所未有。
湘江岸边，顽强坚守阵地的红三军团将士们早已杀红了眼，
赤膊上阵，挥舞着大刀，扑向敌人……

● "红军中第一号善战的湖南人"曾是小叫花

位于广西东北部的兴安是一片神奇的土地。

公元前 221 年，秦始皇灭六国后，下令开凿灵渠，连通了湘江和漓江，随即发兵 50 万进军岭南，成就了秦帝国的统一大业，由此改写了中国的历史。

湘江战役遗址—界首渡口

两千多年后，公元 1934 年 11 月，中央红军长征来到了这里。

在兴安县城以北 15 公里的湘江西岸有一座古圩，因位于全州与兴安交界之处而得名界首。界首在历史上曾经叫"湘源区"，意即湘江的源头区。由于地处上游，这里的湘江并非什么天险，主河道不足百米宽。冬季水流不急，水深不超过腰部，可以徒涉。因此，军委纵队便选在这里渡江。

11 月 27 日下午，红一军团第 2 师第 4 团赶到界首，在光华铺附近与从兴安县城北上的桂系第 15 军夏威部的小股部队接触，迅速将其击退，抢占了渡口。

时任红 4 团团长的耿飚回忆道：

当我们马不停蹄来到界首东面的桂黄公路时，与敌人派出的尖兵仅有十里之隔。从正面沿公路开来的是桂系夏威部队，显然他们从尖兵的报告和号声中，已经料到前面有了我军的部队。但是夏威是广西军阀主力，仗着武器精良，目中无人，只是摆开一个战斗队形，仍然沿公路向界首运动，妄图一鼓作气，抢占界首。

时任红 4 团政委的杨成武回忆：

红四团参加湘江战役，是从界首阻击夏威开始的。夏威是广西军阀部队主力，他倚仗武器精良，目中无人，不可一世。殊不知他刚踏进界首，就遭到早到一个小时埋伏在那里的我们一顿猛揍，把他打了个全线崩溃，仓皇逃遁。

白崇禧得知原先放弃的界首渡口已被红军占领后，便命令夏威指挥王赞斌第 44 师向新圩攻击的同时，又从平乐用汽车急运韦云淞第 45 师到兴安加强守备，以防红军攻占兴安，威逼桂林。

"小诸葛"果然料事如神。就在韦云淞师 3 个团驰援兴安时，中革军委电令红三军团第 4 师火速侦察到兴安的道路、敌情及堡垒分布，准备进攻兴安县城。但晚了一步，还是被白崇禧抢得了先机。

进攻兴安显然不现实。28 日，红 4 师 3 个团在师长张宗逊、政委黄克诚的带领下，全部渡过湘江到达界首。

此时已是初冬，江水寒冷，年老体弱者不宜徒步过江，红 4 师遂即派出工兵，并发动当地民众，很快就在江面上搭建起几座浮桥，以方便军委纵队和后续部队过江。

当晚，红 4 师命令红 10 团接替了红一军团第 2 师第 4 团的防务，并在光华铺、枫山铺地区抢占有利地形，紧急构筑工事，准备从正面阻击兴安方向来犯之敌。红三军团宣传部长刘志坚亲自赶到红 10 团督战。

几乎与此同时，正坐镇灌阳指挥强攻新圩的夏威接到了白崇禧的电话：

"接何应钦电，蒋介石指责我们将共军放走了，第 15 军应派一个师西追，务期有战果。"

原来，王赞斌的第 44 师在新圩与红三军团另一支主力李天佑的第 5 师鏖战一天，斩获不大。工于计谋的白崇禧分析，尽管尚未完全突破红军新圩防线，但已给红军施加了极大压力，迫使其后续部队加快抢渡速度。而已过江的红军部队不可能再回头来增援，如果明天再对界首渡口的红军发动攻击，不仅会给红军施加更大的压力，逼其快走，还可以抢在湘军之前占领界首到凤凰嘴的湘江沿岸，重新把湘江控制在自己手中。进而与南下湘军在全州的咸水一带会合，并与新圩的桂军形成会攻局面，迫使尾追而来的周浑元的中央军转向全州东北的永安，从而解除中央军对广西的威胁，并以事实驳斥蒋介石对桂军的指责。

于是，白崇禧命令桂军第 4 集团军总参谋长叶琪，派飞机对界首渡口进行侦察，同时命令夏威派黄镇国第 43 师利用人熟地熟且擅长夜战的优势，取道山路向南，一面攻击光华铺及塘家市东岸，一面以精悍部队迂回湘江沿岸，偷袭红军的界首渡口。

这次，桂军的对手仍是红三军团，军团长就是有着"红军中第一号善战的湖南人"之称的彭德怀。

红三军团军团长彭德怀

彭德怀，原名彭得华，1898 年生于湖南湘潭乌石乡彭家围子一个下中农家庭。因家境贫寒，彭德怀只读过两年私塾。8 岁时，母亲病故，父亲又重病在身，3 个弟弟无人照管，家里一贫如洗。10 岁时，家里一切生计全断。

无奈之下，彭德怀在大年初一带着二弟，拿着一个破篮子和一根打狗棍，第一次去当叫花子。但在乞讨时他却不肯哀求乞怜，甚至不对人说句奉承恭维话，这使他的乞讨四处碰壁。

在这段幼年艰难生活的时光里，彭德怀思想受参加过太平军的伯祖父的影响很深。他从小就喜欢听伯祖父讲太平军的故事，幼小的心灵里渐渐萌生一种遐想：长大以后，也要杀富济贫，消灭财主，为穷人找出路。

有道是：自古英雄多磨难。彭德怀小小年纪就开始挑起养家的重担。他上山砍柴，下河捉鱼，进矿井挑煤，为地主放牛，吃尽了人间苦楚，造就了吃苦耐劳、顽强不屈的个性，同时也深深体味到"富农和资本家对雇工的残酷剥削"。

饱尝生活辛酸、痛恨人世不平的彭德怀，从小就铸就了一副不安命、疾恶如仇的倔强性格，这种性格打破了他想过平静生活的愿望。1913 年，湘潭大旱，当地饥民爆发了"闹粜"抢米风潮。血气方刚的彭德怀也参与其中，结果被当地的团总丁六告发，不得不背井离乡，逃到湘阴、益阳交界处的西林围洞庭湖畔作堤工，挑了 3 年河泥。他在自述中写道：

童、少年时期这段贫困生活，对我是有锻炼的。在以后的日子里，我常常回忆起幼年的遭遇，鞭策自己不要腐化，不要忘记贫苦人民的生活。

1916 年春，湘军在长沙招兵买马，准备组建第 2 师。18 岁的彭德怀得知消息后，愤而投军。临行前，他把自己的那卷破烂不堪的行李狠狠地扔进了洞庭湖，义无反顾地踏上寻求生存和希望之路。就这样，彭德怀在湘军第2师第3旅第6团当了二等兵。

在湘军与北洋军阀的作战中，彭德怀因勇敢矫捷、任重耐劳，得到上级赏识，不久升为班长，并被送到团训练队学习军事、文化。期间，结识了营部文书兼团训练队语文教员黄公略，两人性情相投，均痛恨帝国主义的侵略和军阀的黑暗统治，在心底里萌发了富国强兵的理想，遂结为好友。

1919年，已任排长的彭德怀在连队里秘密组织了"救贫会"。1921年，代理连长的彭德怀因派会员处死当地恶霸区盛钦，事发被捕。

押解途中，彭德怀对押送他的士兵们说：

"这次犯法，是为了救穷人，不让他们受恶霸的欺压。区盛钦横行乡里，为富不仁，倚仗其兄的权势欺压百姓，霸田、霸地、霸水，巧立名目，擅自加税，杀害无辜，作恶多端，所以我杀了他。"

士兵们听了都深为敬佩。快到长沙时，负责牵绳的士兵偷偷将绳扣解开，并示意彭德怀寻机逃走。过捞刀河时，彭德怀猛地抖掉绳子，纵身跳上岸边，拼命跑进路旁的丛林中。押送的士兵都无意追赶，只是朝天胡乱放了几排空枪了事。

1922年8月，彭德怀考入湖南陆军军官讲武堂。在这所新式军官学校里，彭德怀结合自己的实战经验，刻苦学习军事理论，努力提高军事素养，为以后成长为一名骁勇善战的红军将领奠定了坚实基础。一年后，彭德怀毕业回湘军任连长。

1926年，彭德怀升任营长，随所在部队改编为国民革命军第8军独立第1师，参加了北伐战争。在武昌之役中，彭德怀认识了师政治部秘书长、共产党员段德昌，这竟成了他人生道路上一个根本转折的开端。

此时，彭德怀已从军十载，打了无数的仗，从不惜性命，也立下赫赫战功，却无法实现"为工农谋利益，打倒帝国主义，打倒军阀、贪官污吏和土豪劣绅，实行耕者有其田"的

北伐军一部正在进军

救 国愿望，到头来还是沦为一个军阀打另一个军阀的工具，因此内心无比的苦闷与彷徨。

在湘军青年军官中，彭德怀可谓特立独行，独树一帜。他的第 1 团第 1 营在独立第 1 师中军纪严明，战斗力最强。虽说彭德怀是从旧军队中成长起来的，但他勇武刚直，不仅没有染上旧军队的恶习，反倒是对旧军队欺压百姓、虐待士兵的军阀习气十分厌恶。身为一营之长，他带头修身立德，不贪污、不赌博、不抽大烟、不嫖娼宿妓、不开小公馆，与士兵和劳苦大众打成一片。这无疑也引起了段德昌的注意，开始主动接近彭德怀，经常找机会与他促膝长谈，宣传共产主义思想。

这对于苦苦求索、报国无门的彭德怀，有如在茫茫黑夜里看到了曙光。直到 40 年后的"文化大革命"中，已被打倒囚禁的彭德怀还在自述中深情地回忆道：

彼此高兴畅谈了约两小时，使我受益不少，当时表示了对他的感谢，及内心的敬佩。到现在，有时还回忆这次谈话。

1927 年 4 月 12 日，蒋介石在上海背叛革命，向共产党人举起了屠刀，轰轰烈烈的大革命就此失败。

1927年4月12日，蒋介石在上海发动"四·一二"反革命政变。图为国民党反动派屠杀革命群众

一个月后，第 35 军军长何键也撕掉革命的伪装，指使所部许克祥独立第 33 团在长沙制造了震惊中外的反革命叛乱——"马日事变"。

时任第 35 军独立第 1 师第 1 团团长的彭德怀更加认清了新旧军阀的反动本质，决心早日与之决裂，追求新的生活。

1928 年 4 月，在大革命失败后的革命低潮时期，彭德怀毅然加入了中国共产党。7 月 22 日，与滕代远、黄公略领导发动了著名的平江起义，组建中国工农红军第 5 军，彭德怀任军长。从此，他的戎马生涯进入了一个崭新阶段。

按照中共湖南省委的指示，彭德怀率红 5 军主力不畏千难万险，转战数千里，突破敌人的重重围追堵截，历时 5 个月，奔赴井冈山，与朱德、毛泽东率领的红 4 军胜利会师。

12 月 11 日，在新城召开庆祝会师大会。大会进行得正热烈时，忽然讲台塌了。队伍中顿时议论纷纷，说是不吉利。只见朱德军长微笑着站到台架上，大声说：不要紧，台塌了搭起来再干嘛！

这件事对彭德怀影响至深，以后他每每在斗争的最艰难时刻就提起此事，以鼓舞部属和自己。"台塌了，搭起来再干"成了他的战斗格言。

红 4 军与红 5 军会师后，红 5 军改编为第 30 团，彭德怀任红 4 军副军长兼第 30 团团长。

1929 年 1 月，国民党集结湘粤赣三省兵力，再次大举进犯井冈山，发动了历史上的第三次"会剿"。红军避开正面交锋，朱德、毛泽东率红 4 军主力进军赣南敌后，彭德怀则率红 30 团留守井冈山，坚持内线作战。在与"进剿"井冈山的湘赣敌军 20 多个团苦战数日后，彭德怀率红 30 团余下的 300 多人被迫突围，在赣南、

平江起义的中心——天岳书院

湘赣、湘鄂赣边界继续坚持斗争。期间恢复红 5 军番号，仍任军长。

1930 年 6 月，红三军团成立，下辖第 5、第 8 军，彭德怀任军团总指挥。8 月，任红一方面军副总司令兼红三军团军团长。1931 年 11 月，任中华苏维埃共和国中央革命军事委员会副主席。

1933 年 8 月 1 日，为表彰彭德怀的卓著战功，中华苏维埃共和国中央政府人民委员会授予他一级红星奖章。

彭德怀非常看重这枚勋章，一直将它珍藏在身边，伴随他走过了二万五千里长征、八年抗战、三年解放战争和抗美援朝战争。1959 年 9 月底，彭德怀因庐山上书获罪被撤销了国防部长职务。在举家迁出中南海时，他把元帅服、狐皮军大衣、几件军

装、一幅辛亥革命元老廖仲凯夫人何香凝绘赠的猛虎图等物品，统统上交给了党中央，却唯独将这枚珍藏了几十年的勋章留在身边。

彭德怀的英勇善战，为他赢得了很高的声誉。彭德怀的心直口快，也为他赢得了更多的尊重。

在第五次反"围剿"中，由于"左"倾冒险主义者的错误指挥，红军节节失利。而洋顾问李德的瞎指挥和颐指气使、骄横跋扈与独断专行，更是引起了广大红军指战员的普遍不满。

中华苏维埃中央军事委员会颁发的红星奖章

广昌战役打响前，彭德怀就认为以堡垒对堡垒、以阵地对阵地的战法是行不通的，毫不客气地对李德、博古等人指出"广昌是不能固守的，必须估计敌军技术装备"，"在自己没有飞机大炮轰击的情况下，就算是比较坚固的野战工事，在今天敌军的装备下，是不起作用的。如果固守广昌，少则两天，多则三天，三军团一万二千人，将全部毁灭，广昌也就失守了"。

但李德和博古置若罔闻，依旧我行我素。战斗开始后，在敌人飞机的轮番轰炸下，红三军团激战一天，突击几次均未成功，伤亡近千人。尤其是在李德所谓永久性工事里担任守备的那个营，全部壮烈牺牲，一个人也没有活着出来。红军在付出重大伤亡后不得不撤出战斗。

广昌战役即将结束时，博古和李德召见了彭德怀。没谈上几句话，直性子的彭德怀便开始"放炮"——历数李德的指挥错误，斥责他是"主观主义"、"图上作业的战术家"。

彭德怀越讲火气越大，拍案怒骂：崽卖爷田不心痛！

李德暴跳如雷，咆哮着大骂：

"封建，封建！你这是对撤掉你军事委员会副主席的职务心怀不满。"

彭德怀不甘示弱，大声回敬：

"你这是以小人之心度君子之腹。我根本没想那些事，现在是究竟怎样才能战胜敌人，这是主要的。"

说完扬长而去，留下了目瞪口呆的李德和博古等人在那里发愣。

如今看来，发表一点自己的看法，提出一些意见，即使是言词激烈也没有什么大不了的。但在当时的情况下，彭德怀敢于这样当面指责甚至痛骂李德，却需要十分的勇气，的确也担当了巨大的风险。毕竟李德是共产国际派来的军事顾问，有着至高无上的权威，甚至还掌握着红军将士的生杀大权。

彭德怀后来在自述中回忆：

那次，我把那套旧军衣背在包里，准备随他到瑞金去，受公审，开除党籍，杀头，都准备了，无所顾虑了。

美国著名作家埃德加·斯诺的第一位夫人海伦斯诺在她的《续西行漫记》中，是这样评述彭德怀的：

"我总觉得这位红军中第一号善战的湖南人，是所有共产党员中一个最有趣最动人的人物。"

●血战光华铺，红十团一日之内竟牺牲了两位团长

从界首渡口往南5公里，在至兴安间的桂黄公路边，有一个名叫光华铺的小村庄。

别看光华铺村子不大，只有十几户人家，但它却是一个交通要道，北控界首，南阻兴安，东临湘江，西进越城岭。村北是一片较为宽广的开阔地，另三面是起伏的山丘。这些丘陵，坡度不大，视野开阔，并不是理想的阻击阵地。

但为了阻击来自全州、灌阳的桂军，保证红军大队人马从界首渡过湘江，彭德怀别无选择，只能在这里背水结阵，拼死一搏。

早在一天前，11月27日11时，彭德怀、杨尚昆即将红三军团的作战部署电告中革军委：

……

（甲）决以第五师主力进占新圩以南，并确实占领马家渡，并巩固该地和迫城侦察。

（乙）已以十三团附迫炮一连消灭或驱逐泡江之敌占领之，并巩固该地。

（丙）第四师仍在车头、瑶上地域，准备一军团主力打击全州可能南进之敌及参加打击灌阳北进之敌。

（丁）第六师（缺一团）集结水车，准备明廿八日晨接替十三团任务，该团即归还主力。

（戊）军团司令部仍在宾家桥。

6个小时后，彭德怀、杨尚昆接到中革军委的回电：

（甲）湘敌之一路军（刘建绪）向全州前进，薛（岳）路军亦向黄沙河跟进中，桂军约四个师拟经灌阳前出苏江、新圩、石塘圩之线，阻止我军西渡湘江，并相机袭击我的左翼……周敌今二十七日始可全部渡过潇水。

（乙）我五军团于明二十八日晨占领蒋家岭、永安关、雷口关地域，后卫部队则与敌人保持接触，以迟滞其前进。我八、九军团由永明沿着灌阳的县道前进，先头部队到达三峰山时，即遇着民团有力的抵抗。已令八军团至迟应于二十八日晚以前进到永明、灌阳及道州、灌阳县道交叉处之孔家地域，九军团在后跟进。

……

（丁）三军团行动如下：

1.五师主力应进到新圩地域，其中一个团则进到苏江地域，主力应确实进占马渡桥。如灌阳尚未到有桂军一个团以上时，便应进占马渡桥。

2.四师为先头师，有准备三军团及后续兵团前出到界首（不含）、兴安（含）地带的一般任务为（及）目的，四师应派队到界首、兴安地带侦察渡河及公路两旁的工事与兴安敌情，并派出有力的警戒部队以抗击之。

3.六师于水车为三军团的预备队。

当时，红4师第10团在湘江西岸界首南面光华铺一线布防；第11团前出到石门及西北地域布防；第12团留守塘家市、光华铺间湘江东岸的渠口，阻击桂军从兴安东北进攻界首。红5师第14、第15团在新圩阻击桂军；第13团正向渠口集结。红6师担任军团后卫，主力还在灌阳，第18团奉命赶往新圩接替红5师防线。

这样，红三军团在左翼从灌阳新圩至兴安的光华铺、塘家市便形成了一条强有力的钢铁防线。

28日15时，彭德怀、杨尚昆收到了中革军委给各军团的紧急电令：

林（彪）、聂（荣臻）、彭（德怀）、杨（尚昆）、董（振堂）、李（卓然）、周（昆）、黄（甦）、罗（炳辉）、蔡（树藩）、叶（剑英）、罗（迈）、邓（发）：

甲、敌情另电告。我们估计湘敌第一路军之两个师明廿九日晨有可能由全州沿湘江向我进攻，其主要突击方向是沿全州、桂林汽车道。桂军于灌阳、兴安间约各有一个至两个师，企图从南阻止我军沿灌阳至界首大道西进，并由南进行辅助突击。周敌将企图由蒋家岭诸关口进行猛追。

乙、我军应自廿九日起至卅日止全部渡过湘水，并坚决击溃敌人各方的进攻。

丙、各兵团廿九日之部署及任务：

1.一军团明廿九日晨主力应在珠塘铺、咸水圩、屏山地域，并准备消灭自全州沿汽车道或湘江前出之敌。十五师应固守小峦岭、五百岭、鲁视地带，主力位于文市河西岸，在敌人向文市方向强力压迫之下可转入运动防御，并应于文市之北遏阻敌人。

2.三军团四师应确实保持石玉村、水车、光华铺地域，并应消灭自兴安前进之敌。五师应进至四师之西南地区，并突击自南经建乡、富岁塘两路前进之敌，协助四师。第六师以一个团固守泡江之北，主力应移至新圩及其以南地区，以击溃自灌阳前进之敌。

3.五军团至廿九日中午止，应扼守蒋家岭、永安关、雷口关地域，从廿九日中午后则于蒋家岭及文市、水车之间沿永安、雷口两关大道进行运动防御，并遏阻周敌于文市、水车之线以东，后方部则转移至古岭头。

4.九军团廿九日晨应赶到文市，其任务为全州之敌向文市前进时则消灭之。因此，应与在小崇岭之十五师之一团取得联络，并准备经古岭头、朝南、凤凰嘴方向前进。

5.八军团廿九日中午应赶至水车地区，并与六师取得联络，为其突击队，并准备经下陂田、青龙山向光华铺前进。

6.军委一纵队进至石塘圩以东之灌山。

7.军委二纵队分两队前进，二、四梯队由邓率领，随三军团后方部行动，并受彭、杨指挥。一、三梯队由罗迈率领，随一纵队前进，廿九日晨应至上营地域。

丁、各兵团应以最大的坚决性完成放在自己面前的战斗任务，各兵团后方部及军委纵队应充分准备，坚决抗击侵入和接近自己之敌。

看罢电文，彭德怀忧心忡忡：红军主力已进入桂北，蒋介石必定会严令各部发起全面进攻，企图凭借湘江天险，一举"剿灭"红军。从兴安、全州、灌阳三县的地形来看，这里并不适合红军与优势之敌作战。一是红军无论兵力还是装备均处于劣势；二是此地无险可守；三是红军远途劳顿，只能速战速决，不可恋战。但为确保军委纵队及后续军团顺利渡过湘江，就必须坚守住渡口。彭德怀深知这是一场关系重大、同时又是一场异常严酷的战斗，决定亲自指挥。

在界首的湘江西岸边，距离渡口不足百米的地方，有一座古老的庙堂。它面向湘江，因当地老百姓用来供奉天官、地官、水官，得名"三官堂"。彭德怀便把他的指挥所设在了这里。建国后，当地人民把三官堂改名为红军堂，以示纪念。

29日晨，桂军飞机飞临界首上空侦察，发现红军在江面上架起数段浮桥，东岸有红军部队正准备渡河，立即俯冲用机关枪扫射。下午，桂军多架轰炸机飞到界首渡口，一阵狂轰滥炸，将红军临时架起的浮桥全部炸毁。

入夜，红军收集船只，在当地百姓的帮助下，再次架起浮桥。就在这时，熟悉地形、擅长夜战的桂军直插界首渡口，实施偷袭。

据守光华铺的是红4师第10团。团长沈述清

参加围堵红军长征的国民党军空军

在勘察地形后，决定由张震的3营在光华铺南面扼守，以两个连在正面向兴安县城方向筑工事，机枪连和另一个连为预备队；1营、2营部署在渠口渡附近高地；团指挥所设在渡口附近的小高地上。

人称"广西猴子"的桂军的确很狡猾，企图避开光华铺红军前沿阵地，乘黑夜偷袭渡口。机警的红军战士发现湘江边的山上不时有手电灯光摆动，急忙向三营长张震报告。张震立即派出一支部队前去搜索，并未发现打手电的人。正当搜索的战士感到事情有些蹊跷时，猛然发现湘江西岸有密集的手电灯光在闪烁。

原来桂军一部已经迂回到3营阵地后面，当行至界首渡口南面5里处时，与红10团主力发生接触，双方随即激烈交火。

张震见渡口危急，连忙收缩兵力，往回猛打，与红10团主力前后夹击来袭桂军。敌我双方在黑暗中短兵相接，展开了一场混战。但由于敌众我寡，一时形成胶着对峙局面。

混战中，桂军两次攻到距离红三军团指挥所——三官堂不足百米的地方。杨尚昆与警卫员多次劝彭德怀转移。但彭德怀认为这里便于指挥，就是不肯离开。

午夜过后，红三军团收到以朱德名义签发的中革军委电报：

彭（德怀）、杨（尚昆）：

军委纵队定于今三十日天亮以前从界首过江。望即做好一切准备，确保浮桥畅通，保证中央安全。

朱 三十日零时三十分

看完电报，彭德怀深感责任重大，对杨尚昆说："这是一个十分艰巨的任务，我们三军团的兵力分散，难啊！"

土地革命战争时期的杨尚昆

遂即命令红4师第10团要不惜一切代价确保界首渡口，坚决突击由兴安反扑之敌，保持光华铺北端，坚守阵地。

下达完作战命令后，彭德怀又补充道：用电话告诉各师、团指挥员，今天是军委纵队从界首过江的一天，关系重大，任务艰巨，无论战斗怎样激烈都必须顶住，以确保中央和军委安全渡过湘江。

拂晓时分，张震率领3营终于杀出一条血路，与团部会合，但一小股桂军已突破红10团的防线，占领了渡口。

这时，由中央主要领导人和中央红军指挥机关组成的军委第一纵队即将抵达界首东岸准备渡江，情况万分危急。

沧海横流，方显英雄本色。

危急关头，沈述清命令伤亡较大的 3 营作为预备队，撤出战斗进行休整，自己亲率 1 营、2 营直奔渡口，向占据渡口的桂军发起猛攻。

敌我双方都没有工事作依托，在江边来回"拉锯"，反复拼杀，战斗异常激烈残酷。战斗中，沈述清不幸被敌人的流弹击中，壮烈牺牲，年仅 26 岁。

彭德怀命令红 4 师参谋长杜中美接任红 10 团团长，与团政委杨勇一起指挥部队反击。

杜中美是红三军团的一员猛将，被彭德怀称为"张飞"。杜中美迅速赶到红 10 团，便拿出猛"张飞"的威猛劲，掏出手枪大吼一声：

"同志们，跟我冲，把敌人打下去！"

说罢，身先士卒，杀向敌阵。红 10 团将士们紧跟其后，高呼"为团长报仇"，终于夺回了渡口，并及时巩固了渡口和光华铺阵地。

天渐渐亮了。天边传来马达的轰鸣声，数架桂军轰炸机再次飞临界首渡口上空，轮番轰炸、扫射，把江面激起了一股股水柱。重磅炸弹落在江面上，落在渡江的人群中，每一声巨大的爆炸，便溅起一摊殷红的鲜血！

红军连夜架设的浮桥又被炸毁。正在渡江的红军战士们冒着敌机的轰炸、扫射，不顾冰冷刺骨的江水，冲进江里，徒涉渡江。

彭德怀派军团政治部主任袁国平火速组织抢修浮桥，同时又厉声命令：

"再给军委纵队发报，十万火急，迅速渡江。……每一秒钟都是战士的鲜血换来的！"

11 月 30 日上午，整个湘江战役已达到了白热化的程度。

桂军把从平乐县城增援的韦云淞第 45 师也投入到争夺界首渡口战斗中。在强大炮火的支援下，桂军发动了整连整营的进攻，满山遍野地向红军阵地疯狂扑来。

红军以寡敌众，与桂军展开了英勇惨烈的恶战。

桂军改变战术，在正面进攻红 10 团阵地的同时，主力沿湘江西岸向据守界首渡口的红 4 师第 11、第 12 团侧后攻击。并另以一个团悄悄渡过湘江，在塘家市东沿湘江东岸急速向界首渡口推进。当时，军委第二纵队已经进抵界首以东之月亮山附近，如果桂军这个团继续北进，后果将不堪设想。

彭德怀见情况紧急，急忙命令红 5 师第 13 团黄振团长率所属部队迅速打击东岸立足未稳之敌，阻止其继续北上。

这时，形势对红三军团愈加不利。红 4 师第 11、第 12 团在湘江西岸界首渠口与桂军主力激战，红 10 团在光华铺阵地苦战；红 5 师第 13 团在湘江东岸阻击桂军 1 个团北进，第 14、第 15 团在新圩阻击战场上遭到很大损失，正奉命撤往界首；红 6 师主力刚走出灌阳，第 18 团接替红 5 师新圩阵地后已无力抗阻桂军的进攻。

　　处处都在激战，处处军情如火。但红一军团在湘军重兵压迫下，已开始从脚山铺阵地退却。如果界首、渠口一带的渡口再出问题，尚未过江的军委纵队乃至整个中央红军将出现被切断割歼的严重后果。

　　彭德怀、杨尚昆自然清楚这一后果的严重性，一面催促军委纵队火速渡江，一面命令红三军团各部拼死也要挡住桂军的疯狂进攻，确保渡口安全。

　　光华铺阵地之争最为惨烈。红10团凭借居高临下的有利地形，多次打退了敌人的冲锋。但由于缺乏支援，弹药有限，后劲不足，渐渐支持不住了。

　　激战至中午时分，光华铺失守。

　　杜中美急忙组织部队向抢占光华铺之敌发起了多次反攻。在向张家岭高地发起冲锋时，杜中美不幸中弹牺牲。

　　一天之内，两位团长牺牲。这在红三军团的历史上还从未有过，战局激烈程度可见一斑。时任红三军团第4师师长的张宗逊回忆道：

　　这次强渡湘江的战役，红八军团损失惨重，溃不成军，其他军团的损失也很大，强渡湘江时，红四师在界首渡过湘江，控制了界首渡河地段，以一天时间阻击广西敌军的进攻，掩护中央红军通过。第二天，我率红四师两个团继续西进，红十团在湘江以西掩护军委纵队和红九军团、红五军团过江。红十团艰苦战斗了两天两夜，打退了敌人十多次冲锋，红十团团长沈述清在战斗中英勇牺牲，红四师参谋长杜宗［中］美接任团长指挥战斗，不久也壮烈牺牲了。红十团胜利完成了掩护任务，付出了伤亡四百多人的代价。

　　红10团集中所有兵力，在政委杨勇的率领下，向占据光华铺的桂军发起了一次次反攻，但还是未能收复失地。

　　战斗中，杨勇腿部被弹片击中受伤，只好将部队撤至光华铺北端西自石门飞龙殿，北至碗渣岭、大洞村丘陵，东至茅坪岭的湘江沿岸，构筑起第二道防线。

● "一日战斗，关系我野战军全部……望高举着胜利的旗 帜，向着火线上去"

30 日下午，军委第一纵队终于赶到了界首渡口。

中革军委副主席、红军总政委周恩来站在湘江东岸，冒着敌机的俯冲扫射，亲自指挥部队渡江。

这些日子，周恩来那张英俊的脸明显地消瘦了。微蹙的眉心，过长的胡须，忧郁的目光，疲惫的面容，处处流露出他内心里深刻的负重之感。

湛蓝的天空里，一架敌机向渡口俯冲下来，又升上去，机翼上的青天白日圆徽清晰可见；紧接着，又一架俯冲下来，几枚重磅炸弹带着尖利刺耳的哨声呼啸而来……

周恩来大声喊道："注意空袭！注意隐蔽！"

话音未落，大地颤抖了几下，随即升腾起几股黑色的烟尘，相伴而来的是沉雷

1933年11月，周恩来和红一方面军部分领导人在福建建宁（左起：叶剑英、杨尚昆、彭德怀、刘伯坚、张纯清、刘伯承、周恩来、滕代远、袁国平）

般的隆隆声，血肉和着泥沙、石块横飞。

玉带般清澈的湘江水早已被红军的鲜血染红了！

江面上，星星点点，不断漂过戴八角帽、穿灰布军装的红军战士尸体，死亡的骒马，散落的文件，还有红军战士圆圆的斗笠……

渡口道旁，丢弃的笨重机器、行李挑子、辎重物资比比皆是。大火在燃烧，江面渡口一片混乱，红军战士冒着密集的炸弹争相渡江，枪声、炮声、人叫、马嘶交织在一起。

博古焦急不安地和李德骑着马来到湘江东岸渡口的一个小丘旁边，见周恩来已在现场，他们翻身下了马。

就在这时，总司令部的一名参谋急匆匆跑来向周恩来报告：

"红5军团参谋长刘伯承说渡口太乱，有的争先恐后抢着过江，有的在抢浮桥时被挤下江去，淹死了人。参谋长要我请示，是否由渡江指挥部统一规定，按建制整理好队伍，最好是一个单位一个单位地过，以免作无谓的牺牲。"

博古看到江边混乱的情景，早已心烦意乱，随口训斥道：

"现在还讲什么建制和单位，冲过去一个算一个，能冲过去几个就不错了。"

"这怕不行吧，刘伯承的决定有道理。"还是周恩来临危不乱。

"平常时期，可以按建制顺利通过，这是什么时候，上上下下乱糟糟的，谁还听招呼？"

博古似乎有些不耐烦。

周恩来耐心解释：

"非常时期，更要强调纪律，不然要坏事的。"

博古将手一挥说：

"好！好！就按你的意见办。"

周恩来转过身来，向站在一旁等待命令的参谋说：

"你赶快回复刘参谋长，按他的意见办，有不服从的，尽量说服。"

黄昏后，军委第二纵队开始渡江。至当晚 10 时左右，军委第一、第二纵队全部渡过湘江。

此时，形势更加严峻。红一军团第 1、第 2 师在珠兰铺至水头一线阻击湘军，第 15 师在文市、石塘一线向全州警戒；红三军团第 4 师在界首附近抗击兴安之敌，第 5 师从新圩撤至渠口，第 6 师第 18 团在新圩抗击桂敌，主力到达界首东岸保布坪；红五军团主力仍在湘桂边界断后，第 13 师到达石塘圩，第 34 师前往新圩枫树脚，准备接替红 6 师第 18 团防务；红八军团从灌阳的水车出发进至石塘以南的青龙山；红九军团进到石塘圩地域；军委第一纵队过湘江后到达界首西北大田地域，第二纵队过江后进至鲁塘地域。

除军委两个纵队已过江外，红军12个师中，在湘江以西的只有4个师，即红一军团的第1、第2师，红三军团的第4、第5师。尚未过江的还有红一军团第15师、红三军团第6师和红五、红八、红九军团的6个师，共计8个师。

而这时，蒋、桂、湘三路敌人的口袋正愈收愈紧。其中，尾追的中央军周浑元部已越过湘桂边界；从全县南下的湘军4个师力图击破红一军团防线，南下封锁湘江渡口；从新圩北上的桂军7个团也已在临近红军过境通道的重要枢纽古岭头一带展开，分路向北、向西追击；兴安方向光华铺桂军4个团已向石塘一带推进，企图配合新圩之敌抢占界首至凤凰嘴的湘江渡口，汇攻红军后续部队。

稍有不慎，中央红军则有可能被截成两半，遭受蒋介石"半渡而击"的危险。尽全力保持湘江渡口，组织江东各部队星夜兼程渡河，已成为最严峻的任务。

按照军委的紧急命令，为掩护后续部队抢渡湘江，彭德怀指挥红三军团从灌阳新圩至兴安光华铺的左翼防线上，以超极限的顽强斗志展开阻击，节节抗击如狼似虎的桂军。其中，红4师主力已控制了石门村附近的飞龙殿制高点，在界首西南一带阻敌；奉命从新圩撤下来的红5师第14、第15团正马不停蹄地赶往光华铺以北的界首，阻击突向界首的桂军。红6师除第18团在新圩接防之外，主力则在界首东岸的石玉村拼力阻击。

12月1日凌晨1时半，朱德向全军下达了紧急作战命令，要求红三军团"应集中两个师以上的兵力在汽车道及其以西地域，有向南驱逐光华铺之敌的任务，并须占领塘家市及西山地域。六师之部队应留河东岸，有占领石玉村的任务，并掩护我五、八军团及六师切断的部队通过湘水。以一个营仍留界首作掩护，该营应向麻子渡派队与五军团取得联络。在万不得已时，三军团必须固守界首及其西南和东南的地域……"

中革军委主席朱德

两个小时后，中革军委副主席周恩来以中央局、中革军委、总政治部名义联合给红一、红三军团下达了一定要保证执行军委上述命令的指令：

林（彪）、聂（荣臻）、彭（德怀）、杨（尚昆）：
一日战斗，关系我野战军全部。西进胜利，可开辟今后的发展前途，迟则我野战军将被层层切断。我一、三军团首长及其政治部，应连夜派遣政工人员，分入到各连队去进行战斗鼓动。要动员全体指战员认识今日作战的意义。我们不为胜利者，即为战败者。胜负关乎全局，人人要奋起作战的最高勇气，不顾一切牺牲，克服疲惫现象，以坚决的突击，执行进攻与消灭敌人的任务，保证军委一号作战命令全部实现，打退敌人占领的地方，消灭敌人进攻部队，开辟西进的道路，保证我野战军全部突过封锁线，应是今日作战的基本口号。望高举着胜利的旗帜向着火线上去！

中央局、军委、总政
十二月一日三时半

　　拂晓，从新圩阻击战撤下来的红 5 师第 14、第 15 团渡过湘江，赶到界首西岸，与红 13 团会合，接替了红 10 团的防务，阻击光华铺之敌。与此同时，红 6 师主力也到达界首东岸，一面组织渡江，一面阻击兴安北上之敌。

　　生死存亡在此一战。黎明前，彭德怀给红三军团下了一道死命令：

　　"决不让敌人突破界首防线！"

●界首渡口，善打恶战的红三军团将士们杀红了眼，挥舞着大刀，扑向敌人……

1934 年 12 月 1 日清晨，茫茫大雾吞没了湘江，双方继续在浓雾中激战。

敌人的集团冲锋开始了，红军阻击阵地顷刻间便湮没在猛烈的炮火之中。炸药的气味、火星飞溅的灼热气浪和黄尘混合在一起，形成遮天蔽日的滚滚战云。

红三军团的将士们在"一切为了苏维埃新中国"的口号下，为了确保党中央和后继部队顺利渡过湘江，突破敌人的第四道封锁线，以惊天地、泣鬼神的英雄气概，与敌人展开了殊死的拼杀。

冲上来，打下去；打下去，冲上来。掩体、堑壕、弹坑得而复失，失而复得。无休止的拉锯战，千篇一律而又绝不相同的搏杀。燃烧的阵地上，飞溅着泥块、砂石、血肉，喊杀声不断的白刃格斗，异常残酷。

桂军指挥官们如同一群输红了眼的赌徒，不顾血本地发起轮番进攻。桂军士兵们也犹如中了魔般，前仆后继，往上冲击。他们想要彻底冲垮红三军团的斗志。

不过，桂军似乎忘记了眼前的对手——彭德怀，是从湘军中成长起来的，继承了湘军作战勇猛的风格，加上性格耿直、脾气火暴，作战时总喜欢身先士卒，带头冲锋陷阵。因此，他指挥的红三军团一向以打攻坚战、打硬仗恶仗而著称。

1930 年 7 月 22 日，彭德怀决定率红三军团乘湘军与张桂联军（张发奎、李宗仁部）在湘桂边界混战之际，突袭长沙城。而对手正是他在湘军的老上司何键。

此役，红三军团在三天之内连打四个胜仗，俘湘军 4000 余人，并一举攻占长沙，大振红军声威。这也是土地革命战争时期红军攻下省会的唯一战例。

而战前，那位信誓旦旦、"决与长沙共存亡"的湘军统帅何键却只身潜渡到湘江西岸，逃了一命，自此最惧彭德怀。

在中央苏区第一至第四次反"围剿"中，彭德怀坚决贯彻积极防御、诱敌深入的战略方针，指挥红三军团东征西杀，屡建奇功。尤其是在 1933 年 3 月草台岗围歼国民党王牌军第 11 师一役中，红三军团更是杀出了威名。

第 11 师是蒋介石的心腹爱将第 18 军军长陈诚的起家部队，号称"土木系"（因十一为"土"字、十八为"木"字而得名）。在中原大战中该师曾为蒋介石战胜冯玉祥、阎锡山立下汗马功劳，深受蒋介石的器重。此次为彻底"剿灭"江西共匪，蒋介石不惜血本，把这支王牌军也投入到进攻中央苏区的战场上。

转战在反"围剿"斗争中的工农红军

彭德怀没有丝毫的胆怯，告诉部队："这一仗，就是要抓住敌人的傲气，还要养它一养，然后来个反手把他打下马来。"

3月20日，陈诚指挥中路军前纵队进至甘竹、罗坊、恰村一带，后纵队第11师进至草台岗、徐庄一线，两纵队相距已有100里。红军抓住这一有利战机，决定集中优势兵力，歼灭孤军深入的第11师。

是日黄昏，第11师主力相继由徐庄地区南进，入夜时分进入草台岗一带大山中。彭德怀命令红三军团第1师派出一个连伪装成游击队，将敌军引入伏击圈；红1师主力则抢先占领草台岗的制高点霹雳山。

谁知，派出去诱敌的红军刚与敌人接触，就用机枪、步枪乒乒乓乓地打了起来。

彭德怀一听枪声，不禁勃然大怒，抓起电话对着红1师师长彭绍辉就吼：

"若把敌人打跑了，你要负完全责任。"

第11师的确不是浪得虚名，战斗打响后，就抢先一步占据了霹雳山主峰。

霹雳山地势险要，是草台岗的制高点。只有占领主峰，控制住隘口，才能在这场主力对主力的生死对决中占得先机，最终夺取战斗的胜利。彭德怀自然深知其中的利害，当即命令红1师无论如何也要夺取霹雳山主峰，切断敌军退路。

接到命令后，彭绍辉一连组织发动了三次冲锋，均未攻下。战局万分危急，彭德怀亲自来到前沿阵地，抓起话筒，高声说：

"彭绍辉，我在看你们行动，要特别冷静，一定要组织好火力，利用一切机会猛攻。"

彭绍辉生于湖南湘潭韶山冲，是毛泽东地地道道的小老乡，曾跟随彭德怀参加平江起义，是红三军团的一员猛将。接到电话后，他二话不说，抓起驳壳枪，爬上山头，亲自组织部队冲锋。

这时，彭德怀命令军团司号长田长江吹起了冲锋号。后来，彭绍辉回忆说：这一次的冲锋号特别响亮激昂，他一听到号声，便知道是军团长亲自到前线来了。

嘹亮的号声响彻山谷，极大地鼓舞了红军士气，国民党军则闻声丧胆。彭绍辉身先士卒，带领战士们呐喊着冲上主峰。

战斗中，彭绍辉左臂连中两弹，仍坚持指挥作战。战后，他的左臂因伤势过重

湘江血泪

被截去，成为中国人民解放军一位著名的独臂将军。1955 年 9 月，彭绍辉被授予上将军衔。彭德怀曾抚着他的断臂，为当年发火一事向彭绍辉道歉。

红 1 师攻下主峰，牢牢控制住隘口，战局发生了逆转。在红一军团的密切配合下，彭德怀指挥红三军团乘机向第 11 师发起全面攻击。整整激战一日，歼第 11 师大部，就连师长肖乾也成了红军的枪下鬼。

自中央红军撤离苏区进行战略转移后，最艰巨的任务往往都交给了作风硬朗、能打恶仗的红三军团。

湘江岸边，面对疯狂进攻的桂军，顽强坚守阵地的红三军团将士们早已杀红了眼，赤膊上阵，挥舞着大刀，扑向敌人⋯⋯

在红三军团的奋力掩护下，日夜兼程赶往湘江的红八、红九军团改道从麻市向凤凰嘴涉渡过了湘江。

1955年被授予上将军衔的彭绍辉

战至 1 日下午，中央红军主力大部分渡过了湘江，虽然还有一些部队尚未过江，但部队的掩护任务基本完成，其他负责掩护的部队也已经奉命撤离，可红 4 师却没有接到撤退命令。

桂军的疯狂攻势并没有减弱。红 4 师孤军奋战，如果不及时撤退，后果不堪设想。

红 4 师政委黄克诚感觉到形势不妙，便对师长张宗逊说：我师掩护任务已完成，应该指挥部队撤离。

张宗逊回答：没有命令不能撤。

黄克诚果断地说：再不撤就会被敌人吃掉。你迅速指挥部队撤离，去追赶主力，一切由我负责。

当时的红军部队中，政委有最后决定权。见黄克诚这么说，张宗逊也就不再坚持，当即命令第 11、第 12 团向西转移，界首战斗就此结束。

黄克诚回忆道：

1955年被授予大将军衔的黄克诚

自开始长征以来，中央红军沿途受到敌人的围追堵截，迭遭损失，其中以通过广西境内时的损失为最大，伤亡不下两万人。而界首一战，则是在广西境内作战中损失最重大的一次。⋯⋯桂系军队不仅战斗力强，而且战术灵活。他们不是从正面，也不是从背后攻击我军，而是从侧面拦腰打。广西道路狭窄，山高沟深林密，桂军利用其熟悉地形的优越条件，隐蔽地进入红军侧翼以后，突然发起攻击，往往很容易得手。而我军既不熟悉地形，又缺乏群众基础，所以吃了大亏。

桂军给红军造成了很大伤害。许多年后，白崇禧在他的自述中是这样描述湘江之战的：

韦、王、黄三个师由防线向北出击，同时陈恩元在全县指挥民团南入夹击，切匪军首尾为数段，并包围其一部于文市、咸水，俘虏七千余人，获枪械三千余枝。

也许本来红军还要吃更大的亏。

红军主力突破湘江后，越过公路向鲁塘、西延方向前进。脚山铺至界首间湘江两岸即被湘军、桂军所控制。

桂军第7军军长廖磊亲率周祖晃第19师、覃联芳第24师在后面紧追不舍，经灵川向义宁、龙胜方向截击。第24师依仗道路熟悉，在红军刚刚赶到龙胜以东的马堤时，就已抢先赶到龙胜。

这时，第24师参谋覃琦心生一计，忙向覃联芳建议：

"本师应即攻占马堤北坳，截断红军去路，将其包围于马堤凹地而歼灭之。"

马堤地区由南向北是狭长的隘路，东西两侧是重叠的高山，无路攀登。北坳位于马堤以北10公里，为入黔通道，仅有红军百数十人防守。若为第24师截断，南路又有第15军追击，红军无攻坚武器欲突破封锁据点，实为不易，况且粮食缺乏，又受飞机不断轰炸，数日之间，不战自灭。

应该说，覃琦的建议不失一个妙计。第72团团长程树芬也十分赞成，并自告奋勇请求率部攻占北坳。

但覃联芳却不予采纳，解释道：

"总部的作战计划是放开入黔去路,使共军迅速离开桂境,堵塞中央军入桂'剿匪'的借口。本军进出义宁、龙胜，主要任务是防止共军向三江方面侵入。依你的意见，纵然能将共军围困一时，他这样大的兵力，岂能立即歼灭？倘逼老虎跳墙回头同我硬碰，造成鹬蚌相持，给中央军入桂之机，获渔人之利，这与总部的作战计划相违背的，断不能行。"

于是，第24师没有采取积极行动，而以防守态势监视红军大队通过后，于第三天拂晓才开始进攻马堤北坳，截击红军后尾400余人。

湘江血泪

时任桂军第 15 军参谋长的蓝香山回忆道：

当日（29日）深夜，第十五军紧跟红军主力进路，由农民作向导打着火把，翻越兴安、龙胜交界的大山，向龙胜追击前进。这些地区是瑶人居住，他们说："红军纪律严明，秋毫无犯，不进民房，不拉夫，吃了人民粮食给现洋……"我们在山谷中看到红军前进联络方法，系用白粉笔以代字将

长征到达陕北后的红军一部

部队的番号、进路、目标，写在壁立路旁的山石上，一路连续不断。沿途用白粉笔写大标语"勿劳远送"。第十五军抵龙胜时，红军已全部出桂境，桂军就停止追击。

纵观湘江一战，桂军确实给红军尤其是红三军团造成了很大损害。

在三天两夜的灌阳新圩阻击战中，红 5 师损失两千余人，接防的红 6 师第 18 团更是全军覆没。渡过湘江后，红 5、红 6 师基本上不成建制，各缩编为 1 个团。在持续两天半的兴安界首阻击战，红 4 师也损失了一千多人，其中第 10 团伤亡过半。

红三军团以如此巨大的代价，完成了掩护军委纵队和后续部队渡江的任务。

脚山之役

湘军从全州猛然扑向湘军，林彪捉襟见肘，
要以三个团对抗四个师，而对手是不怕死的湘军。
湘人好勇，自古便有"无湘不成军"之说，
此番在家门口作战，更是恶如虎狼。
正在打摆子的红四团团长耿飚，
大吼一声：拿马刀来！冲入敌阵，
只杀得浑身血肉模糊；红五团政委易荡平身负重伤，
举枪自戕；在"保卫中央纵队安全渡江"、
"保卫苏维埃新中国"的口号声中，
英勇的红军将士用血肉之躯抵挡住湘军一次又一次的疯狂进攻。
面对擅长穿插迂回、分割包抄的红一军团，
湘军的穿插也十分凶猛，
林彪的军团部差点儿被连窝端掉。
向来披坚夺锐的红一军团，
对自己的战斗能力还能支撑多久发生了动摇。
一向沉稳的林彪下达了一道死命令：
绝不允许敌人突破白沙铺……

●脚山铺，面对猛扑过来的湘军四个师，林彪手里只有三个团

国民党军史把湘江之战称为全州战斗，因为主要战场是在广西的全州，而最激烈的战斗就发生在全州的脚山铺。

11月28日，也就是新圩阻击战打响的当天，见红军主力正从脚山铺至界首间30公里的湘江渡口渡江，"追剿"军第一路军司令刘建绪立即奉何键之命，率湘军近4个师从全州县城倾巢出动，其中以章亮基第16师、李觉第19师之一部为前锋，陶广第62、陈光中第63师为预备队，向湘江猛扑过来，企图控制湘江各渡口，将红军拦腰截断。

相对粤军让路、桂军撤防而言，湘军追堵红军的行动积极主动的多。

聂荣臻回忆道：

刘建绪得悉我中央纵队欲渡湘江，而白崇禧又将全州以南至界首段他所部署的正规桂军都撤掉了，只剩下民团，识破了白崇禧的目的是想要让红军入湘，他就急了。即以其4个师的兵力，从全州倾巢出动，向我2师脚山铺阵地进攻。

就在一天前，11月27日，红一军团军团长林彪、政治委员聂荣臻、参谋长左权率军团部从大坪渡过了湘江，经二美滩赶到了脚山铺。

为掩护军委纵队及后续军团渡过湘江，中革军委于当日18时下达了《关于一军团作战任务的部署》：

林（彪）、聂（荣臻）：

（一）湘敌军似已抵全州，薛（岳）路军之一部续进至黄沙河、东安一线。灌阳情况尚不明。周（浑元）敌今二十七日可全部渡过潇水。

（二）我五军团廿八日遏阻周敌于蒋家岭、永安关、雷口关地域，而后卫部队在其以东地区与敌保持接触，以迟滞之。已令一师廿八日中午前开抵文市，归还主力。八军团正攻击三峰山之隘路，九军团随其后跟进，已令其至迟于廿八日晚抵达永灌、道灌两大道交叉处之孔家地域……

（三）一军团之任务：

1.保证一军团、军委与五军团之通过及在全州与界首之间渡过湘水。

2.坚决打击向（由）全州向南及西南前进之湘敌一路军。如此：

甲、二师应确实占领界首、咸水圩、珠塘铺、屏山地区，应准备打击由全州出动之敌，并与四师前出至界首、兴安间之部队取得联络。

乙、十五师应派出至少一团至小井坪、木叶铺及土桥地区，扼守该处隘口。

丙、十五师主力及一师应集结文市及西北地区，准备突击由全州出动之敌。

丁、最后查明文市、全州及界首、全州间之平行路及徒涉场，以便保证数纵队同时并进。

……

此时，红一军团第 1 师主力第 1、第 3 团还在潇水一线担负阻击任务；第 2 师第 4 团在抢占界首渡口后，正与红三军团第 4 师交接防务；第 15 师则在湘江东岸向北警戒全州之敌，担负直接保卫中央军委纵队的任务。林彪手中只有红 1 师的第 2 团和红 2 师的第 5、第 6 团，共 3 个团五千余人，要在脚山铺一带坚决阻击来自全州的湘军近 4 个师。

与彭德怀的刚正率直的性格截然不同，林彪沉默寡言，看地图和沙盘是他唯一的爱好。林彪打仗一向是"谋定而动"，可现在奉命阻截湘军，是个命题作文，给予他自由发挥的空间极其有限。而且是在规定的地点，以 3 个团对 4 个师，还要坚守三到四天。

接到军委电令后，林彪顿感压力巨大，立即和聂荣臻、左权，带上红 2 师师长陈光、政委刘亚楼亲自勘察地形。

脚山铺，是一个只有几十户人家的小村庄，北距全州县城 15 公里，南离军委纵队渡江的界首渡口只有 25 公里，桂（林）黄（沙河）公路与湘江平行，自西南向东北穿村而过。

公路两旁夹峙着绵延不高的丘陵和山冈，东西绵延的几个小山头与南北走向的公路形成了一个"十字架"。从东到西分别是：黄帝岭、尖峰岭、冲天凤凰岭、美女梳头岭、米花山、怀中抱子山。黄帝岭、尖峰岭在公路东侧，冲天凤凰岭、美女梳头岭、米花山、怀中抱子山在公路西侧。其中以南端的黄帝岭和怀中抱子山为最高，约有 300 米左右。山上长满松树和灌木，乱石混杂，形成了几个高高低低的天然阵地，还算是一个比较理想的阻击阵地。

只要守住脚山铺，就卡住了敌人进入湘江西岸的咽喉。一旦失守，湘军将沿着桂黄公路一路南下，与由南北上的桂军连成一片，中央红军将被蒋介石的 30 万大军彻底包围在湘江以东，生死存亡悬于一线。

红军构筑的临时野战工事

红一军团首长决定以脚山铺作为阻击阵地，摆开迎战湘敌架势。

左权建议：脚山铺一带地形呈南高北低的走势，北来的湘军由北向南攻，必然步步仰攻，节节上冲。我军则居高临下，层层抗击。因此，首先在鲁板桥、锄头田、带子铺、勾牌山、马鞍山一线，构筑前沿阵地。

然后在脚山铺构筑两道阻击线，即在北面较低矮的几个山头构起第一道阻击线，在南面较高的几个山头构筑第二道阻击线。两道阻击线前后呼应，犄角交替，形成一个支撑点式的防御体系，以击溃从正面和左右三面来攻的敌人。具体部署是：

第一道阻击线设在脚山铺至北面的小坪长约1公里的桂黄公路两侧的各山头上。由红1师担任左翼，兵力部署在公路西侧的米花山、美女梳头岭一线，以红2、红3团为主力，红1团为预备队；红2师担任右翼，部署于公路东侧的尖峰岭一线，同红1师右翼衔接成为结合部，以红4、红5团为主力，红6团为预备队，其中主力红4团暂时放在最高山峰怀中抱子山，与黄帝岭一起作为第一道阻击线的最后坚守阵地。

第二道阻击线阵地设在脚山铺以南的洛口、赤兰铺、白沙铺、水头、夏壁田一线，以白沙铺至夏壁田为左翼，由红1师进行阻击；白沙铺至洛口为右翼，由红2师扼阻。这一带虽然不是错落的山头阵地，但仍有一些丘陵坡地，山小村落多，地势平坦，一条宽约50米的白沙河由北向南与桂黄公路交叉，河东岸是一片开阔地，北进之敌必暴露无遗，这便是易守难攻之所在。

林彪和聂荣臻都表示赞同，命令各部抓紧修筑战壕、交通壕，还要修卧沟、跪沟，从山腰一直修到山顶，层层相通，向向相连，做到守有阵地，退有防线，既有效地打击敌人，又便于保存自己。

鉴于红1师主力尚未赶到，军团首长决定先将红2师的兵力集中部署在桂黄公路两侧，待红1师赶到后，再按原计划将红1师部署在桂黄公路西侧。同时以"十万火急"的电令，命红1师主力和红4团星夜兼程，火速赶到脚山铺。

兵法云：备前则后寡，备后则前寡；备左则右寡，备右则左寡；无所不备，则无所不寡。林彪深知其理，又补充道：我们现在能在这里投入战斗的不过3个团五六千人，要想守住这脚山铺周围方圆数十里的山山岭岭，力量显然是十分单薄，一定要精心组织，有序抗击，临阵不乱。通知部队不要过早还击，把敌人放到阵地前沿，然后再以十分密集的火力猛击，争取以突发的猛烈火力给敌人以最大的杀伤，"让敌人在阵地前尸横遍野，血流成河"。

此战事关红军的生死存亡。和彭德怀把指挥部设在离界首渡口不足百米的"三官堂"一样，林彪也把自己的指挥部安放在最前沿——第一道阻击线的米花山上，实行近距离指挥作战。

自从南昌起义中国共产党有了属于自己的军队后，在长期处于敌强我弱的劣势情况下，这支军队不仅没有被摧毁被击垮，反而不断发展壮大，与早期红军将领身先士卒、不怕牺牲的精神是分不开的。

常言道：狭路相逢勇者胜。当实力不及对手时，拼命往往是最好的解决问题的办法。

28日中午，湘军以一个前哨连向距全州十几公里的鲁板桥侦察前进。

担任警戒的红5团第1营见敌人不多，便悄悄放过他们。待到这股敌人进入尖峰岭脚下时，红5团政委易荡平指挥另两个营夹击包围，很快将其一举歼灭。

傍晚时分，湘军第16师再次向鲁板桥压过来。

在敌军优势炮火下，鲁板桥、锄头田、带子铺、勾牌山、马鞍山一带红军前沿阵地纷纷失守，红2师趁着夜色掩护，边打边撤，一步步退向脚山铺核心阵地。

入夜后，湘军不停地进行紧急调动、部署。从东北方向传来的军号声、汽车声、人喊马嘶声整整响了一夜……

一场殊死大战即将展开。谁也没有想到，此战竟会成为红军整个长征中最残酷的一次战斗，激烈的枪炮声持续响了4个昼夜，国共两党的千军万马混战在一起。

●红一军团的对手是不怕死的湘军

11月29日拂晓，红4团经过一夜的急行军，在团长耿飚、政委杨成武的率领下，从界首赶到了脚山铺。

土地革命战争时期，陈光与徐海东、邓小平在一起（左起）

红2师师长陈光连忙跑步迎上去，来不及问个寒暖饥饱，便把仍在喘着粗气的红4团官兵们带上公路两侧的怀中抱子岭阵地。

耿飚回忆道：

我们连晚饭都来不及吃，顺湘江旁的公路向北奔跑……我们赶到脚山时，天刚蒙蒙亮。陈光师长正焦急地等待在公路上，远远地向我们挥手示意，不等我们到达面前，就跑步引导着，带我们进入公路两侧的阵地。我便命令三营向左，由李英华同志指挥；二营向右，由杨成武同志率领；一营跟我在一起，摆在公路转弯处迎面的山坡上，布置成一个凹形的防御阵地。

林彪、聂荣臻反复叮嘱耿飚和杨成武：这片山岭一定要守住，否则部队将成为砧上鱼肉，任人宰割。

杨成武回忆道：

这一天清晨，天气晴朗，银霜遍地，秋风萧瑟，寒意袭人，我们站在觉山上，察看了周围地形。觉山，北距全县30来华里，它紧靠公路边；南面，离我军控制的湘江渡口50多华里。一条公路与湘江平行走向，公路两侧是起伏不平的丘陵，有几座互相孤立的山冈子，比较难守。连绵起伏的丘陵地上，长着疏密不匀的松树。觉山是扼守这条公路的高地，是敌人进入湘江的咽喉之地。我们要守住的就是这条通道。如今公路旁稻田里的庄稼已经收割，但树叶还没有脱落，满山的松树和一簇簇的灌木丛，约有一人多深，刚好成了我们的天然隐蔽物。看样子，我们一定要在这片山岭上守住，否则，山后一片平川，无险可守。

天渐渐亮了。团长耿飚同志和我把部队布置好了。他近来由于一直发病打摆子，忽冷忽热，面庞清瘦，身体虚弱。这时，我劝他在后面稍作小憩，我到前面指挥。耿飚同志却说什么也不肯，带着病也要站在自己的指挥位置上。

文中所说的觉山就是脚山铺。

黎明时分，脚山铺突然陷入了死一般的沉寂，对垒备战了一整夜的两军仿佛一下子在地面上消失了。作战经验丰富的耿飚和杨成武知道，敌人马上就要发动进攻了。

果然，天刚蒙蒙亮，湘军的4个师就开始轮番向脚山铺阵地猛攻。

迫击炮和德制新式卜福式山炮疯狂地向红军阵地轰击。隆隆的炮声打破了山野的寂静，呼啸的炮弹带着刺耳的尖叫声雨点般落在小小的阻击阵地。

阵地上顿时土迸石裂、断枝横飞、尘土弥漫、硝烟四起。整个大地都在剧烈的颤抖着，浓黑的烟云笼罩住了整个阵地，半边天也被染得浑沌一片。

猛烈的炮轰过后，敌人步兵越过缓坡矮岭，一直冲到红4团前沿阵地尖峰岭和美女梳头岭下的坡地结合部位，开始朝上仰攻。

坚守阵地的红军将士从尘土中钻出来，抖掉身上的断枝落叶，修复工事准备迎敌。

黑压压的敌人起初还弯着腰，边爬边盲目射击，后来见山上的红军毫无反应，他们都满以为被炸得差不多了，便一个个直起腰来，嚎叫着往山上冲锋。

当敌人距离前沿阵地只有三四十米时，从掩体工事中突然腾起的红军战士居高临下猛烈开火。与此同时，红军其他各团也同时向冲锋到半山腰的敌人发起了攻击。

敌人被打得措手不及，丢下数十具尸体后纷纷溃退下去。

大约过了十分钟，敌人卷土重来，投入更多的兵力再次向山上冲来，又被红军打了下去。就这样，敌人一批被打退了，另一批又冲上来。他们轮番进攻，几乎不留一点空隙。

红一军团的对手是不怕死的湘军。

湘人好勇，民风彪悍，士兵极能打仗，从湖南走出了太多的能征惯战的勇将。早在清末曾国藩、左宗棠、刘长佑、曾国荃等与淮军李鸿章争夺权势的过程中，湘军就以骁勇善战闻名军旅了。在镇压太平军时，湘军更是大出风头，为晚清政府立下了汗马功劳，素有"湘军老虎"之称。

当然，如今的湘军与过去的湘军不可同日而语，但血脉相连，风格相承，战斗力丝毫不亚于

清末湘军统领曾国藩

"中央军"的精锐。尤其此次是在他们家门口作战,更是恶如狼虎。在官长的教唆下,湘军士兵认为共军是来抢占他们地盘的,共产党共产共妻,见人就杀……

并不真正了解红军的湘军士兵竟都有了一种保卫自己领土,保卫妻儿老小兄弟姐妹的悲壮感。他们在官长的督战下,前赴后继,"嗷嗷"叫着向阵地猛冲,恨不能一口气把红军赶回湘江东岸。

其实,红军对湘军并不乏了解,在历次反"围剿"中屡屡谋面,早就熟知他们的顽强和凶猛。何况,红军中也有许多湘籍指战员。

这时,何键致电刘建绪:"督率主力务于全州、咸水间,沿河乘匪半渡而击灭之为要。"

见数次进攻均无功而返,刘建绪急红了眼,请求空军出动飞机助战。

随着越来越近的轰鸣声,10多架机翼上涂着青天白日徽标的黑十字式意制飞机穿梭在硝烟里,不时俯冲下来肆虐地扫射投弹,浓黑的硝烟从红2师的阵地上四处升起。轰炸过后,又是黑压压涌上来的敌军。

多年之后,两位亲历者竟不约而同地以"血战"为名,来描述这场令他们永远不能忘怀的战斗。

耿飚在《湘江血战》中回忆道:

清脆的防空枪声打破了冬晨清冷的寂静。十多架敌机每三架一组,黑鸦鸦地低空向我军阵地飞来,穿梭似地发起扫射轰炸,重磅炸弹的气浪震得我们耳鼓轰响,站都站不稳。翻卷的烟尘使人窒息。树木上弹痕累累,断枝残叶乱飞乱舞,树干被炸中后,立即纷纷扬扬落下一地劈柴。飞机倾泻完炸弹,对面山上敌人的大炮又开始轰击,一排一排的炮弹把觉山阵地重新又覆盖了一遍。炸断的树木枝叶一层层地落在我们的掩体上,把人都埋住了。

炮击一过,我们便从树枝堆里钻出来,修复工事,准备迎敌。

李英华同志爬过来,向我报告了一下伤亡情况。接着,杨成武同志带领二营跃入战位,并挨个嘱咐战士们靠近了打。

"追剿"红军长征的国民党军飞机

敌人靠近了，黑鸦鸦的一大片，像蚂蚁搬家似的，向山坡上爬来，还砰砰叭叭的盲目射击着，他们看看我们没有反应，便认为全被飞机大炮炸死了，督战指挥官先直起腰来，接着，士兵也停止了射击，肆无忌惮地向山上攀登。

敌人完全进入射程，我扣动扳机，撂倒一个敌兵，大喊一声："打！"

各种武器吐出了愤怒的火舌，敌人丢下一大片死尸，滚下山去。稍作调整后，敌人补充了更大的兵力向山上冲锋。这样三个回合后，我们乘胜发起反冲锋，把敌人赶得远远的，又从他们的死尸上拣回弹药。

刘建绪孤注一掷，重新组织空袭和炮击。恶毒的敌人使用了燃烧弹，凝固汽油弹溅得满山都是，被炸碎的树木燃烧起来，我们只能在火海里激战。

到了晚上，敌人的尸体越积越多。又一次羊群似的冲锋开始后，我估计敌人第一天的发作该差不多了，便下令把敌人放近，一阵手榴弹猛炸后，左右两翼发起反冲击，把残敌彻底赶出我们的防区。

……

这夜，临近几个山头不时爆发出枪声和爆炸声。我们知道，这是敌我的试探性接触。这些战斗很快就停止了。这说明双方形成对峙，预示着明天将有更大的战斗。半夜时分，我的疟疾又发作了一次，一阵猛烈的高烧和寒颤过后，双腿虚弱得一点力气也没有了，连蹲也不能蹲，只好坐在指挥所的地上。

师里连续发下好几个通报，告诉我们，当面敌人的确切兵力是9个团，而后来我们知道，那次我们阻击的实际上是整整15个团……

杨成武在《血战湘江》中是这样描述战斗之激烈的：

突然，传来了"嗡嗡"的飞机声。我抬头一看，嗬，真不少，少说有十来架。它们穿梭似地俯冲扫射，最后丢下一批炸弹，地上立刻掀起冲天的烟尘，震得我们身子直晃。

一批飞走了，一批又来了，这种情况一直伴着整个战斗过程。接着，对面山上的大炮响了，友邻部队和我们的阵地，立刻弥漫在一片火海之中，树林被打得遍体鳞伤，枝叶横飞。敌人在攻击以前进行炮击，这是常事，但是如此密集，如此猛烈，长征以来还不多见。耿飚同志和我站在阵地上，他指着灰土，诙谐地说："看，这么轰隆隆一震，把我的烟瘾，也赶跑了！"

"看来是一场恶战！"我说。话音未落，敌人从正面压过来了。

"嗬，还真不少！"李英华参谋长操起短枪跃入指挥岗位。我仔细一看，可不，黑乎乎的一片，像蚂蚁似的，直朝山坡上拥来，几乎把山坡都盖满了。而我们，整个

红军兵工厂的工具和制造的子弹

阵地还是一座沉默的大山。我们的弹药非常缺乏，缴获来的尖头子弹，全部集中给机枪使用，步枪则尽量使用自己的土造子弹。为了节省弹药，战前规定了各种枪的射击距离，现在，不管敌人怎样吼叫，我们还是沉着地等待着。

沉默，在沉默中，时间一分一分地悄然逝去。

沉默，在沉默中，敌人一步一步地向我们逼进。

沉默，对我们来说，是短暂的忍耐，出击前力量的积聚，可是，沉默对敌人，却是意外的侥幸；我们片刻的沉默，激起他们百倍的幻想，千倍的疯狂。原来，他们错误地认为，经过飞机轰炸，炮兵轰击，我们的有生力量存在不多了。于是嚎叫着，攻了过来，先是匍匐，以后是弯腰前进，最后干脆直起腰杆子冲过来，肆无忌惮地往上攀登。殊不知，我们沉默的枪膛里，都有一颗将置他们于死命的复仇的子弹。

草木纹丝不动，我们的心脏急促地跳动着，敌人完全进入了我们的射击距离。

"砰！"突然一声枪响。

随即，手榴弹、步枪一齐吼叫起来，重机枪"哒哒哒"地发出粗犷的声响，轻机枪也用清脆的嗓音加入了这场雄壮、激烈的大合唱。

敌人像被风暴摧折的高粱秆似的纷纷倒地，但是打退了一批，一批又冲上来，再打退一批，又一批冲上来，从远距离射击，到近距离射击，从射击到拼刺，烟尘滚滚，刀光闪闪，一片喊杀之声撼山动地。我们的短兵

红军机枪阵地

火力虽然猛烈，可是不能完全压倒数量上占绝对优势的敌人（事后知道，我们对付的敌人，是何键的16个团）。他们轮番冲锋，不给我们空隙，整整地激战一天，敌人死伤无数，我们也减员很大。

气势汹汹、不可一世的湘军连续多次冲锋受挫，打了大半天也没有攻下一个山头。

于是重新组织空袭和炮轰，并投掷燃烧弹。

红军前沿阵地山头上很快变成了一片火海。在"保卫党中央安全渡江"、"保卫苏维埃新中国"的口号声中，英勇的红军将士用血肉之躯抵挡住敌人一次又一次的疯狂进攻。

激战到黄昏，湘军退回到进攻出发地之后方的鲁板桥以北。战场上出现了短暂的静谧，双方都在准备迎接第二天更大的恶战。

杨成武回忆道：

夜幕降临了，这对激战的双方，都是短暂休整的机会。踏着清冷的月光，我和耿飚同志分别到各连看望战士。

阵地上静极了。只有秋风掠过树梢时发出的轻微的簌簌声，月色笼罩着灌木丛。松树林里，战斗了一天的战士，大都已经睡了，有的还发出轻轻的鼾声。是的，长久以来的战斗生活，我们都习惯了。敌人攻上来，狠狠地打，敌人一退，便倒在工事里睡上一觉，好以饱满的精力，迎接敌人的下一次攻击。

有几个伤员没有睡着，辛勤的卫生员还在给他们上药，换纱布。他们大都是刀伤和手榴弹伤，头部与上肢受伤的较多，而且伤势都很重。他们不哭也不叫，见我过去或点头或轻轻一笑，没有任何要求，没有任何怨言。突然，我的视线落在其中一个人的身上。

这不是小老表么？虽然他头上用布缠着，但我还能认清他那胖鼓鼓的脸蛋儿。卫生员告诉我，他除了头上有伤之外，胸部和腹部也负了重伤。我用手电照着他那昏迷的脸，果然，脸像黄表纸一样，鼻孔里的气息也很微弱。我不觉一怔。的确他伤情太重，已经非常危险了。卫生员正在作最后的抢救。

我弯着腰凑近他，摸了摸他冰凉的手。

他感到有人摸他，微微睁开眼来，见到前面站的是我，轻轻一笑。

"小老表，怎么样？"我问。

他无力地摇摇头，然后打起精神，用手抓住我，几次翕动嘴唇想说话，但是终于没有说出声音来。

我们望着他，想尽量说些话安慰他，但是说什么好呢？

这时，他终于挣扎着用微微颤抖的喉音，一边喘息着一边说："政治委员，往前走，打敌人，我…懂…了！"他的声音渐渐微弱，然后，从另一只手里递给我一颗子弹，说了声"打……"无力地昏过去了。

我一手握着他那递过来的还存留着他的体温的子弹，一手紧紧地握住他的手，说："小老表，你还有什么话要说么？"

他紧紧地闭上了双眼，再也没有说什么。我很少流眼泪，可是，这时我的泪水禁

湘江血泪

不住悄然而下。

　　红军战士，多么好的红军战士啊，为了无产阶级和人民大众的利益，为了祖国和民族的前途，英勇无畏地献出了自己的一切，直到他生命的最后一刻，他想的都不是自己，而是他信仰的革命事业。他的平凡而崇高的形象，至今仍留在我的记忆中。

　　我和团长回到指挥位置，心情焦急地向右后方望去。漆黑的夜，什么也看不见，唯有遥远的天空中缀着几点寒星。可是，在这墨染一般的夜色中，中央纵队和红军大部队正在绍水和界首日夜不停地抢渡湘江，跨越湘桂公路。而敌人则妄想扑向渡河点，封死湘江，切断湘桂路，实现他们在湘江两岸和湘江与潇水之间彻底消灭我红军的计划。我们绝不能叫敌人得逞！想到这里，我们立即通知各营，加强战前的准备工作。

　　随着太阳升起，我们迎来了又一个激战的黎明。

●身负重伤的易荡平举枪饮弹，杀红了眼的耿飚大吼：拿马刀来！

11月30日黎明前，红1师师长李聚奎、政委赖传珠率第1、第3团在完成潇水阻击任务后，赶到了脚山铺。

连续数日的激战，加上一夜的长途奔跑，红1师的将士们太疲惫了。队伍刚一停下，许多战士行装未解，倒地便睡，还有的战士站在原地就睡着了。以这样一支疲惫之师如何去抗击湘军的精锐？应该让他们歇息片刻。兵法云：避其锐气，击其惰归。

但军情如火，林彪深知战争需要理智，不是感情，只有控制住脚山铺，才能保障界首渡口的安全。于是立即命令李聚奎率部进入公路西侧阵地，以第3团协同第2团在米花山、怀中抱子岭一线设防，以第1团为预备队。

敌我双方都在投入兵力。

就在红1师到达脚山铺时，湘军也作出调整，在原来的进攻部队中增加投入了一个师的兵力，企图迅速突破红军的防线，而后与兴安南来之桂军对接，最后封锁湘江渡口，消灭待渡之红军。

天亮了，激战继续。湘军犹如一个红了眼的赌徒，用孤注一掷的疯狂，要倾尽全力摧毁红一军团的抵抗。

湘军的炮火比头一天更加密集更加猛烈，红军的所有工事几乎在顷刻间被炸得支离破碎，各团的基本指挥所也几乎找不到合适的固定位置，只好不断地转移，在转移中指挥部队凭借有利地形死守，相机进行反击。

红1、红2师与强攻不舍的湘军拼杀得惊天动地，打退湘军数次进攻，予以重大杀伤。阵地前，敌人的尸体越积越多。但在优势湘军连续的冲击下，红军伤亡惨重。

站在指挥所里的林彪目光冷峻地盯着前方硝烟四起的阵地。突然，他从望远镜里看到救护队冲上阵地去抢救伤员。

"笨蛋！"林彪嘴里骂道，转过身来对身边

红军女卫生员铜像

231

的参谋下令：

"去，立即叫救护队撤下来，这时候前去抢救只能是无谓的牺牲。"

"那阵地上的伤员怎么办？时间一久，他们就会流血过多。"参谋小声提醒道。

"现在顾不得许多了，伤员留在阵地上也是战斗力。我们需要的是守住阵地。"

说完，林彪又举起望远镜，把注意力集中到血肉横飞的阵地上，他的脸上冷静得不带一丝表情。

对他来说，温情是平常人的事，讲温情的人永远成不了统帅。

几次冲锋之后，湘军判断出红军兵力不足、弹药也不多，遂改变战术，一面继续对红军正面阵地进行轮番攻击，一面以大部队迂回至红军阵地侧翼，将红军的战线拉长，以便寻找薄弱环节予以突破。

不久，红军前沿阵地的几个小山头就相继陷入湘军之手。敌人占领了这些小山头，也就取得了向脚山主峰发起进攻的桥头堡。

激烈的战斗一直持续到下午，红军阵地已被敌人冲得七零八落，阵地前后，到处是红军将士的遗体，米花山失守了。

湘军将更多的后续部队投入战斗，以米花山为跳板，向美女梳头岭以东各山头发起连续攻击。

为避免被包围和减少损失，红1师遂主动放弃美女梳头岭，向红2师据守的怀中抱子岭靠拢。林彪和聂荣臻也只好将军团部转移到右侧的黄帝岭上。

这样，红2师第5团据守的右翼阵地尖峰岭便成为湘军下一个攻击的目标。

一场血战又开始了。

一阵又一阵炮火猛轰，一轮接一轮冲锋突击，湘军大有三两下就把尖峰岭翻过来之势。连续不断的攻势使红5团根本没有喘息的机会，渐渐抵挡不住了。

为保存力量，红5团只好放弃第一、第二道工事，退到了山顶上的最后一道工事拼死阻击。这时，团政委易荡平身边只剩下两个连的战士了。

湘军调整部署，从三面向尖峰岭阵地进攻。

林彪命令易荡平立即突围，向红4团阵地靠拢。但为时已晚，固守尖峰岭的两个连伤亡殆尽，易荡平身负重伤，为不当俘虏，用警卫员的枪对着自己头颅扣动了扳机。

聂荣臻在回忆录中写道：

五团政委易荡平负重伤。这时，敌人端着刺刀上来了。荡平同志要求他的警卫员打他一枪，警卫员泪如泉涌，手直打颤，岂能忍心对自己的首长和同志下手，荡平同志夺过警卫员的枪，实现了他决不当俘虏的誓言。

尖峰岭得手后，湘军分成三路向红 4 团坚守的黄帝岭发起了猛烈进攻。

此时已是 11 月 30 日午后，红一军团在脚山铺的阻击战已经打到了最为艰难的时刻。杨成武回忆道：

拂晓，我们正在战壕里吃饭，突然，传来了敌人的炮声。原来，敌人用了整整一天时间，攻不下我们的阵地，第二天，准备以更优势的兵力再次发起进攻。显然，他们改变了战术，不仅从正面加强了兵力、火力，轮番猛攻，并以大部队迂回我们整个阵地的侧翼，特别是用重兵向五团阵地施加压力。

战斗越来越激烈。情况越来越严重，前沿的几个小山头丢失了。我们知道，这不是由于我们的战士不勇敢，有的小山头是我们的战士全部阵亡之后，才落到敌人手里的。

敌人的后续部队源源开来，他们企图加强实力，攻占觉山，封锁湘江。

伤亡在增多，一个个的伤员从我们的面前抬过去。

经过激烈的战斗，传来消息，五团右翼阵地被敌占领，接着，右翼阵地的敌人便集中主要兵力往我们四团压来，向我们背后迂回。敌人从三面进攻过来，黑压压的一片，我们团的阵地处在万分危急之中……

黄帝岭，成为整个脚山战场的焦点。

湘军若攻占黄帝岭，则可居高临下有效地攻击红 1 师据守的怀中抱子岭和周围三四百米内的好几个山头，红军在脚山铺所有阻击阵地将由此而全线崩溃。

红军若守住黄帝岭，既可阻止敌人向南面及侧翼阵地推进，又能扼住岭下一侧的公路，挡住敌人大举攻进的通道。

这时，耿飚的团指挥所已直接暴露在敌人进攻的最前沿，身边只有 1 营。3 营则在 1 营的后面，而 2 营由杨成武指挥，正在公路右侧与敌激战。

湘军以 5 个团的兵力，分成左中右三路向黄帝岭发起了最猛烈的总攻击。战斗从一开始就打得格外残酷。耿飚回忆道：

尖峰岭失守，我们处于三面包围之中。敌人直接从我侧翼的公路上，以宽大正面展开突击。我团一营与敌人厮杀成一团，本来正在阵地中间的团指挥所，成了前沿。七八个敌兵利用一道土坎做掩体，直接窜到了指挥所前面，我组织团部人员猛甩手榴弹，打退一批又钻出一批。警卫员杨力一边用身体护住我，一边向敌人射击，连声叫我快走。我大喊一声："拿马刀来！"率领他们扑过去格斗。收拾完这股敌人（约一个排）后，我的全身完全成了血浆，血腥味使我不停地干呕。

耿飚

耿飚少时曾跟随父亲习武多年,体格健壮,身手不凡,但当时正患疟疾,身体虚弱,在这种情况下仍亲自参加战斗,可见战斗之激烈。

正在右侧阵地指挥作战的杨成武见 1 营渐渐不支,便组织 2 营赶去支援。不料在穿越公路时,杨成武被一颗子弹打中右腿膝下,血流不止,倒在公路上。

幸好,红 5 团 5 连指导员陈坊仁带着几名战士从尖峰岭上撤下来,拼死阻击正在进攻的湘军,救出了杨成武。

战斗从午后一直打到夕阳西下。经过一场接一场的惨烈搏杀,红 2 师终于守住了黄帝岭。这时,师长陈光亲自冲到前沿阵地上,指示耿飚放弃山下阵地,向黄帝岭收拢,以利更有效地拖住敌人。

耿飚马上把全团分成三批,且战且退,交替掩护,向后收拢到黄帝岭。这时,红 5、红 6 团也撤到了黄帝岭。

经过两天的鏖战,各团伤亡很大,有的达到半数,建制也早已经打乱。但左翼的怀中抱子岭仍然在红 1 师手中,右翼的黄帝岭依旧在在红 2 师手中。

夜幕降临了,激战一天的脚山铺渐渐地安静下来。被敌人占领的阵地上燃起了一堆堆篝火,如散落的幽灵从三面围绕着怀中抱子岭和黄帝岭。

● 何键的乘龙快婿险些抄了林彪的军团部

在红军主力部队中，红一军团擅长穿插迂回、分割包抄。打运动战、伏击战是林彪的拿手好戏。不料，"游击司令"何健的湘军穿插迂回起来更加凶猛。

11月30日夜，湘军乘着漆黑夜幕，以浓密的树林作掩护，突然对坚守怀中抱子山的红1师进行迂回。

为避免被分割包围，红1师师长李聚奎指挥部队放弃怀中抱子山阵地，撤退到西南方向的水头、夏壁田一带，红军左翼的脚山铺西线山头阵地全部落入敌手。

这样，红2师更显得孤立无援，坚守孤悬半围状态中的黄帝岭已经没有多大意义。师长陈光只得率部撤退到红1师右侧的珠兰铺、白沙一带，与红1师共同构成第二道阻击线。

这一带地形相当开阔，从湘江两岸直到西面一带大山，几十里内全是坡度很缓的起伏地，南低北高，高处满是幼松，低处尽是稻田。稻田已经收割完毕，原野显得十分空旷。很显然，这种地形对于拥有飞机重炮、由北向南攻击的湘军更为有利。

红一军团过去应付过无数困难的局面和包围，但总能先敌自主地决定自己的意志，取得支配战局的地位。现在眼见军团部队处于敌人迂回包抄之中，还需要像钉子一样坚守阵地，自己的野战机动性全部失去。如此窘境，林彪还是头一次遇到。

而此时，中央纵队仍然携带着几十个人才抬得动的山炮、制造枪弹的机床、出版报纸刊物的印刷机、成包成捆的图书文件、整担整担的苏区钞票……还在以每天十几公里的速度向湘江渡口缓慢前行。

面对红一军团历史上空前的严峻情况，在军团临时指挥所里，林彪、聂荣臻、左权彻夜未眠，冷静分析战场上的敌我态势。在对着摇曳昏暗的马灯反复思考了几个小时后，给中革军委拍发了一封十万火急的电报：

朱主席：
我军如向城步前进，则必须经大埠头，此去大埠头，须经白沙铺或经咸水圳。由脚山铺到白沙铺只二十里，沿途为宽广起伏之树林，敌能展开大的兵力，颇易接近我们，我火力难发扬，正面又太宽。如敌人明日以优势猛进，我军在目前训练装备状况下，难有占领固守的绝对把握。军委须将湘水以东各军，星夜兼程过河。一、二师明天继续抗敌。

这就是那封著名的"星夜兼程过河"的电报。

这封电报给中革军委带来极大震惊。行军过程中前后左右不间断的枪炮声，使军委纵队的人们已经明白局面的险恶。但未料想险恶到如此程度。

抗日战争时期，林彪（右一）、聂荣臻（右二）率部向敌后挺进

12月1日凌晨1点半，朱德给全军下达紧急作战令，命令"一军团全部在原地域有消灭全州之敌由朱塘铺沿公路向西南前进部队的任务。无论如何，要将汽车路以西之前进诸道路，保持在我们手中"。

两个小时后，为保证中革军委命令不折不扣地执行，中革军委副主席、红军总政委周恩来以中央局、中革军委、总政治部名义致电林彪、聂荣臻、彭德怀、杨尚昆。电文中出现了"我们不为胜利者，即为战败者"的语句，语气之沉重，措辞之严厉，为历来所罕见。

清晨6时，中革军委致电林彪、聂荣臻，通报战况："灌阳之敌三十日占领新圩，击溃我六师之部队并于追击中进至古岭头上林家之线。三十四师及六师二团被切断，八军团不知，五军团无联络，但我们估计主力已通过，可至麻子渡方向。四师一部在光华铺被敌截击。五师及六师尚未抵达。已令三军团在界首西南收集自己的部队，并扼阻敌人于界首西南并派小部于界首之东，另派出一团袭击光华铺之敌，万不得已时，一号晚经路塘向路江圩撤退。"

同时命令红一军团："特别是无论如何保持由白沙铺西进之路"，并指出"这是一军团撤退的主要道路……1日晚准备依此路撤退"。考虑到界首渡口的安危，电文给红一军团还另外加了一个任务——"必要时派出部队掩护界首"。最后又提醒林聂二人，"在1日整日应确时（实）保持与军委无线电联络"。

看完电文，红一军团的两位统帅都意识到红军已到了生死攸关之刻。一向沉稳的林彪下达了一道死命令：

"1日12时前，绝不允许敌人突破白沙铺！"

命令最后还附带着一句战斗动员口号：要记住我们是红军一军团！

拂晓，蒙蒙大雾翻卷着吞没了湘江。经过数日血战的脚山铺竟如死一般的沉寂，但这种平静是短暂的，湘军因为大雾推迟了进攻的时间。

雾气淡了一些，太阳昏蒙地露出了光线。湘军开始零星地往阵地上试射着冷炮，阵地在颤抖。炮火的气浪使浓雾激荡起来，似被撕碎的布片，偶尔会露出一线被炮弹翻耕过的山头。

攻占脚山铺阵地的湘军更是猖狂至极，在大炮、飞机的助威下，采取正面攻击与迂回包围的战术发动猛烈进攻。他们的指挥官也赤膊上阵，举着枪在后面督战。湘军好像是有刀枪不入的魔法，异常英勇无比，"嗷嗷"叫喊着向红军阵地冲上来。

一时间，湘江西岸红一军团10多公里的阻击线上，炮声隆隆，战火滚滚，喊杀震天。前面的敌人被打倒了，后面的敌人踏着尸体继续往前冲，冲上阵地的敌人与红军战士展开了激烈的肉搏战。阵地上已经分不清敌我，两军人马扭成了一团，搏杀达到了白热化程度……

这是生死存亡的一战，这是意志的较量。

仗愈打愈烈，红军伤亡越来越多，各个阵地都在吃紧，特别是红1、红2师的结合部。结合部左翼是黄永胜率领的红1师第3团，右翼是耿飚率领的红2师第4团。

湘军先向位于左翼红3团阵地发起猛攻，接连攻了9次，都被击退。这时，狡猾的湘军找到了红军防守的薄弱点，从红1师与红2师的接合部——长约5公里的朱塘铺楔入，试图完全隔断并孤立红1、红2师。

朱塘铺阵地一旦被突破，整个阻击线就会全线崩溃，湘军即可迂回到红一军团的后方，切断红一军团的后路。林彪把死守朱塘铺的任务交给了红4团。

经过几天的血战，红4团已不足千人，团长耿飚带病指挥，政委杨成武身负重伤，弹药也早就消耗殆尽，剩下的大都是土造的"再生子弹"。这种子弹漂移不定，很难击中目标。

面对不断冲过来的强敌，红4团只好组织一队队突击队向敌群发起反冲锋，冲入敌群与之肉搏、拼刺刀，以大无畏的英雄气概，阻住了强敌的推进。

正面阵地虽然守住了，却无法分兵去增援侧翼。湘军乘机以浓密的树林作掩护，从右翼迂回到红3团背后，包围了1营、2营。

红3团政委林龙发立即派参谋去洛口通知3营向团部靠拢，协助另两个营突围。1、2营指战员在团长黄永胜的率领下，全部枪上刺刀，排成散兵线，拼力向师部方向突围。他们在树林中与强敌拼杀了3个多小时，反复冲杀了12次，终于杀开了一条血路。一个营突出重围与红1、红2团会合，但另一营突错了方向，误入另一敌群，被敌分割成若干小股……

时任红3团党总支书记的肖锋在《十年百战亲历记》一书中写道：

这时，已是午后，狡猾的敌人见从正面无法向我进攻，就转向我团与二师结合部进攻，迂回到我团的背后，然后从三个方面夹击我团，我团陷入了重围……其时，我团三营已猛力向西杀出重围，与一、二团会合。我团剩下两个营，在敌人的重重包围中，我们用刺刀对刺刀，与敌白刃格斗了两个多小时，杀伤数百敌人，才突出第一道包围圈。我们转移不到半里地，敌人又从四

红军长征到达陕北后，毛泽东（前排左二）、朱德（前排左三）、林彪（前排左四）与红军大学部分人员在一起

面八方围拢上来……生死的斗争一直坚持到午后二时，在红二团的援助下，我们才冲出了敌人的十二道重围。

当我们疾奔十多里，撤到咸水背面一带时，两个营一千多人的队伍这时只剩下六百多人。同志们浑身上下，血迹斑斑；身上的衣服都变成了布条，有的鞋子也跑掉了。

脚山铺之战，是一场名副其实的血战，是红一军团从未经历过的最残酷的战斗，就连军团长林彪也为眼前的战局深感震惊。

聂荣臻回忆道：

十二月一日，是战斗最激烈的一天。凌晨，敌人在敌机狂轰滥炸之下，更加嚣张地向我进犯。而总参谋部命令我们在本日十二时前，要保证决不让敌人突破白沙河，使总部和全野战军能顺利地渡过湘江封锁线。敌众我寡，但在"一切为了苏维埃新中国"的口号下，我们的士气惊天地而泣鬼神。于是在二十多里的战场上，炮声隆隆，杀声震天。在茂密的丛林间，展开了生死存亡的拼杀战。

开始，敌人猛攻三团阵地，三团连续打了几次反冲锋。敌转而猛攻我一、二师的接合部，终于被敌突进四五里地，并迂回到三团背后，包围了三团两个营。一个营当天奋勇地突出了重围，和一、二团会合。一个营突错了方向，反而突入敌群，被分割成许多小股，在班、排长和党的支委小组长带领下，两天以后多数人归回了自己的部队。敌人在我接合部突破以后，二师也有被包围的危险。因为二师部署靠外，他们当机立断，命令守白沙的团队将敌人坚决顶住，这个团打得非常顽强，他们硬是凭着刺刀，将来势汹汹的敌人顶住了，其他两个团才撤出向西边的大山靠拢。

湘军历来以凶悍闻名，而红军更是不畏死战之师。两军的阵地已经全部摧毁，两军的官兵也相互搏杀在一起。子弹打光了，就用刺刀拼；刺刀拼弯了，就用枪托砸；枪托砸烂了，就用石块打；石块扔光了，用拳头、用牙齿……一切可以想到的致敌于死地的"武器"统统用上了！

此时此刻，湘江渡口则是另一番惨烈景象。

渡江部队正冒着国民党飞机疯狂的轰炸扫射，跑步通过临时搭建的浮桥。红军将士的鲜血已经染红了碧绿的江水，湘江竟成了一条血河。

战至中午，一股敌人突然迂回到了位于脚山铺南面隐蔽山坡上的红一军团指挥部门口。

警卫员邱文熙跑进来大声喊：

"敌人摸上来了！"

正在吃饭的林彪和左权吃了一惊，连忙放下饭碗。

聂荣臻有些不相信：

"你没看错吧？恐怕是我们的部队上来了吧……"

邱文熙急得直摇头：

"你看嘛！"

聂荣臻顺着他的手势向远处一望，果然是黑压压一片敌人，手端着清一色的奉天造刺刀，明晃晃地直逼过来。

林彪急了，霍地拔出了手枪，大声吼道：

"凡有战斗力的，不管是炊事员、饲养员，全都上去！"

左权丢下饭碗，操起枪去指挥警卫部队。军团指挥所瞬间成了战斗最前沿，军团指挥员眨眼变成了普通战斗员。

聂荣臻也拔出了手枪，一面组织部队就地抗击，并让人赶紧撤收电台，向一个山隘口转移；一面命令警卫排长刘辉山到山坡下通知红2师刘亚楼的政治部向预定方向紧急转移。

关键时刻，警卫排一个冲锋，硬是把敌人堵住了，没让敌人抄了林彪的军团部。

军团部差点儿被敌人连窝端掉，这可是没有过的事。一向沉稳的林彪发火了，当即追问：这股敌人是从哪个缺口进来的？

"是西城。"作战参谋回答。

"西城"是红1师第4团的代号。

牺牲在抗日前线的左权

林彪厉声命令军团政治保卫局局长罗瑞卿带人去红 4 团查明原因，若是临阵退缩或有意纵敌，就军法处置。

罗瑞卿提上枪，带着执行小组来到红 4 团阵地。

刚刚指挥战士们打退敌人一次猛烈进攻的耿飚，正裹着毯子，大口喘着粗气。见罗瑞卿到来，不由得心中一惊。要知道在当时"左"倾路线占统治地位时期，谁在作战中稍有犹豫就会被认为是动摇而受到审查，轻则撤职，重则杀头。在战场上，尤其是战斗失利的时候，保卫局长找上门来，大多是不妙的。

罗瑞卿大声问道：

"怎么搞的？为什么丢了阵地？四团不应该有这样的事嘛！"

"你看嘛！全团伤亡过半，政委负伤，我这个当团长的已经拼开了刺刀，敌人兵力处于绝对优势，一个团抵挡 10 多里的正面战场，接合部失守，也是战士全部牺牲后才发生的。"耿飚委屈地答道。

听他这么说，罗瑞卿态度稍稍缓和，接着追问：

"指挥打仗为什么要披毯子，这像什么样子？"

耿飚的警卫员认识罗瑞卿，赶紧解释说：

"团长正在打摆子，是我给他披上的。"

罗瑞卿这才把枪收起来，温和地说：

"刚才有股敌人从你们这儿冲过去直插军团指挥部，军团长和政委险些当了俘虏，你们说玄不玄？"

耿飚听后也惊出一身冷汗，立即亲自组织突击队，堵住被敌人打开的缺口，又用一个营的兵力兜击突进来的那股敌人，使防线很快恢复稳定。

这次战斗给林彪留下了难以磨灭的印象。

1942 年 5 月，八路军副参谋长左权牺牲在抗日前线。许多年后，林彪写了一篇声情并茂的《悼左权同志》：

多少次险恶的战斗，只差一点我们就要同归于尽，好多次我们的司令部投入了混战的旋涡，不但我们的前方是敌人，在我们的左右后方也发现了敌人，我们曾各亲自拔出了手枪，向敌人连放，拦阻溃乱的队伍向敌人反扑。子弹、炮弹、炸弹，在我们前后左右纵横乱落，杀声震彻着山谷和原野，炮弹、炸弹的尘土时常落在你我的身上，我们屡次从尘土浓烟里滚了出来。

文章落笔处，他眼前一定出现了湘江那场血战。

差点儿抄了林彪军团部的这股敌人是湘军第 16 师，而指挥该师的是何键的女婿、时任湖南省保安代司令兼第 19 师师长的李觉。

李觉，号云波，又名淑志。国民党陆军中将。1900 年生于湖南长沙。1913 年考入北京陆军第一预备学校。毕业后到山东边防军第 2 师当入伍生。不久，直皖战争爆发，段祺瑞战败倒台，这支新军也就随即解散。李觉回到长沙，入湘军第 1 师第 2 旅第 3 团当排长，深得团长唐生智的器重。

1921 年，唐生智亲自选派李觉到保定军官学校第 9 期深造。1922 年 5 月毕业后回原部队任连长。

据说李觉刚当连长时，年纪轻轻、嘴上没毛，整个一白面书生，手下士卒多是打过很多仗的兵油子，并不服这个学生官。

无奈之下，李觉竟然采纳了唐生智出的馊主意，拿烧热的老姜抹嘴唇，说是这样能快

位于湖南衡山的灵芝泉。游泳池是何键为他女儿所建

点长出胡子来，长出胡子就显得不那么嫩了，底下的兵好服你。最后兵还是服了他，当然不是因为他有胡子，而是他出色的军事指挥才能和勇猛顽强的战斗意志。

1924 年，李觉调任第 9 旅第 27 团营长，归属何键部下。何键也非常喜爱李觉。后经唐生智的从中撮合，何键将长女何玫嫁给了李觉。从此，李觉以唐生智的得意门生、何键的乘龙快婿的身份，步步高升，成为湘军主将。

与何键、刘建绪一样，李觉在湘江一役中异常勇猛。据国民党《陆军第十六师于全县觉山沙子包一带剿匪各役战斗详报》记载：

本师奉李代保安司令命令：除以一团仍固守寨墟相机出击外，其余附山炮一门、步兵炮两门，于（十一月）二十九日晨，分由飞鸾桥、小水洞出发，向全兴公路攻剿前进。李代保安司令率补充各团及陈旅（欠一团），在本师后跟进策应。

（三十日）师长（章亮基）指挥第四十六旅附山炮一门，步兵炮两门，沿全兴公路向沙子包、觉山一带攻剿。我李代司令仍率补充团沿公路跟进策应，并令陈子贤旅（欠一团）向漓水公路间地区搜剿前进，掩护我左侧安全。……我各部与匪相互冲锋肉搏，战斗至为惨烈。正激战间，李代司令率补充团赶到，遂派兵一部向匪右侧急袭，我空军同时向匪轰炸。迫至酉刻，我各部官兵虽伤亡甚众，而战益奋勇。

　　本日（十二月一日）拂晓，我李代司令率补充各团附炮兵，沿公路向朱兰铺、白沙铺攻剿。本师第四十八旅附第九十三团，向刘家、严家之匪攻剿。师长率第四十六旅沿公路跟进策应。自辰至午，战斗极烈。我军在飞机炮火掩护之下，勇猛冲击，前仆后继……

　　历史给李觉开了一个不大不小的玩笑。
　　15 年后的 1949 年 8 月，林彪率领中国人民解放军第四野战军以雷霆万钧之势直

逼湖南。时任湖南"绥靖"副司令的李觉却再也没有了当年在全州脚山铺包抄林彪军团部时的勇猛，转而积极协助程潜、陈明仁举行起义，湖南遂和平解放。

　　起义后，李觉先在湖南省人民政府任职，后调全国政协工作。粉碎"四人帮"后当选为全国政协常委，晚年与夫人何玫在长沙过着安静舒逸的生

1949年8月，第四野战军进驻长沙市

活，直至 1987 年逝世。
　　李觉在《何键部阻截红军纪实》一文中是这样写的：

　　当我率领第十九师到达永州时，中央红军已通过广西全州向川黔边境前进。原来指定沿湘江设防的各部队，也才到达指定地点，尚未开始构筑工事。这时，由薛岳、周浑元所指挥的几个跟追纵队的先头部队，已通过我们集中的地点，在红军后尾紧追。因而湖南方面可说是松了一口气，就开始把各师在衡阳、郴州、宝庆一带分别集中，稍事休整；同时派出一部分部队，帮助汝城、宜章、临武、道县、永明一带的地方团队，对红军经过的地区作所谓"清扫战场"的工作。

　　永州，即零陵，距全州 200 余里。李觉说他率领的第 19 师"士气不高，行动缓慢"，在 200 多里外眼看红军突过湘江防线的。
　　当时，第 19 师的确留在何键身边，没有赶到全州前线参战，但这并不能说明第

19 师师长李觉没有上前线。实际上，李觉是在有意无意间极力回避他曾在全州指挥对红一军团实施攻击这一事实。

其实，这也情有可原。毕竟，湘军在脚山铺给红一军团造成了极大的伤害，要李觉以起义将领的身份讲出来，其内心的苦衷可想而知。

1934 年 12 月 1 日，是湘江战役的最后一天，也是红军两翼掩护部队战斗最激烈、最残酷的一天。

红一、红三军团在两侧死顶，红五军团在后面硬堵，红军勇士们在"一切为了苏维埃新中国"的口号下，与强敌展开了一场惊天地泣鬼神、决定生死存亡的拼杀战，硬是用血肉之躯筑成钢铁长城，在狭窄的地域中堵住了 20 多万国民党军的围攻，保障中央领导机关安全渡过湘江。

几十公里的阵地上炮声隆隆，杀声震天，仗越打越激烈，红军的伤亡也越来越多。

接近中午时分，渡过湘江的军委纵队已穿越桂黄公路进入越城岭山区，后续部队除红五军团第 34 师和红三军团第 18 团外，其野战部队基本过江完毕。

至此，红一军团在脚山铺的阻击任务基本完成，林彪、聂荣臻一直绷紧到极点的弦终于得以松弛，立即命令红 1 师经木皮口、鹞子江口，红 2 师经庙山、梅子岭、大弯，交替掩护，边打边撤，直向西边的山隘口，朝着越城岭的西延大山转移。

就在部队开始向后撤退时，聂荣臻从后续部队那里得知彭绍辉和萧华率领的少共国际师还在湘江的东岸，顿时焦急万分。

少共国际师是 1933 年 8 月在中央苏区博生县（今宁都）成立的，下辖第 43、第 44、第 45 团，共 1 万余人，归红一方面军总部直接指挥。全师平均年龄不到 18 岁，就连师政委萧华也只有 17 岁。还有许多年仅十四五岁的红小鬼，人都没有枪高，起初是用各自带来的红缨枪，后来才陆续开始练习射击、投弹、刺杀等技术。

1934 年春，改称第 15 师，归红五军团建制（6 月转隶红一军团），彭绍辉接替陈光任师长。但人们仍习惯地称之为"少共国际师"。

第五次反"围剿"中，少共国际师经过大大小小数十次战斗，在石城保卫战后人数锐减至 5000 人。虽在长征出发前夕紧急补充了 2600 名新兵，但在途中不断有损失，到湘江战役前，全师只剩下 5000 余人。

很显然，在这种严峻关头，这支娃娃兵多、新兵多、战斗力不强的年轻部队靠自己的力量是无法突破敌军封锁、渡过江的。

聂荣臻当即建议林彪派出一个团将少共国际师从湘江对岸接了过来，保住了这支新生力量，也从敌人的魔爪下救出了两位勇冠三军的战将。

从 10 月 28 日起，红一军团第 1、第 2 师与湘军在脚山铺鏖战了近四天三夜，伤亡惨重。红 4 团政委杨成武、红 5 团团长钟学高负伤，红 5 团政委易荡平等千余人牺牲，两个师损失近四千人，以红3团损失最大。

肖锋在日记中写道：

> 晚上一查点，全团折损一半，不少同志都痛哭流涕。炊事员挑着饭担子，看到香喷喷的米饭没人吃，边走边哭。……这是我到三团后第一次大损失。从中央苏区出征时，我团是两千七百多人，现在仅剩下八、九百人了。

70多年后，一位广西记者来到了脚山铺，采访了一位曾见证过这场血战的老人。他叫王寅修，已经90多岁了。老人回忆说：

少共国际师主要是由苏区少年先锋队组成的

> 红军在脚山铺一带打了三天三夜，他和红军呆了两天两夜。敌人有飞机大炮，红军的枪不好，很短，有些子弹头还是竹子和木头做的。子弹打出去，"叭"的一声飞出不远就落在了地上。这场战斗，有的部队整连整营的全拼光了。

> ……红军撤走后，米花山山槽里牺牲的战士垒成了堆，仅一个米花山就有上千人，都来不及埋葬。因为山上有太多尸骨，村里人好久都不敢上去。不久，山上不知为什么起了一把大火，烧了三天三夜，把半边天都烧红了。

尽管如此，但红一军团还是完成了掩护军委纵队及后续军团抢渡湘江的任务，在历史的丰碑上写下了悲壮而又辉煌的一笔。

壮士扼腕

数万红军将士以鲜血和生命突破了国民党军第四道封锁线，
湘江成为一条血洗的河，
打得最苦的当属作为全军后卫的董振堂的红五军团。
这是一支由宁都起义的冯玉祥西北军改编而成的红军主力军团，
作风顽强坚韧、善打阻击。
为掩护军委纵队和红军主力迅速渡江，
董振堂紧咬牙关，
凄然而悲壮地指挥着红五军团的将士们苦苦地支撑在后面，
像一道铁闸般紧紧堵住尾追之敌。
红三十四师被阻隔在湘江东岸，
演绎了这支英雄部队的最悲壮的绝唱。
身负重伤的师长陈树湘宁死不做俘虏，
用力扯断了自己的肠子。
最后过江的红八军团损失最为惨重，
这支几乎全部用新兵组建的、
毫无战斗经验的部队，溃不成军，
折损五分之四，只剩下一千余人，
被迫取消番号。军团政治部主任罗荣桓徒涉过江后，
回头一看，
不禁热泪盈眶——身后只剩下一个年龄很小的小红军，
肩上居然还扛着一架油印机……

●悲壮的后卫军团

1934年12月1日，是中央红军突破湘江的最后一天。

担任右翼掩护的红一军团第1、第2师在全州脚山铺，死死挡住了湘军4个师的轮番进攻；担任左翼掩护的红三军团第5师在灌阳新圩，第4师在兴安界首光华铺，与桂军的4个师捉对厮杀。

界首渡口，宽阔的江面上，浓烈的硝烟中，红军将士们穿着早已磨破的草鞋，匆忙行走在临时搭建的浮桥上。头顶上，几十架敌机在肆虐地轰炸、扫射，行进的队伍中不断有人倒下，被冰冷的江水卷走，红军战士的遗体几乎阻断了江流，血水染红了整个江面……

那一天，湘江是一座血肉铸成的丰碑。

那一天，湘江是一条血洗的河。

大地在哭泣，山岳在摇撼，细雨寒风在哀号……从此，当地有了"三年不饮湘江水，十年不食湘江鱼"的说法。

1日下午5时许，中共中央、中革军委和红军大部主力渡过湘江，摆脱了敌人的追堵，转向越城岭山区，宣告从11月28日凌晨打响的湘江战役结束。

这是蒋委员长最辉煌的战绩，也是红军战史上最悲壮的一页。数万红军将士血染湘江，以鲜血和生命突破了国民党军第四道封锁线，挫败了蒋介石寄予厚望的歼灭红军于湘江东岸之企图。

红军两个战斗力最强的主力军团在湘江两岸浴血奋战了四天三夜，付出了巨大代价。其中，红一军团第1、第2师损失了近4000人，第15师——也就是著名的少共国际师——只剩下了2700多人，被迫撤

湘江血战（油画局部）

销番号；红三军团第4师损失了1000多人，第5师也损失了2000余人，第6师第18团更是全军覆没，红5、红6师因基本上不成建制，各缩编为1个团。

作为全军殿后的红五军团，更是伤亡惨重。

在中央红军里，除林彪的红一军团、彭德怀的红三军团外，董振堂的红五军团是另一支能征善战的主力部队，是由宁都起义的国民党第二十六路军改编而成的。

国民党第二十六路军前身是冯玉祥的西北第1集团军。早在大革命期间，中国共产党创始人之一的李大钊就曾应冯玉祥之邀，派遣一批共产党员进入该军开展革命工作。

1926年，冯玉祥任命共产党员刘伯坚为国民联军（即西北军）总司令部政治部副部长。陈延年、宣侠父、刘志丹、邓小平等一大批著名的共产党人也曾先后在这支部队里工作，宣传革命思想。

1930年10月，冯玉祥联合阎锡山反对蒋介石的中原大战失败，其第五路军3万余人被蒋介石收编为国民革命军第二十六路军。

3个月后，蒋介石发动对了中央苏区的第二次"围剿"。一心想翦除异己的蒋介石再次使出"借刀杀人"之计，将第二十六路军从山东调入江西反共前线，充当"剿共"急先锋。结果在1931年5月的永丰中村战斗中，该部第27师的1个旅遭红军重创，几乎全军覆没。这对第二十六路军的官兵震动很大。

第三次"围剿"中，蒋介石将第二十六军编入

中原大战爆发后，东北军入关援蒋、驰抵天津

第二军团，由右翼集团军总司令陈铭枢指挥，进驻宁都一带。"围剿"失败后，其他各路军都相继撤出了中央苏区，唯独第二十六路军仍被蒋介石留在已处于中央苏区包围中的宁都县城驻守。对此，第二十六路军怨声载道，军心动摇，同时也更加认清了蒋介石欲借红军之手翦除异己的丑恶嘴脸。

"九·一八"事变后，面对日军大举入侵，蒋介石倒行逆施，执行卖国不抵抗政策，把大好河山拱手送给了日本侵略者，激起了全国人民的极大愤慨。第二十六路军的广大官兵要求停止"剿共"，北上抗日，但遭到了蒋介石的断然拒绝。

残酷的现实教育了第二十六路军全体官兵。中国共产党抓住时机，因势利导，在第二十六路军中积极开展兵运工作，先后发展了参谋长赵博生等20多名党员，并争取了该部第73旅旅长董振堂、第74旅旅长季振同及团长黄中岳等上层军官转向革命。

1931年12月14日，第二十六路军1.7万余人在赵博生、董振堂、季振同等人的率领下，发动了宁都起义。起义部队被改编为中国工农红军第五军团，归红一方面军建制。季振同任总指挥，萧劲光任政治委员，董振堂任副总指挥，赵博生任参谋长，刘伯坚任政治部主任，下辖第13、第14、第15军，董振堂、赵博生、黄中岳分别兼任各军军长。

1932年6月，董振堂接任红五军团总指挥，赵博生任副总指挥。先后参加了赣州、漳州、南雄水口、乐安宜黄、建黎泰、金资等战役，以及中央苏区第四、第五次反"围剿"作战。红五军团英勇作战，屡立战功，逐渐成长为一支劲旅。

1937年，毛泽东(左三)等领导人同参加宁都起义的部分人员在延安合影

军团长董振堂，字绍促，1895年出生在河北新河西李家庄的一个农民家庭。

20世纪初的中国正处于令人难熬和困惑的沉闷岁月。腐朽的清王朝寿终正寝，取而代之的民国依旧没有使中国获得新生。中华民族所期待的独立、民主和共和不仅没有到来，相反，"二十一条"的签订、袁世凯恢复帝制、张勋复辟、各路军阀混战，这一幕幕丑剧却是愈演愈烈。沉重的失望代替了美好的希望。在残酷的现实面前，觉醒的中华儿女开始探索新的救国出路，董振堂就是其中之一。

1917年，董振堂以优异的成绩考上了北京清河陆军中学。1923年夏从保定陆军军官学校第9期炮科毕业后，拒绝了直系军阀吴佩孚的邀请，与同学何基沣一道来到了冯玉祥的西北军，历任排长、连长、营长等职，参加了冯玉祥发动的北京政变。

1926年，在与奉系军阀作战中，董振堂指挥陆炮营击毁了奉军的装甲列车，被提升为团长，旋即任国民联军第4师第12旅旅长。北伐战争中，董振堂率部进入湖北，直插直系军阀吴佩孚的心脏地区，并在樊城一举歼灭吴佩孚的司令部和警卫营。因战功卓著，董振堂升任国民革命军第 2 集团军第 36 师师长。

1930 年，董振堂率部参加了反蒋的中原大战。失败后，所部被改编为国民党军第二十六路军第 25 师第 73 旅，董振堂任旅长。

出身旧军队的董振堂为人正直，怀有一颗救国之心。在被调到江西"剿共"后，对蒋介石竭力推行"攘外必先安内"的反动政策极为不满，对中国共产党"停止内战、一致对外"的抗日主张深表赞同，思想上日益倾向革命。

因此，虽身处"剿共"一线，董振堂却采取了消极反蒋的策略，出工不出力，甚至编造一些假情报应付蒋介石，死活就是不肯与红军交战。蒋介石知道后，怀恨在心，准备对第二十六路军及董振堂等人下手。

在中国共产党第二十六路军特别支部的积极争取下，董振堂毅然与赵博生、季振同等人在宁都高举反蒋义旗，率部参加红军，从此开始了他一生中的重大转折。

与大多数红军将领不同，董振堂是从国民党军队中起义过来的。虽然起义后不久就加入了中国共产党，但在当时"左"倾思想盛行、"左"祸猛于虎的中央苏区里，有这种特殊历史背景的人，常常会因言语行动的稍有不慎，遭到怀疑，甚至是残酷斗争和无情打击。

与董振堂一同领导宁都起义、红五军团的首任总指挥季振同，就是于 1932 年 8 月在肃反扩大化中被"左"倾领导人定为反革命分子，而遭解除军职，关押起来的。1934 年夏，在长征前夕被秘密杀害于江西瑞金叶坪。

投身革命后的董振堂对党组织和上级交给的任务，都是坚决执行，从不讲条件，尽心尽责地去完成。他毕业于正规的军事院校，接受过系统的军事训练，作战指挥认真细致而又果断勇敢，尤以打防御战见长。

红五军团军团长董振堂

1932 年 5 月，广东军阀陈济棠派余汉谋率粤军第 1 军主力约 19 个团的兵力，大举进犯赣南苏区。

6 月底，红一方面军决定在粤北南雄地区与粤军决战。7 月 6 日，董振堂奉命率红五军团佯攻南雄，遂即转兵水口，与红 3 军一起围歼粤军第 4 师。

战斗中，董振堂身先士卒，奋勇杀敌。在红一、红三军团等部的密切配合下，一举击溃敌军 15 个团，打出了红五军团的声威。战后，中华苏维埃共和国临时中央政府授予董振堂红旗章。

1933 年 2 月，董振堂率红五军团参加中央苏区第四次反"围剿"作战。巧合的是，这次的对手是他的"小师兄"——蒋介石的心腹爱将、国民党第18军军长陈诚。

论年龄,生于1898年的陈诚要比董振堂小3岁,是小老弟;论师承,陈诚是保定陆军军官学校八期生,却要比董振堂高一届,是师兄。

此番陈诚出任中路军总指挥,率中央军嫡系精锐12个师近70个团16万之众,可谓兵强马壮,好不威风,企图将红军主力歼灭于黎川、建宁地区。

谁知,在这场同门大战中,"小师兄"被"大师弟"狠狠地教训了一番,颜面尽

宜黄县黄陂蛟湖。第四次反"围剿"中,红军在此设伏全歼国民党军第59师

失。红五军团先在黄陂设伏,与红22军等部一起围歼蒋介石嫡系主力第59师,生俘师长陈时骥;随后又在东陂草台岗一役中,与红一、红三军团密切配合,歼灭陈诚的发家部队、国民党王牌军——第11师大部,击毙师长肖乾。

在第五次反"围剿"斗争中,董振堂与他所指挥的红五军团再次经受了血与火的洗礼,逐渐成熟起来,成长为红军的一支主力军团。

这也许正是长征中红五军团担任全军后卫任务的原因。

●陈伯钧回忆道："那时渡过多少就是多少，过不去就丢掉了"

当时，红五军团下辖第13、第34师，每师下辖3个团，共1.2万余人。军团长董振堂，政治委员李卓然。按照博古、李德等人的部署，董振堂率红五军团担任后卫压阵，走在全军的最后面。

就在中央红军长征前，中革军委总参谋长刘伯承因指责洋顾问李德的瞎指挥，被连贬数职，调任红五军团，接替曹里怀任参谋长。

刘伯承是红军中一位既有高度军事理论修养又有丰富实战经验的优秀将领，早年曾在苏联伏龙芝军事学院学习过，说起来还算是李德的校友，了解李德的一些底细。因此，他对李德的指责就更有针对性和杀伤力。

李德在独揽红军指挥大权后，真是"殚精竭虑"，大事小情一概过问，可谓事必躬亲。这使得刘伯承，这位中革军委的总参谋长竟无事可做，只能管管红军学校和后方医院一类的工作。

很快，刘伯承就发觉这位军事顾问的指挥不对头，不符合红军的实际，但当时李德、博古等人一手遮天，不容许别人提半点反对意见。在这种情形下，刘伯承只能采取敬而远之的态度。每当李德到前线视察时，身为总参谋长又精通俄语的刘伯承理应陪同，但总是找个借口避开。在任军委总参谋长的那段时间里，刘伯承一直在默默地排除李德、博古等人的干扰，致力于游击战术经验的总结和推广。

川中名将——刘伯承

对刘伯承的不闻不问，李德口中不说，心里高兴。这下正好，免得干扰自己一心一意推行堡垒战法。可刘伯承万不该到处宣传毛泽东的那套战略战术，这是他决不能容忍的。于是李德总是借故找茬儿，要给刘伯承点颜色看看。

一次，李德"屈驾"来到总参谋部，当面训斥刘伯承：

"你怎么可能在伏龙芝学习过？你的水平还不如一个作战参谋！你白白浪费了在苏联的时间。"

机灵的伍修权怕双方闹翻，只简单地翻译说：

"李德同志的意思是说参谋工作做得不周到。"

大度的刘伯承哈哈一笑：

"你是个好人啊！他骂我的话你没有翻译。"

在红五军团营以上干部大会上，刘伯承用生动的比喻，形象而深刻地概括了第五次反"围剿"战略战术上的失策：

"同志们，我们这次反'围剿'，不叫打仗，叫'挡仗'，敌人呢，也不叫打仗，叫'滚仗'。敌人凭着他优势的兵力、现代化的装备，像个大石滚子滚过来，我们还硬要去挡，当然要吃亏啰。"

刘伯承继续分析道：

"任何军事家都懂得，知己知彼，才能百战百胜。我们和蒋介石打仗，是弱军对强军的作战。蒋介石控制了全国的地盘，有几亿人口、几百万军队；而我们中央革命根据地只有300万人口、十几万红军。可是有的人就是不承认这个现实情况，不顾条件地要'御敌于国门之外'，要和人家打正规化的阵地战。这样一来，实际上把主动权送给敌人，使自己置于被动挨打的地位。一年来的战争事实证明，我们红军的广大干部和战士是英勇善战的，但是我们的战略战术有问题，需要改变。"

长征到达陕北后的刘伯承（前排右二）

这些话传到了李德那里，从此便把刘伯承恨得咬牙切齿。红军长征前，李德毫不留情地把刘伯承列在留守人员名单里。据说，后来由于周恩来做了工作，刘伯承才又被列入到长征的名单中。

自撤离中央苏区后，红五军团面对的尾追之敌是中央军薛岳所部吴奇伟、周浑元两个纵队的9个师。红五军团顽强地抗击着，打阻击，走夜路，吃不好，睡不成，边打边走，边走边打，艰苦至极。

所幸的是，蒋介石给薛岳的命令是"第六路军以机动穷追为主，匪行即行，匪止即止，堵截另有布置"。他一心想让粤、湘、桂等地方军阀打头阵，充当"追剿"红军的急先锋，好坐收渔翁之利。

薛岳自然心领神会，指挥中央军的9个师在后面虽紧追不舍，但不知是有心还是无意，总也"追"不上，与红军保持着一至二天的距离。因此，红五军团一路杀来，连过三道封锁线，并无太大损失。

然而进入湘桂边境后，形势急转直下。蒋介石已调集25个师近30万重兵，在越城岭和都庞岭之间的湘江两岸布下了一个绝杀之阵，只等红军来钻。

到11月下旬，湘军刘建绪的第一路军2个师由东安向全州、咸水一线急进；中央军吴奇伟的第二路军一部进至零陵、黄沙河一线；中央军周浑元的第三路军由宁远进至潇水以东之道县地区；湘军李云杰的第四路军、李韫珩的第五路军则由宁远向东安集结；从全州、兴安南撤的桂军夏威、廖磊部近 4 个师重向灌阳及其西北前进。

形势对中央红军十分不利。

25 日 17 时，野战军司令部发布作战部署，决定红军分成四路纵队从全州、兴安间抢渡湘江，突破国民党军第四道封锁线，前出至湘桂边境的西延地区。红五军团仍为掩护部队，担负在潇水及营山诸隘口阻止敌第三、第四、第五路军的任务。其中，军团部率 1 个师（第 34 师）为第二纵队的后卫，"经雷口关或永安关及文市以南前进"；另 1 个师（第 13 师）为第三纵队的后卫，"经小坪、邓家源向灌阳山道前进，相机占领该城，以后则向兴安前进"。

27 日，红一军团先头第 2 师渡过湘江，控制了界首至脚山铺之间的渡河点。当夜，中革军委改变作战部署，决定从永安关、雷口关进入广西，以红三、红一军团为左右两翼，向湘江挺进，抢占渡口。在三峰山隘口遇阻的红八、红九军团立即改道，以强行军赶到雷口关进入桂北，抢渡湘江。

为掩护军委纵队和红军主力迅速渡过湘江，红五军团扼守道县之蒋家岭和湘桂边界永安关、雷口关一带，迟滞追击敌军。

29 日，中央军周浑元部向位于水车附近的红五军团第 34 师阵地连续发起了 7 次进攻，都被打退。

下午 15 时，中革军委给红五军团发来电报，命令："五军团之另一个师廿九日夜应在文市河西岸之五（伍）家湾地域宿营，卅日晨应接替六师在红（枫）树脚、泡江以北的部队，主力应控制于红（枫）树脚，顽强保持上述地域，以抗击灌阳之敌"。

董振堂与军团政治委员李卓然、参谋长刘伯承经过商议，决定由红 34 师完成这一艰巨的任务。

红 34 师是 1933 年春，在毛泽东、朱德的关怀下，由闽西游击队逐步改编、组建起来的部队。师长陈树湘，政治委员程翠林，参谋长王光道，下辖第 100、第 101、第 102 团，每团约 1700 人，全师共 5000 余人。

师、团干部大多数是原红 4 军调去的骨干和红军学校毕业的干部。这些指挥员作战经验丰富，指挥能力强。全师指战员出身穷苦，阶级觉悟较高，敢打必胜，士气旺盛，战斗力强。自组建以来，虽然隶属关系几经变更，但始终服从命令听指挥，在第四、第五次反"围剿"作战中屡立战功，是一支能战能守的部队。从撤出中央苏区起，红五军团担任整个中央红军的后卫，而红 34 师又走在军团的最后，是后卫中的后卫。

董振堂把陈树湘和程翠林叫到军团部，当面向他们传达了军委的命令。

"现在，蒋介石调集了数十万大军向我们步步紧逼，情况十分严重，朱总司令已经命令全军加速抢渡湘江。现在八军团还在后面，八军团是一支组建不久的部队，都是新战士，没有战斗经验。军委要求你们在后面掩护八军团渡过湘江。"

听了董振堂的话，陈树湘、程翠林意识到这是一个十分危险的任务，当即表示：请军团首长转报朱总司令、周副主席，我们坚决完成军委交给的任务，为全军团争光。

董振堂紧紧握住两员战将的手，叮嘱道：你们既要完成军委赋予掩护全军抢渡湘江的任务，又要作好万一被敌截断后孤军作战的准备。这副担子很重啊，你们师团干部要组织好、指挥好，带领全师部队英勇作战，全军团期待着你们完成任务后迅速过江。

陈树湘、程翠林赶回师部后，马上作出部署：由红100团接替枫树脚阵地，阻止桂军的北进；陈树湘率红101

1932年4月，毛泽东率领东路军入闽作战，攻克漳州，建立闽西革命根据地。图为红4军指战员在漳州石码合影

团随后跟进；程翠林率红102团在后面担任掩护。

但由于红八军团还未赶到水车，红34师并没有马上前往枫树脚，而是继续留在水车，掩护红八军团。

入夜，敌军集结兵力向红34师阵地再次发起了全线进攻。红军奋起反击，再次击退敌人。午夜时分，敌军终于停止了进攻，红八军团也由水车附近渡过灌江，到达青龙山、石塘圩地域。

这时，红34师接到了中革军委的急电，命令他们迅速摆脱敌人，赶赴灌阳新圩枫树脚，接替红6师第18团防务，并命令他们从接到这封电报起，直接归军委指挥，一小时报告一次情况。

30日清晨，红34师组织部队对敌军发起了一次反冲锋。在敌军密集的火力下，这种冲锋近乎悲壮的自杀。但猛烈的突击还是奏效了，敌军一线部队开始向后溃退。红34师不敢恋战，急忙撤出兵力，越过灌江，向枫树脚急进。董振堂、李卓然、刘伯承等率军团部和红13师由文市渡过灌江，进占王家湾。

12月1日凌晨1点半，朱德给全军下达紧急作战令，命令红五军团"应向麻子渡前进，并有扼阻桂军及周敌追击的部队之任务。被切断的部队应自动的突围，向麻子渡前进"。

这一天，国民党军向湘江两岸的红军各部队发起了全线进攻。湘江东岸红五军团的阻击阵地上，炮声隆隆，战火滚滚，喊杀震天。这是长征以来，红五军团战斗压力最大的一天。

经过连日激战，部队出现严重伤亡，弹药也已经不多了，处境越来越困难。然而，由于军委纵队和后续部队还没有完全渡过湘江，董振堂只能紧咬牙关，凄然而悲壮地指挥着红五军团的将士们苦苦地支撑在后面，像一道铁闸般，紧紧堵住了尾追之敌。

当中共中央、中革军委机关和红军大部全部渡江的消息传来，已经几天几夜没有合眼的董振堂才松了一口气，马上命令红13师师长陈伯钧、政委李雪山指挥部队交替掩护，向西撤退，准备抢渡湘江。

为抗击尾追而来之敌，陈伯钧命令红37团在泥口坪、马安山一线占领阵地，进行阻击。师部和另外两个团继续前进，掩护军团首长渡江。

队伍没走多长时间，西南方向就传来了激烈的枪声。原来，有一部分桂军已经抢先进至全州两河乡鲁枧村隔壁山一带，截断了红13师的去路。

红13师顿时陷入了前后受敌的困境。陈伯钧果断命令红38团占领隔壁山西北高地阻击桂军，掩护大部队绕过隔壁山，往石塘圩方向突进。

午夜时分，陈伯钧接到刘伯承派人送来的中共中央驻红五军团代表陈云的信件。陈云在信中要求红13师下最大的决心，赶快渡过湘江。

于是，红13师忍着疲劳和饥饿，紧急向着湘江前进，一口气跑了四五十里路，赶在天亮前从凤凰嘴渡口渡过了湘江。

陈伯钧回忆道：

过湘江的时候很危险，几个军团的队伍都搞乱了，有的在全州附近打得很苦，有的没有赶上，中间的赶上了又走不动了，后面的敌人又打来了。五军团十三师在没有到湘江的时候，在灌阳以北的隔壁山就被敌人切断了。后来文市的敌人又追上来了，我们在夹击中打了一天，才掩护八军团渡过江来，但是五军团的三十四师被丢掉了。我们转移的时候，军团部参谋长刘伯承同志派了一个科长来找我们，带来陈云同志写的信：这是紧急关头，关系中国革命的前途，希望你们下最大的决心，赶快渡过湘江。那时渡过多少就是多少，过不去就丢掉了。过了湘江以后，传来一个命令：各军团自己收容部队，不管哪个部队的，都收容起来编在自己的军团里。当时就搞得那么紧张、狼狈。

1955年被授予中将军衔的陈伯钧

●红三十四师全军覆没，成为湘江之战中红军最为惨烈的记忆

纵观湘江战役，打得最苦、结局也最惨烈的，当属红五军团第 34 师。

当红军一路缓慢长行时，担任后卫的红 34 师已经断断续续地同尾追而来的周浑元第三纵队中央军的 3 个师进行过多次拼杀，但由于没有固定的战线，而且中央军也只是若即若离地跟随着，所以战斗尚不十分残酷。

时任国民党第六路军总司令部上校参谋的李以劻回忆道：

第 3 纵队周浑元指挥第 5、第 13、第 96 师，由资兴、郴县、宜章、桂阳、新田、宁远分途尾追，没有大接触，直至 20 日进抵宁远梧溪洞、天堂附近与红军第 1、第 3 军团接触，互有伤亡。周浑元在红军南撤之后，即向薛岳、何键告捷。薛岳向蒋介石虚报周纵队协助李纵队在天堂 "歼敌逾千"，吹嘘中央军入湘所向无敌。周纵队 24 日经蒋家岭，25 日渡潇水，由白马进占道县，即在城郊附近为红军牵制，无法西进，但对红军西南行动也增加阻力。据周浑元电告薛岳，红军主力 26 日后均西去，判断红军强渡湘江公算最大。

当周浑元部到道县时，红军第 1、第 5、第 8、第 9 军团在道县附近进行游击，一部在寿佛寺，一部在王母桥，一部在永明，似有入桂模样；其后卫红五军团在把戏河牵制李云杰部，向西南前进。

25 日，蒋介石电令何键、薛岳：以 "追剿" 军主力偏在西北，须防红军进入桂境富（川）贺（县）。

薛岳接电后，则建议何键及蒋介石，仍照原计划行动，认为红军在道县、永明附近之行动是佯动，旨在引诱 "追剿" 军南进，放松对湘江堵截措施；并电告周浑元排除红军侧翼及后卫牵制，"力求压迫其主力决战于湘江，进入我天炉阵而击破之"。

薛岳所说的 "天炉阵" 是指利用湘江地障，对红军进行前堵后追左右截击，进而一举歼灭之。

中央军与地方军反共本质虽一样，但与红军作战方针却大大不同。无论是陈济棠的粤军、白崇禧的桂军，还是何键的湘军，只要红军不在粤、桂、湘境内久留，创立根据地的话，就不会真正拼命相逼的，毕竟他们都以 "保境安民" 为首要任务，而且对他们来讲，防蒋与防共是同等重要的。薛岳的中央军则没有境域观念，任何

时候都要死拼，否则就有被撤职查办的危险。更为关键的是，中央军只有在后面死命压迫，才能逼红军入桂，也才能实现蒋委员长染指西南诸省，"一面救平匪患，一面结束军阀割据"的伟业。

于是，湘江之战开打后，薛岳驱动周浑元的3个师从后面拼死冲杀上来，大有不把红军全部赶进湘江誓不罢休之势。

11月30日晨，完成掩护红八军团西进任务后，红34师踏上了前往新圩枫树脚增援红18团的道路。部队刚刚行进到水车灌江浮桥，桂军的飞机便飞临上空，一阵狂轰滥炸。红34师措手不及，伤亡100多人。

由于红34师不熟悉当地地形，又没有向导，便按照地图上最近的距离，取道大塘、苗源、洪水箐前往枫树脚。这条路从地图上看是呈直线的捷径，但实际上是羊肠小道，途中多峡谷峭壁，还要翻越海拔一千多米的观音山。

红34师数千官兵携带辎重骡马，在羊肠小道中艰难跋涉，行军速度非常慢。当登上观音山顶时，已是12月1日上午。

这时，红18团已经撤出楠木山阵地，向陈家背、古岭头退去。而桂军王缵斌第44师正在向湘江岸边追击。红34师不仅没有能接替红18团阻击桂军，而且自身也陷入了孤军奋战的险恶境地。

下午14时，中革军委电令红34师"由板桥铺向白露源前进，或由杨柳井经大源转向白露源前进，然后由白露源再经全州向大塘圩前进，以后则由界首之南的适当地域渡过湘水"。

这又是一条致命的直线。

红34师从板桥铺一带穿过灌阳至新圩公路，再经湛水、流溪源，翻越海拔1900多米高的宝界山。

此时，红军主力已渡过湘江，进入西延地区休整。脚山铺至界首间湘江两岸遂被湘、桂军控制，红34师的退路已经被完全切断。

3日凌晨4点，红军野战军司令部给红34师发出了最后一封电报，指示："如于今三日夜经大塘圩从凤凰嘴渡河，由咸水、界首之间赶到洛江圩，有可能归还主力。如时间上已不可能，应依你们自己决心，即改向兴安以南前进，但你们须注意桂敌正向西移，兴安之南西进之路较少，桂林河不能徒涉。你们必须准备在不能与主力会合时，要有一时期发展游击战争的决心和部署。"

沿着总部指示的那条西进路线，陈树湘率红34师向北前进。当他们走下宝界山从全州万板桥往北刚过四所不远，在安和乡文塘村附近，即被桂军第44师层层包围。

面对四面围上来的敌人，红34师清楚往北去大塘圩进抵湘江的路被堵死了，而且也已经没有了退路。陈树湘和程翠林紧急商量，决定"不惜一切代价，坚决杀出一条血路"。战士们把存留的子弹全部压进了弹仓，师所属炮兵连的全部炮弹也都摆到了炮架前面。

敌人对这支孤军发起了猛攻。红34师淹没在炮火中，血肉横飞，弹片啸叫，与撼天动地的呐喊声混合交织在一起……

山崩地裂的搏斗持续了十几个小时。红34师伤亡大半，陷入了粮弹告罄、四面受敌的绝境。师政委程翠林、政治部主任蔡中、第100团政委侯中辉、第102团团长吕宫印倒在血泊之中，为苏维埃共和国流尽了最后一滴血。

见向北冲不出去，陈树湘果断命令部队："立即往后撤，另找西进之路。"

文塘一仗，红34师所剩已不到2000人。当陈树湘率部向南进军，准备从兴安以南寻路西进时，再度遭桂军层层阻击。西进的所有道路部彻底被阻断，红34师陷入了绝境。

陈树湘清醒地意识到：剩下不足一团兵力，是无法杀出数万敌军重围，渡过湘江与红军主力会合的。现在只有一种可能——突围，留在江东打游击。

当晚，陈树湘烧掉了总部发来的最后一份电报，在文塘村东边山腰上茂密的树林里召集师团干部，断然下达了最后的命令：毁弃无弹的火炮、枪支，争取寻找敌人兵力薄弱的地方突出去，到湘南发展游击战争；万一突围不成，誓为苏维埃新中国流尽最后一滴血。

黑暗来临，夜幕低垂。红34师乘着夜色开始了突围战斗。然而此时湘江两岸已经完全变成了国民党军的天下，东岸地区不仅到处都是桂军，还有湘军刘建绪部、中央军周浑元部和漫山遍野的地方民团，突围没有成功，又损失了千余人。

渡江不成，陈树湘只得率剩下的700余人折回东岸，转战于灌阳、道县一带，打起了游击。无奈一来环境不熟，二来在当地没有群众基础，红34师不断遭到敌军和地方反动民团的包围与突袭，伤亡人数不断增加，已不足500人了。

为保留这支革命火种，陈树湘决定和参谋长王光道率师部、第101团和第102团余部300多人为先锋，从灌阳水车的先工坝渡过灌江，命令第100团团长韩伟带领该团余部100多人断后，担负掩护任务。

因遭敌人警戒部队截击，陈树湘率部改向八工田渡江，而后向东沿泡江，一路冲杀，突破了敌人的层层围追堵截，成功翻越了五岭之一的明渚岭，于12月9日进入湘南地区。清点人数，只剩下了140多人。

而在后掩护的韩伟第100团却被敌人死死缠住了。

在打退了敌人的多次冲锋后，全团只剩下30多人。韩伟下令分散突围，自己带上5个同志负责掩护。最后子弹打光了，宁死不愿做俘虏的韩伟等人从灌阳和兴安交界处的一座山上滚了下去。

幸运的是，由于山腰上树木草丛的阻挡，韩伟和3营政委胡文轩、5连通信员李金闪大难不死。

不幸的是，三人在追赶部队的途中再次遇上了民团，李金闪、胡文轩先后牺牲，只有韩伟一人侥幸逃脱，历尽艰辛回到了革命队伍中。

12月11日，陈树湘率领剩下的部队在抢渡牯子江时，遭当地保安团伏击。战斗中，陈树湘腹部负重伤，肠子流了出来。为不当俘虏，他命令警卫员补上一枪。警卫员流着眼泪为师长包扎好伤口，抬着他且战且走。

当行至驷马桥（四眼桥）附近早禾田时，又遭到道县保安大队第1营的截击。激战数小时，终于击溃了保安大队。这时，宁远县保安团已从鲁观洞向道县奔来，尾追红军的江华县保安军又即将赶到。

红34师师长陈树湘

紧急关头，陈树湘命令师参谋长王光道率领仅存的百十号人立即上山躲避。考虑到自己伤势严重，行动不便，就藏匿于驷马桥附近的洪东庙疗伤。不幸被搜捕红军伤病员的道县保安队抓获。

敌人用担架抬着失血过多、处于昏迷状态的陈树湘，回去向主子邀功请赏。

半路上，从昏迷中苏醒过来的陈树湘乘敌不备解开衣服，猛地撕开绷带，用手伸进伤口，把自己的肠子扯了出来，用尽平生气力把肠子扯断……

陈树湘，曾用名陈树春，生于湖南长沙。1927年9月参加毛泽东领导的湘赣边界秋收起义，不久加入中国共产党。历任红4军第31团连长、第3纵队大队长。参加了井冈山革命根据地的创建和赣南、闽西的斗争。1930年后历任红一方面军司令部特务队队长、红12军的团长、红19军第56师师长、红五军团第34师师长等职。参加了中央苏区历次反"围剿"斗争。

长沙版的《大公报》数日后对此事作了报道，标题是《生前与死后，原住本市小吴门外》：

伪师长陈树湘在道县被我军击毙各节，已志前报。陈树香原名树春，长沙人，住小吴门外瓦屋街陈宅。现年二十九岁。母在，妻名陈江英，年卅，无子女，行伍出身，原由独立第七师叛入匪军，本年始充师长。此次自赣省兴国出发，全师步枪四千余支，轻重机枪四十余挺，在后担任掩护部队。因掩护渡河，被国军截断去路，故而回窜，所率百〇一团，仅剩重机枪五挺，步枪三枝。昨在八都被击溃后，只剩重机枪一挺，步枪三枝。因该师长负伤甚重，于上午八时许行抵石马乡毙命。

另一则的标题是《陈树湘之首级解省悬挂示众》：

追剿司令部……将伪三十四师长陈树湘首级篾笼藏贮……悬挂小吴门外中山路口石柱之上示众。……并于其旁张贴布告云：为布告事，据湖南保安司令部呈，……俘获伪第三十四师师长陈树湘一名……自江西兴国出发，迭被国军击溃……经派员解至石马桥，伤重毙命……呈由衡阳本部行管饬收该匪陈树湘尸体拍照，并割取该匪首级转解注明核办……合将该首级示众，仰军民人等一体知照……

红34师最后仅剩下100多人，在师参谋长王光道和第101团团长严凤才的率领下，突围转入湘南，在道县、永明、江华、蓝山、宁远之间的山区开展游击战。队伍最多时曾发展到300多人，并建立起了三支游击队。

1935年冬，这支红军游击队不幸被敌重兵包围，战至弹尽粮绝，最后大部牺牲，演绎了这支英雄部队的最悲壮的绝唱。

许多年后，韩伟曾深情地回忆道：

敌保安司令何汉听说抓到一名红军师长，高兴得发了狂，命令他的爪牙抬着陈师长去向主子邀功领赏。陈师长乘敌不备，用手从腹部伤口处绞断了肠子，壮烈牺牲，年仅29岁，实现了他"为苏维埃新中国流尽最后一滴血"的誓言。敌人残忍地割下了陈树湘同志的头，送回他的原籍长沙悬挂在小吴门的城墙上，其余100多人，也终因敌人重围弹尽粮绝，最后大部光荣献身，为中国人民的解放事业作出了重要贡献。

根据有关党史资料记载，红34师多数战死沙场，有的则在负伤后冻死、饿死、病死，另有四百多人被俘，先后被关押在广西全州、兴安和桂林的监狱里，后来被押往广州，再运到厦门，辗转遣返闽西原籍。抗日战争时期，这些人大多重新参加了抗日队伍，继续为中国革命浴血奋战，但仅有少数人亲眼见证了中国革命的胜利。

韩伟就是其中之一。新中国建立后，他历任军事师范学校校长、华北军区副参谋长、北京军区副司令员兼参谋长等职，1955年被授予中将军衔。

1955年被授予中将军衔的韩伟

韩伟是湖北黄陂人，弥留之际，却对儿子说：

"湘江战役，我带出来的闽西子弟都牺牲了，我对不住他们和他们的亲人……我这个将军是他们用鲜血换来的。我活着不能和他们在一起，死了也要和他们在一起，这样我的心才能安宁。"

1992 年 4 月 8 日，韩伟在北京病逝，走完了他富有传奇的一生，享年 86 岁。

亲属们遵照遗嘱，将他的骨灰安放在闽西革命烈士陵园，与红 34 师的战友们永远长眠在一起。

●红八军团折损五分之四，政治部主任罗荣桓渡过湘江，身后只剩了一个小红军

其实，在湘江战役中损失最为惨重的，并不是担任左右两翼和后卫掩护的红一、红三、红五军团，而是最后过江的红八军团。

红八军团是中央苏区扩红运动的产物。扩红，顾名思义，就是扩大红军，即动员青壮年参加红军。随着第五次反"围剿"斗争形势的日益恶化，红军的伤亡人数不断增加，前线部队急需补充兵员。

哈里森·索尔兹伯里在《长征——前所未闻的故事》一书中是这样描述扩红的：

参军的人源源不断。组成了新编八军团。第三十四师和减员较大的三军团也补充了战斗力。红军队伍不断地扩大，各县男子已所剩无几。一九三三年长岗乡四百零

1933年4月，川陕省召开扩大红军运动周纪念大会

七名青年中有三百二十名参加了红军，只剩下了妇女和老人。瑞金县自毛泽东第一次到那里至一九三四年十月，近五万人参加了红军；一九三三年至一九三四年的一年里，有二万多人参军，仅一九三四年五月一个月就有二千人参军。一九三三年至一九三四年参军的人中，大多数人参加了长征。该县为革命牺牲的人达一万七千六百人，尚不包括被国民党报复残杀的大约五万人……

为动员青年参军，他们想尽了种种办法。军属在商店购物可以享受百分之五的折扣；有时还免征税收；红军家属的土地有人代耕；如果战士在前线牺牲，烈属可以得到抚恤金和免费劳力。向军属发了军属证和光荣匾，他们的门前挂着用大红纸写的光荣榜，给军属送慰问品，包括最稀罕的商品盐以及火柴和大米。还举行群众大会让军

属到台上发言，使他们觉得自己与红军的特殊的联系。

红八军团绝大多数战士来自兴国县。兴国是中央苏区的"模范县"，当时全县23万人，参军参战的达8万多人，占青壮年的80%。据统计：兴国县有名有姓的烈士23179名，其中牺牲在长征路上的达12038名。

1934年9月21日，就在红军准备撤出中央苏区前一个月，中革军委决定正式组建红八军团。军团长周昆、政治委员黄甦、参谋长唐浚、政治部主任罗荣桓。下辖第21师，师长周昆（兼）、政治委员黄甦（兼）；第23师，师长孙超群、政治委员李干辉。军团司令部由第21师司令部代理。

红21师原有1300余人，红23师也只有1000多人。经过急速扩编，到长征出发时，红八军团共计10922人。绝大部分是刚刚入伍的新兵，只是把枪发给他们，告诉怎么能把枪打响就仓促上路了，甚至连如何瞄准都没讲过。湘江战役前，该军团多数战士还从来没有放过一枪，又何谈战斗力。

的确，这种全部用新兵组建的、毫无战斗经验的部队，第一次上战场，就遇到了湘江这样旷古少有的惨烈战役，其结果可想而知。

长征出发时，红八军团担任全军的右后翼，掩护军委纵队前进。在突破三道封锁线后，红八军团变为左后翼。渡过潇水后，红八、红九军团向江华、永明方向开进，威胁广西龙虎关、恭城、富川、贺县等地。

扩大红军的宣传画

11月25日17时，野战军司令部下达作战命令，决心分成四路纵队从全州、兴安间抢渡湘江，突破国民党军第四道封锁线，前出至湘桂边境的西延地区。其中，"八、九军团为第四路纵队，经永明（如不能占领永明则从北绕过之）三峰山向灌阳、兴安县道前进"。

这样，红八、红九军团就成为最靠南的一路纵队，直接面对桂军及民团的正面拦截。果然，没走多远，在湘桂边境的三峰山遭到桂军及民团的据险顽抗，无法按原定路线前进。

直到27日晚，红八、红九军团虽多次组织强攻，但屡攻不克，伤亡很大。当夜，中革军委改变作战部署，命令红八、红九军团立即强行军北上雷口关进入桂北，抢渡湘江。

而此时，中央军周浑元部占领道县，桂军主力重返灌阳，湘军刘建绪部也已进占全州。仍滞留在湖南永明、江华境内的红八、红九军团西进通道随时都可能被切断，成为红军中处境最危险的部队。

中革军委也意识到了这一点，急令红五军团和红一军团第1师主力在湘桂边境阻击追击之敌，以确保红八、红九军团西进道路的畅通。但如果周浑元部全力西进，封锁湘桂边境的雷口关、永安关，关闭红八、红九军团西进大门，然后会同尾追上来的第三、第四、第五路军，必将这两个军团全部吃掉。

幸好，薛岳秉承了蒋委员长的旨意，指挥中央军9个师在后面一路尾追，一心想把红军驱赶进地方军阀的地盘，好让湘军、桂军与红军血拼个两败俱伤。因此，周浑元部的"追剿"行动并不十分积极。这也使红八、红九军团得以顺利通过都庞岭，进入广西境内。

果然，在从湘桂边境西进湘江途中，红八、红九军团接连遭到灌阳北上桂军的侧击和全州南下民团的骚扰，停停走走，走走停停，速度并不快。加上红八军团地形不熟，走错了方向，几经折腾，落在最后，成了全军的尾巴。

黄瑶所著《在战斗中成长的罗荣桓》一书中是这样描述当时的情景的：

二十九日，部队已经极度疲劳。战士们走着走着，一头倒在路旁便呼呼睡着了，怎么喊也喊不醒。性情暴躁的黄甦急得用马鞭子抽打，可打醒了这一个，那一个又躺下了。周昆平时是慢性子，此时也只好向天空打机关枪。还在梦中的战士被枪声惊醒，以为又同敌人遭遇，一下子跳起来，于是又跌跌撞撞向前走。事后，周昆还很得意，到处向人介绍这一"经验"。罗荣桓听了很不赞成。坦率地向周昆说："战士们听到枪响跑得快，是因为怕当俘虏。这种办法只能一时有效。用多了，战士们知道你骗他，就不灵了。"

30日零点刚过，红八军团终于赶到同红三军团第6师会合的地点——距离湘江不足百里的水车，但比中革军委规定的时间晚到了将近两天。

这时，红6师已奉命赶往新圩救急，红五军团第34师留在水车掩护红八军团过江。疲惫不堪的红八军团正准备宿营，好好休息一下，吃口热饭时，军委来电称：鉴于敌情紧张，要求红八军团"火速前进，不惜代价，必争二十四小时通过湘江，否则有被敌人截断的危险"。

天还没有亮，红八军团就尾随红九军团，由水车附近渡过灌江，然后经古岭头、青龙山、石塘圩，向湘江前进。

一路上，不时有渗透进来的桂军小股部队和地方民团，对红八军团进行袭击骚扰。

红八军团边打边走，参谋长毕占云不时发出"非战斗单位跑步前进"的命令。有时敌我几乎搅在一起，最近时桂军追兵距军团指挥机关只有数十米，罗荣桓也与机关人员一样，掏出手枪参战。就这样，红八军团一路跌跌撞撞地向湘江走来……

悲剧终于到来了。当晚午夜时分，不知从哪儿传来急讯，说至少有两个师的敌人追上来了。消息如同瘟疫般迅速在队伍里传开来，引起了巨大的惊慌。这时左翼有一大队敌人突然出现，顷刻间枪声大作，炮弹在黑夜里腾起巨大的火团。

红八军团乱成了一锅粥：建制乱了，队形乱了，官找不到兵，兵找不到官，彻底地失控了，到处都是涌动的人群……

真正的溃不成军！

美国作家哈里森·索尔兹伯里在《长征——前所未闻的故事》一书里写道：

太阳升起了。莫文骅（时任红八军团政治部宣传部部长——作者注）环顾四周，到处都是书籍和文件——军事手册、地图，兵法书，关于土地问题、中国革命问题和政治经济学的著作，马列主义读物，各种小册子以及英、法、德文书籍。红军的挑夫一路摇摇晃晃挑来的图书馆全部在这里了。书页被撕得稀碎，书面沾满了污泥。莫文骅回忆说："我们全部的思想武器，所有的军事文献，都被扔到了一边。"

几年前，香港凤凰卫视曾采访过一位红八军团老战士。年逾九旬的老人仍清晰地记着发生在70多年前的那个恐怖之夜，采访中说的最多的一个字就是"跑"。

一开打就被打残了，军委命令我们去投奔三军团六师，其实三军团就在前面，结果稀里糊涂的给跑乱了，没有和三军团接上头，却意外的找到了五军团的34师。34师是全军的后卫，也很奇怪怎么自己后面还有红军啊！一看这帮人，都吓瘫了，也打不了仗啊，说我们掩护，你们快跑吧。于是就接着往西跑，跟在了九军团后面跑，结果两个师的桂军追了上来，至少一个团的桂军从中间插入，将两个兵团分割开来，被堵在后面的八军团被优势敌人包围，夜色中一场混战，八军团在敌人的穿插下，很快就被粉碎了。一片混乱中，军团长周昆下令23师断后掩护，剩下的人向前冲，等冲出包围时，建制完全被打乱了，军团长找不到士兵，当兵的也找不到军团长，大家得到的最后命令就是"向湘江跑步前进"。

实际上，当时桂军穿插进来的部队不是很多，红八军团的伤亡也并不是特别大，大量人员是因过度疲劳、精神恐慌而掉队、落伍。

时任红八军团报务员的黄良成回忆道：

湘江血泪

拂晓了，东方渐渐发白，队伍稀稀落落地继续前进。年岁较大、体力不支的同志和肩负重担的运输员、炊事员们都掉队了。跟上来的同志也已疲惫不堪，个个眼睛通红，好像害了严重的沙眼似的，歪歪斜斜地站立不稳。有的脚底打起水泡，但仍然忍受剧痛，一跛一跛地走着；有的干脆卧在道旁，在那打起鼾声。也有似睡又走，闭合着眼睛两脚不协调地移动着的，跌跤者为数不少。一个炊事员却个别，扛着大锅铲停立在道中间，站着就睡着了。我跟跟跄跄地走着，边走边睡，"拍"的一声，我的前额正好碰在锅铲尖上，立即起了个球状青包。

12月1日下午15时，根据中革军委命令，工兵营炸毁了湘江上的浮桥。

由于红三军团从光华铺阻击阵地已经撤离，桂军向界首渡口蜂拥而至。红九军团大部及随后的红五军团第13师、红八军团均改为从下游12公里的凤凰嘴徒涉渡过湘江。

当红八军团残部跑到湘江东岸麻市村时，浮桥已经被炸断，前面的红九军团和红五军团第13师刚刚过江。

此时正是湘江的枯季，江水只有齐腰深，但寒冷彻骨，一步一颤，牙齿嗑得嚓嚓响。红八军团的前卫部队正在过江，五六架敌机飞到渡口，开始猛烈轰炸、扫射。

队伍顿时又陷入了混乱，正在涉渡的红军成片倒下，被湍急的江水卷走。随后，从新圩追来的桂军突破了红八军团后卫部队，向渡口冲来。红八军团费了很大力气才将敌人打退，冲过湘江，但遭受到毁灭性打击，死伤累累。

据凤凰嘴当地的老百姓说，战斗过后，他们在江边掩埋了三天的烈士尸体，而更多的阵亡将士则沉没在江底。在全州旁边有处叫岳王塘的湘江曲湾，湍急的湘江水流到这里后流速变得很缓，上游顺流漂下的尸体和各种遗物几乎全都汇到这里。在那长长的水湾处，红军将士的尸体密密麻麻，一眼望去，湘江都是灰色的。

罗荣桓也是在1日下午从凤凰渡徒涉过江的。当他到达湘江西岸时，回头一看，不禁热泪盈眶——身后只剩下

长征到达陕北的后罗荣桓（右三）

一个年龄很小的小红军，肩上居然还扛着一架油印机。

这时，红一军团政委聂荣臻正在西岸阵地上指挥，掩护后续部队过江。看见罗荣桓后，便招呼他在一个临时搭起的棚子里休息。心情沉重的罗荣桓就走进去，坐在角落里闷不作声。

不一会儿，周昆带着十几个人也到了西岸。

罗荣桓问：咱们的人呢？你知不知道到底有多少人赶到了江边？

周昆摇摇头，沮丧地说：不知道，部队伤亡太大了！我也是晒干的蛤蟆，只剩了一层皮。

先头渡江的军团电台政委袁光跑过来汇报：电台过来了，可牺牲了十几位同志，还丢掉了一副备用电池。

周昆没有吱声，两眼发呆。罗荣桓赶紧鼓励袁光道：

"你们电台的同志不错，在这样险恶的情况下，还保住了电台。"

1978年，曾任中央军委通信联络局局长的王诤在临终前告诉袁光：军博陈列的那部充电机，就是当年你们电台使用的那部机器……

12月1日18时，野战军司令部向红三军团发出战场通报："桂敌已前出到古岭头地域，我八军团被打散，估计该敌将向麻子渡西进"。

红军的无线电台工作人员到达陕北后合影

当晚，红八军团收容过江人员、整理队伍——红21师完全垮掉，红23师严重减员，整个红八军团损失了五分之四，战斗人员仅剩六百余人，连挑夫、勤杂人员等加在一起，也只有1200多人。

13日，中革军委决定撤销红八军团。军团领导人的命运也各不相同——军团长周昆调任红一方面军参谋长，政治委员黄甦调任红一军团第1师政治委员，参谋长毕占云调任中革军委第2科科长，政治部主任罗荣桓调任红三军团政治部代理主任。

红八军团撤销后，余部并入红五军团。当时，红五军团也只剩下千余人，为何偏偏取消红八军团的番号呢?

这是因为一支部队,不怕人被打光,就怕魂被打没,红八军团便属于后者。此时距离红八军团组建,才仅仅过了两个多月。

其实,对于组建红八军团,周恩来起初并不同意。他主张把新兵充实到红一、红三、红五、红九军团去,以老带新,新兵就会很快成长,形成战斗力。而李德、博古却觉得增加一个新军团,声势上要大的多。李德甚至还给周恩来开了一个有趣的玩笑:

"苹果虽然一样多,装成五个袋子总比四个袋子多一个!"

后来的事实证明这是多么的幼稚。

转兵贵州

面对如血的湘江，年轻的中共中央负责人博古痛悔交加，
想要以死谢罪。前所未有的惨败，
令红军指战员们再也无法忍受"左"倾冒险主义者的瞎指挥，
但李德、博古仍坚持与红二、
红六军团会合的原定计划，
硬要往蒋介石的口袋阵里钻。
生死存亡之际，毛泽东终于不再沉默，
连说三遍：要讨论失败的原因！
长征路上中央纵队里两副著名的担架，
竟承载了中国革命的前途和命运。
通道会议上，"中央队三人集团"首先向"最高三人团"发难，
毛泽东又有了发言权。红军转兵入黔，
吓坏了"双枪将"王家烈，
一封"请军电"给自己闯了个弥天大祸。
黎平会议上，毛泽东力主在川黔边创建新根据地，
得到赞成。失去兵权的李德大发雷霆，
一向温文尔雅的周恩来向洋顾问发火了……

●面对血染的湘江，博古痛苦地拿起手枪，对准自己……

　　湘江战役，是蒋介石和他的智囊们精心策划的，调集了中央军、湘军、桂军、粤军，总共 25 个师、近 30 万人马，在桂北地区构设了一个大包围圈，自东向西收缩，企图将红军堵截在全州、兴安、灌阳三县交界的一块东西不足 120 公里、南北不足 200 公里的三角区域内，凭借湘江天险，逼迫红军主力决战，一举将红军全歼于湘江东岸。

　　然而，广大红军指战员怀着高度的政治热情和英勇的献身精神，前赴后继，不怕牺牲，与优势之敌浴血奋战了近五个昼夜，终于突破了国民党重兵设防的第四道封锁线，掩护军委纵队和红军主力渡过湘江，粉碎了蒋介石的罪恶企图。

　　这是红军撤离中央苏区以来打得最为激烈、损失最为惨烈的一仗，付出了极为惨重的代价，中央红军及中央机关长征出发时的 8.6 万余人经过湘江战役，加上此前通过第一、二、三道封线的损失，锐减至 3 万余人，所带辎重亦损失殆尽。特别是红三军团第 18 团、红五军团第 34 师全军覆没。这是中国共产党自建立自己的武装以来所遭受的最大损失，也是人民军队军史上最大的败仗。

　　面对尸体漂浮的湘江，溃不成军的队伍，中共中央负责人博古感到责任重大，痛不欲生。他深知眼下红军的危急处境跟自己有关，但又无法挽救这一切，竟一下子产生了一种前所未有过的担心，害怕中国的革命事业会毁于自己手中……

　　《聂荣臻回忆录》曾叙述说，博古越想越感到恐惧和害怕，痛苦地掏出腰间的勃朗宁手枪，慢慢举起来，对准了自己的太阳穴。

　　就在他的手指已经触到了冰凉的扳机上时，突然背后传来一声惊呼：

　　"你要干什么？别开玩笑！"

　　恰巧，红一军团政委聂荣臻

长征到达陕北的红军领导人（右起：毛泽东、朱德、周恩来、博古）

由此经过，连忙大声制止：

"你冷静点，别开玩笑，防止走火，这可不是瞎闹着玩的！"

举枪的手绵软无力地垂了下来，博古依旧有些神情恍惚，喃喃自语道：

"唉，伤亡太大了，太惨痛了，我…我…不想活了！"

聂荣臻走上前来，把博古手中枪夺了过去，替他插回枪套里，然后语重心长地劝慰：

"越是在困难的时候，作为领导人越要冷静，要敢于负责。"

是啊，失败不可怕，可怕的是失败后再也站不起来了！他才 27 岁，还非常年轻，更缺乏经验。也正是因为"没有经验"，才会人为地将战争这架绞肉机安置在湘江两岸，使数万红军将士的鲜血染红了湘江。

李德虽不会举枪自尽，但也是一筹莫展，唉声叹气，毕竟在"最高三人团"中他是负责红军的军事指挥。但这位洋顾问自命作战一贯正确，于是他又要诿过于人了。

别看李德指挥打仗不成，整起人来却颇有一套。第五次反"围剿"初期，李德就怂恿博古以黎川失守之责，"问罪"红七军团政委萧劲光，将其押上了最高临时军事裁判法庭进行公审，"开除党籍和军籍，判处五年徒刑"。广昌保卫战中，李德、博古大搞"惩办主义"，将没有按他们要求修碉堡工事的红 14 师政治部主任唐天际撤职查办。如今，湘江惨败，李德又要拿谁开刀？

这时，奉命在湘江东岸阻击敌人的红九军团第 22 师被打垮了，只有师长周子昆带着十几人突围出来。

见周子昆"临阵脱逃"，李德厉声指责，粗暴地训斥道：

"你的部队呢？没有兵有什么脸逃回来！部队给带垮了，自己的老婆倒带着！"

原来，红军长征时周子昆的妻子曾玉已怀孕八九个月了，本来安排她留在苏区。但曾玉死活就是不肯，竟偷偷跟着部队走。后来在翻越老山界时临产，婴儿的头刚出来就遇到敌人袭击。三个人抬着已经昏死过去的曾玉，一个抬着婴儿的头，继续赶路。血顺着曾玉的裤管流下来，一滴一滴洒在山路上。在附近的一个小村子里，曾玉产下了一个男婴，因找不到人家寄养，只好把孩子包好放在路边的草丛里等待过路的老乡来捡。

可是，李德却为此将周子昆痛骂一顿，并命令把他绑起来，送交军事法庭处置。

但已经没有人再听洋顾问的"瞎指挥"了，警卫班的战士们都站着不动，连博古也默不作声。恰好毛泽东在场，就说：

"周子昆交给我处理。"

毛泽东与周子昆谈了话，鼓励他振作精神，吸取教训，继续好好带头打仗。

事后，李德暴跳如雷，攻击毛泽东"收容败将，笼络人心"。

滚滚东去的湘江，漂浮着众多红军将士的尸体，一度阻塞江道，染红江水。战争是如此的残酷和无情，使红军指战员的心情异常沉重，交织着悲恸、惆怅，不禁要问：这到底是为什么？难道是红军将士不英勇？

古往今来，又有哪支军队能像中国工农红军一样，穿着不遮日晒、不挡严寒，甚至连皮肉都遮不住的破衣烂衫；时饥时饱地吞咽着任何可以裹腹的食物，带着伤痕和病痛，迈着滞重蹒跚而又坚定的步伐，怀着不可动摇的意志和信念，面不更色地向着死神，向着茫茫无际的万水千山，以不可思议的顽强与耐力，辗转前进；面对强大的敌人，他们手持简陋的武器，呐喊着、勇往无前地冲向敌阵。在湘江两岸敌我反复争夺的阵地上，到处可见牺牲的红军将士与敌人的尸体滚抱在一起，鲜血把一个个山头都染红了。

红军长征途中自制的草鞋、皮草鞋

那么，又是什么造成红军遭受如此惨败？根源到底在什么地方呢？

渡过湘江后，几乎所有的红军指战员都在反思这场刚刚结束的血战，只是地位不同，角度不同，经验不同，深度不同，当然结论也绝不相同，但有一点却是出奇地一致：

红军的指挥出了问题！掌握红军指挥大权的李德负有不可推卸的责任。

李德在军事方面的特长是能言善辩。他举例时可以引用恺撒、塔西陀、拿破仑、弗雷德里克大帝、克劳塞维茨和毛奇等一连串军事家们的话。这些对于绝大多数在战火中锻炼成长起来而没有喝过洋墨水的红军指挥员来说，许多是闻所未闻的，因此在开始时确实蒙蔽了不少人。

红军将领也许确实没有李德对外国军事理论知道的那样多，但是他们所具备的实战经验却是只会空谈的李德所没有的。他们会鉴别，会比较，李德所兜售的那一套洋玩意儿同毛泽东的战略战术孰优孰劣，事实将作出明确的回答。

如果李德的建议使红军取得了胜利，那么这一切也就无关紧要了。但情况并非如此，第五次反"围剿"战争以来，"地图上的指挥家"并没有给自己和博古带来所希冀的那种胜利局面。

仗倒是打了不少。然而在李德所标榜的"新战术原则"的指导下，红军没有一次战役能像毛泽东、朱德、周恩来在前四次反"围剿"战争那样，痛快淋漓，动辄就吃掉敌人一个师、两个师，而且还尽是嫡系、精锐。相反，红军没有占得任何便宜，既没有战利品，也没有增强兵力，连遭损失，控制的区域不断缩小，最后不得不被迫撤出中央苏区，进行战略转移。

一次次血的教训终于擦亮了红军将士的眼睛，过去对李德的期望被如今的失望所取代，过去的迷信被如今的质疑所取代。

湘江战役后，中共中央、中革军委和红军的许多高级领导人，包括一些曾支持过"左"倾领导人，再也无法忍受博古、李德所推行的"左"倾冒险主义给中国革命造成的严重危害。他们不再沉默，坚决主张端正党的路线，恢复毛泽东在中共中央和红军中的领导地位。

许多年后，刘伯承在《回顾长征》一文中写道：

红军突破湘江烈士纪念碑

广大干部眼看反第五次"围剿"以来，迭次失利，现在又几乎濒于绝境，与反四次"围剿"以前的情况对比之下，逐渐觉悟到这是排斥了以毛泽东同志为代表的正确路线，贯彻执行了错误的路线所致，部队中明显地增长了怀疑、不满和积极要求改变领导的情绪。这种情绪，随着我军的失利日益显著，湘江战役达到了顶点。

此时此刻，患恶性疟疾刚刚病愈的毛泽东，也站在如血的阳光下，站在充满血腥味的湘江边，久久地注视着满江血浪，一字一句地连说三遍："要讨论失败的原因……"

12月3日，渡过湘江后的军委纵队来到坐落在三面环山、背靠资水的油榨坪。

油榨坪依资水东岸而建，是一个有着两三百户人家的村镇，在茫茫无际的桂北大山区里，算得上是个热闹繁华之地了。一条青石板铺成的街道自南向北挤满了担架、骡马和身着灰布军装的军人，小小的油榨坪顿时拥挤不堪。

时值初冬，山区的天气已经相当寒冷了。但这些军人还穿着单衣，或躺或卧在石板地上，或倚靠在街边房屋的石墙下，晒着难得一见的午后阳光。连日的长途跋涉和激烈征战，早已使他们精神疲惫，甚至有些萎靡困顿。中革军委决定在此地休整一两天后，再经大埠头北出湘西。

红军总司令部临时设在靠近资水边的一个小地主家里，参谋们正在忙碌着。各军团的伤亡情况陆续汇总上来——部队伤亡、失踪人数高达近数万人。

虽说早就有心理准备，但当这份统计数据摆在"最高三人团"和红军总司令朱德的面前时，大家还是震惊了。屋里一片沉寂，仿佛空气都凝固住了。

周恩来站在窗前，久久凝望着资水河，陷入了沉思。这支刚从血战中突围出来的疲惫之师，没有稳固的根据地，没有及时的粮弹补给，没有充足的休整，不管多么英勇，还是如同希腊神话里的安泰，离开他的母亲大地，就不再拥有神奇的力量而被敌人轻易打败。

7年前，南昌起义军远征失败的惨重教训依然历历在目。周恩来意识到：走出当前的困境，首先要寻找到一个立足之地、容身之处，以便站稳脚跟，而后蓄势反击。在这一点上，"最高三人团"的意见是一致的。但是到哪里去呢？李德仍坚持与红二、红六军团会合的原计划不变，博古早已六神无主，拿不出一个具体的意见来。

凭直觉，周恩来感到这是一条绝路。毕竟与蒋介石打过多年的交道，他太了解这位"校长"的为人了。湘江一战，红军破网而出，一心要"剿灭共匪"的蒋介石岂肯善罢甘休，几十万国民党"追剿"大军说不定正在构筑第五道封锁线。

周恩来的直觉一点儿都没错。

早在半个多月前，南昌行营的智囊们就根据蒋介石的意图，在"明者防祸于未萌，智者图患于将来"的指导思想下，制定了《关于湘水以西地区"会剿"共匪的计划大纲》，于11月17日21时电令各路"追剿"大军：

长征到达陕北的毛泽东与周恩来

查赣匪倾巢西窜，我大军正分头追堵，期于湘水以东地区将匪扑灭，唯虑该匪一部或其残部万一漏网，突窜湘、漓水以西，不能预为歼灭之计，兹特拟定湘水以西地区剿匪计划大纲。

（一）方针：

防西窜之匪一部或其残部，如窜过湘、漓水以西，应不使其该匪能长驱入黔，会合川匪及蔓延湘西，与贺、萧合股之目的，围剿该匪于黎平、锦屏、黔阳以东，黔阳、武冈、宝庆以南，永州、桂林以西，龙胜、洪州以北地区以消灭之。

（二）纲领：

1. 应于匪未窜渡湘、漓水以前，于永、宝、武、黔、锦、黎、洪、胜、桂线上，赶筑工事，先择定重要城镇，构成据点，然后逐渐加强、增密。

2. 于上述地区内，预为坚壁清野之准备，使匪窜过湘江时，进无所掠。

3. 先于上述地区内，严密组织民众，布成侦探网，并由湘、黔、桂军于上述工事线上，分布民众团队扼守，并扼要控制有力部队，预为区划守备地点。

4. 一旦匪若窜过湘、漓水以西，各军即迅速就预定之地域，相机堵剿。

5. 原任追击之部队，即穷匪所至，追截抄袭，与各守备部队联合兜剿。

（三）指导要领：

（甲）湘军：以黄沙河以北，沿湘江经永州至宝庆，沿资江上游经武冈至黔阳，沿清江河至瓮洞为其守备区域……

（乙）黔军：以瓮洞沿清水江上游至黎平，经中潮至洪州为其守备区域……

（丙）桂军：沿黄沙河、漓水上游至桂林，经义宁、龙胜、古宜至洪州（不含）为其守备区域……

以上各项，各部均应查照办理具报。

这样，蒋介石就在湘江以西地区精心设置了第二个口袋阵，纵使红军突破湘江防线，仍难逃出他的天罗地网。

果然，湘江之战硝烟尚未散尽，蒋介石立即调整部署，任命刘建绪为第一兵团总指挥，率原"追剿"军第一、第四、第五路军;薛岳为第二兵团总指挥，率原"追剿"军第二、第三路军。分别由黄沙河、全州向新宁、城步、绥宁、靖县、会同、芷江地域开进。同时严令黔军王家烈部在锦屏、黎平一线堵击，桂军继续尾追，企图将红军围歼于北进湘西北的途中。

时任蒋介石侍卫室主任的晏道刚回忆道：

湘江血泪

红军突破湘江向贵州前进时，蒋介石担心中央红军会走萧克的老路与贺龙会师，除电令王家烈率黔军在黔东堵截外，一面电何键、李宗仁派兵尾追，一面电薛岳率主力经武冈、芷江入黔以防阻红军会合。

刚刚经历湘江惨败之痛的中央红军又将面临着新的生死考验。

●长征路上的悠悠担架情

12月4日，朱德、周恩来、王稼祥在油榨坪红军临时总司令部发出《后方机关进行缩编的命令》，规定：缩小军团以及师级机关的直属队，撤销师、团的后方部及兵站，将所有后方机关直属队编余人员一律补充连队，立即检查、抛弃或销毁不便携带或不必要的东西。

在血的教训面前，红军的最高领导层终于痛下决心，要砸烂"轿子"，甩掉包袱，轻装前进了。

诗人惠特曼曾说：当失败不可避免时，失败也是伟大的。但如何从失败的阴影中走出来，及早摆脱眼前的困境，周恩来、朱德等人都已意识到：除了选择一条正确的进军路线外，还要有一位能够率领这支刚刚经历惨败之痛的队伍重塑信心、战胜强敌的统帅。

这位统帅必须具有高瞻远瞩的洞察力、审时度势的指挥力和左右全局的决策力。残酷的事实早已证明：无论博古还是李德都不具备这种能力。

长征到达陕北的中央红军一部

那又有谁能担此重任呢？

一江鲜血，洒在红军西征的路上，也洒在红军战士的心头，更使红军的缔造者毛泽东痛苦难忍。

在红军面临全军覆没的危急关头，毛泽东终于挺身而出，打破了被撤销军事领导职务两年多来的沉默，开始着手组织发动一场撤换博古、李德等"左"倾教条主义者领导的斗争。如果再不把他们拉下马，革命事业将会被他们彻底葬送掉。

毛泽东谨慎地在中央政治局成员内寻找合作伙伴，首先争取的是中共中央政治局候补委员、中革军委副主席、红军总政治部主任王稼祥和中共中央政治局常委、书记处书记、中华苏维埃共和国人民委员会主席张闻天。

抗日战争时期，王稼祥与夫人朱仲丽在延安

王稼祥，原名王嘉祥，1906 年生于安徽泾县。1925 年加入中国共产主义青年团。同年 11 月赴苏联，先后在莫斯科中山大学和红色教授学院学习。在中山大学，他系统地学习了马克思主义理论。

1928 年，王稼祥转入中国共产党。1930 年 3 月回国，先后任中共中央党报委员会秘书长、中央机关报《红旗》《实话》总编辑。1931 年 4 月到中央苏区，相继担任中共苏区中央局委员、中国工农红军总政治部主任、中华苏维埃共和国中央执行委员、中央革命军事委员会副主席等职，参与指挥中央苏区第二、第三次反"围剿"斗争。

1932 年 10 月，在宁都会议上，苏区中央局错误地批评毛泽东反对攻打赣州等中心城市，是反对临时中央提出的"争取一省与数省首先胜利"的总方针；指责毛泽东在历次反"围剿"中行之有效的"诱敌深入"的战略方针，是所谓"专去等待敌人进攻的右倾主要危险"。

王稼祥勇敢地站出来，明确表示继续支持和肯定毛泽东，并直言不讳地说：

"大敌当前，不可换将；指挥重任，非他莫属！"

尽管王稼祥是"百分之百"的布尔什维克圈里的成员，但他的意见还是被会议主持者所拒绝。会后，毛泽东被解除了兵权，离开了他亲手创建的红军，从前方调到后方，专做地方政府工作。

第四次反"围剿"时，王稼祥被敌机炸伤，弹片从他的右下腹打进去，打穿了升结肠，弹片嵌在右肠骨窝上。由于红军医疗条件所限，无法进行大手术取出弹片，医生只能进行保守疗法，切开引流。因病灶未除，腹部的伤口一直流脓。

王稼祥在养伤期间，毛泽东染上恶性疟疾。两人一起住在《红色中华》编辑部的空房里，朝夕相处，感情自然增进了一层，交谈也更投机了。

长征出发前，他俩还共同设计、制作了"特制担架"。这种担架由两根长长的竹竿和绳网组成，爬山方便，抬起来省力，上面还有用油布做成弧形的盖，有点像南方江河里的船篷，既防雨淋又防日晒，躺在上面睡觉休息都很舒服。

后来，美国作家哈里森·索尔兹伯里在《长征——前所未闻的故事》一书中，写下了著名的"担架上的'阴谋'"一章：

一过于都河，毛泽东便开始坐担架长征。不过，这并不是因为他不习惯在乡间走路。红军的领导人中大概没有谁比他在中国的穷乡僻壤翻山越岭走过更多的路程。从孩提时起，不论到哪里，他都是徒步行走。一个农村的孩子是没有其他交通工具的……

担架是由两根坚韧的长竹竿和绳网组成的，既轻便，又有弹性，就像水手的网状吊床一样上下左右地晃荡。他那足有六英尺长的瘦高个儿，深深地陷在担架里，在睡觉时不会被晃出来，因此也没有必要绑在担架上。两名年轻力壮的战士抬着担架，把竹竿扛在肩上。竹竿很长，因此他们可以看清脚下的路——在羊肠小道上走路，这一点是十分重要的。

有的担架上盖着油布或油纸，这样，在细雨濛濛的山区，担架上的人就能免遭雨淋。毛泽东因此可以在雨中睡觉，而且常常如此。

……

有意思的是，担架变成了讨论政治的舞台，为毛泽东重新掌权、领导长征免遭覆灭铺平了道路。

这些谈话就在毛泽东和曾在旧金山当过编辑的洛甫，以及伤口未愈的政治局候补委员、关键的'布尔什维克'王稼祥之间进行。王稼祥在整个长征途中都由担架抬着。长征初期，他与毛泽东形影不离，晚上一起宿营，谈呀，谈呀，谈个没完。王稼祥平时沉默寡言，酷爱看书，和毛泽东一样，他也出身于一个富裕农民家庭……

在担架上和篝火旁的朝夕相处，使毛泽东和王稼祥互相越来越了解，并有机会分析在江西所发生的事情，以及长征途中的情况。毛谈到战术上的错误，特别是导致广昌惨败的错误。他的论点给王稼祥留下了深刻的印象。不到一个月的时间，王便倒向了毛的一边。后来，毛泽东认为在击败李德和博古的斗争中，他起了最重要的作用迢迢长征路，悠悠担架情，提供了毛泽东和王稼祥互通心境的机会，完成了毛王二人的政治结盟，并扩大到洛甫身上，最终结成了"中央队三人集团"。

关于长征路上特殊环境中的这段担架情，王稼祥在延安接受斯诺采访时，是这样回忆的：

要说我在遵义会议上第一个支持毛主席的正确主张是个功绩的话，这首先是毛主席对我的教育、启发的结果。长征开始，毛主席有病坐担架，和我同行，每当到宿营地休息时，经常在一起交谈。由于我对毛主席丰富的武装斗争经验，和一、二、三次反"围剿"取得的伟大胜利十分敬佩。所以，我向毛主席坦率地表示了对当前形势的忧虑，认为这样下去不行，应该把博古、李德"轰"下台。毛主席很赞同我的看法，并针对现实情况，谈了中国的革命不能靠外国人，不能照搬别国经验、别国模式，马列主义的普遍真理，必须同中国的革命实践相结合的道理，给了我很大的启示，也使我更加坚定了支持毛主席的决心。

洛甫（张闻天）

毛泽东争取的另一位重量级人物就是张闻天。

张闻天，原名张应皋，又名张荫皋，笔名洛甫。1900年生于江苏省南汇县（现上海市浦东新区），1915年起先后入吴淞水产学校、河海工程专门学校学习，接受新思想。1920年留学日本，开始翻译外国文艺理论著作和文学作品。1922年到美国勤工俭学。1924年初回到上海，任中华书局编辑，创作了《旅途》、《青春的梦》两部文学作品，获得成功。同年到四川省立第二女子师范学校任英文教师。1925年6月加入中国共产党。11月赴苏联莫斯科中山大学学习，毕业后留校任教。1931年回国，历任中共中央宣传部部长，临时中央政治局委员、常委。1933年1月进入中央苏区。

1934年初，张闻天替代毛泽东担任中华苏维埃中央政府人民委员会主席，办公地点和住处从原来临时中央所在地观音山搬到了沙洲坝，与毛泽东在一处办公，住的院子也紧靠在一起。这为张闻天提供了深入了解毛泽东的机会。

4月，张闻天与毛泽东合著的《区乡苏维埃怎样工作》一书出版了，这可以视为张闻天与毛泽东合作的开始。

8月，中央首脑机关集中的沙洲坝遭到敌机轰炸。中央紧急磋商后决定，将中央机关全部迁往瑞金城以西30里以外的梅坑。这里虽然贫穷偏僻，但却石山环抱。境

位于江西瑞金的中华苏维埃共和国临时中央政府旧址

内，古树参天，形成天然掩护所。苏维埃临时中央政府驻高围乡云石山，中共中央驻梅岗乡马道口，中革军委驻田心乡岩背厅下。

这样，毛泽东和张闻天一同住进了云山古寺，两人有了更深的接触，开始进行思想上的交流。面对广昌战役的惨痛失利，张闻天向毛泽东倾诉了内心的苦闷，抒发了对博古"左"倾领导的不满。张闻天本人是这样叙述的：

会议上，我同博古同志的公开冲突，是在关于广昌战斗的一次讨论。我批评广昌战斗同敌人死拼，遭受不应有的损失，是不对的。他批评我，说这是普列汉诺夫反对俄国工人武装暴动的机会主义思想。我当时批驳了他的这种污蔑，坚持了我的意见，结果大家不欢而散。其他到会同志，没有一个表示意见。

从此时起，我同博古的矛盾加深了，他有一次似乎是传达李德的意见，说："这里的事情还是依靠于莫斯科回来的同志。"意思似乎说，我们内部不应该闹磨擦。当时，我没有重视这句话，现在想起来，倒是很有意思的。

由于这些矛盾的发展，博古开始排挤我。（六届）五中全会后，我被派往中央政府工作，就是把我从中央排挤出去的具体步骤。后来又把我派到闽赣做巡视工作（项英从闽赣巡视才回来后），实际上要把我从中央政府再排挤出去，而把中央政府的领导交给别人。在我不在中央政府时期，博古等公开批评中央政府的文牍主义，在背后攻击我。直到快要出发长征前，我才从闽赣回来……

我当时感觉到我已经处于无权的地位，我心里很不满意。

长征开始后，张闻天和毛泽东、王稼祥都编在军委第二纵队（"红章"纵队）里。毛泽东、王稼祥坐担架，张闻天骑马，没有战事的时候，白天养足精神，晚上彻夜长谈。他们交谈的中心内容是王明"左"倾路线在军事理论和军事指挥方面的严重

281

错误，彼此看法越来越接近。

王稼祥有时非常气愤地批评李德，洛甫较多地谈论他与博古之间的争论，毛泽东则从理论和实践的结合上科学地分析"左"倾军事路线的错误与危害，阐述自己的主张。

张闻天的夫人刘英是中央红军中参加长征的30名女战士之一，时任"红章"纵队巡视员，负责无线电台和做政治思想工作。据刘英回忆，张闻天曾亲口告诉她：他关于中国革命战略的许多正确认识，就是在这种彻夜长谈中受到启发的。他和毛泽东的思想渐渐合拢，开始了反对博古、李德的斗争。

1943年12月16日，张闻天在延安整风笔记里是这样记述的：

记得在长征出发前有一天，泽东同志同我闲谈，我把这些不满完全向他坦白了。从此，我同泽东同志接近起来。他要我同他住在一起，这样就形成了以毛泽东同志和王稼祥同志为首的反对李德、博古领导的"中央队"三人集团，给遵义会议的伟大胜利打下了物质基础。长征出发后，我同毛泽东、王稼祥二同志住一起。毛泽东同志开始对我们解释反五次'围剿'中中央在军事领导上的错误，我很快地接受了他的意见，并且在政治局内开始了反对李德、博古的斗争，一直到遵义会议。

索尔兹伯里在《长征——前所未闻的故事》中写道：

洛甫几个月来一直在向毛泽东靠拢。他们夏天在云石山上的多次谈话已使洛甫相信毛是正确的。四月在广昌遭到失败后，洛甫曾严厉批评过博古……

毛泽东、洛甫和王稼祥不久便取得一致意见，他们都认为应尽早要求召开会议，以解决军事领导权的问题。事情发展到这一地步，李德和博古注定要失败了。

中央红军长征前，张闻天几次到瑞金城外云石山探望病中的毛泽东。图为二人一起住过的云石山古寺

当时，红军的最高权力全部集中在由博古、李德、周恩来组成的"最高三人团"

手里。按照博古的话说，"遵义会议前，'三人团'处理一切"。

要想挽救危局，结束"左"倾冒险主义在党内和红军内的统治，就要首先结束"最高三人团"的政治领导权和军事指挥权。于是，"中央队三人集团"准备向"最高三人团"宣战。

●通道会议上，毛泽东又有了发言权

12月4日，中革军委决定"继续西进至通道以南及播扬所、长安堡地域"，然后北上，实现与红二、红六军团会合的既定方针。

第二天，刚刚休整两天的红军又踏上了漫漫征途，主力兵分两路沿湘桂边界继续西进。这一地区山岭连绵，道路崎岖，尤以越城岭（俗称老山界）最为险峻，行军异常艰难。陆定一曾撰文《老山界》，详细记述了当时的情景：

满天是星光，火把也亮起来了，从山脚向上望，只见火把排成许多之字形，一直到天上与星光连接起来，分不出是火把的火光还是星光。这真是我平生未见的奇观！

大家都知道这座山是怎样的陡了，不由得浑身紧张，前后发起喊来，助一把力，好快些把山上完……

这篇文章后来被收入中学课本，而广为传颂。

老山界是中央红军远征以来面对的最高也最不好翻越的大山，嵯峨奇异的怪石直插云霄，威严而又神秘。毛泽东感慨万千，一时诗性大发，写下了三首《十六字令》：

山，快马加鞭未下鞍。惊回首，离天三尺三。

山，倒海翻江卷巨澜。奔腾急，万马战犹酣。

山，刺破青天锷未残。天欲堕，赖以拄其间。

在翻越老山界时，周恩来直接听到毛泽东对"最高三人团"指挥的尖锐意见，并坚决反对继续北上同红二、红六军团会合的原定计划，建议立即转兵向西，到敌军力量比较薄弱的贵州去开辟新的革命根据地。随后，他又直接或间接听到张闻天、王稼祥、朱德、刘伯承、彭德怀、林彪等人的意见，与毛泽东的意见大体一致。

后人在评说周恩来时，认为他温良恭俭谦让献身之风采，绝对符合中国传统的道德规范。尤其难得的是，他身处高位却无权力欲，不贪功不诿过，往往把成就让给别人，而自己替人承担责任。也正是"无可比拟的光明磊落的气量使他成为一个重要的排难息争，解决纠纷和照顾全局的角色"。

因此，当周恩来听到这些意见时，立即意识到这代表了全军指战员的想法，不可等闲视之。但他同时又是一个组织纪律观念极强的人，与红二、红六军团会合是原定计划，如果要改变必须由中央集体研究决定。

红二、红六军团一部

11日，先头部队红一军团第2师占领了湘西南重镇——通道城。

位于湘桂黔三省交界处的通道县，是侗族聚居区，素有"南楚极地"、"百越襟喉"之称。它东依湖南邵阳，北靠靖州，西邻贵州黎平，南接广西龙胜三江，为湘、黔、桂三省六县交界之地，人称"一脚踏三省"，是个名副其实的"通道"。

著名的恭城书院便坐落在通道县境内的县溪镇。它之所以出名，不仅因为历史悠久——始建于800多年前的宋朝徽宗时期，更因与红军结下过不解之缘——从1930年12月到1934年12月，短短4年间就有邓小平率领的红7军、王震和萧克率领的红六军团，以及中央红军在此驻扎过。恭城书院由此载入了中国革命战争的光辉史册。

12日，中共中央在恭城书院召开了紧急军事会议，讨论进军方向问题。参加会议的只有7个人。除了"最高三人团"外，还有中革军委主席、红军总司令朱德、总政治部主任王稼祥、政治局常委张闻天和许久未在中央会议上露面的毛泽东。

会议首先通报了敌情：国民党"追剿"军第一兵团陶广部主力正向临口、通道方向进逼，"寻觅红军主力截剿"，李云杰、李抱冰师进驻绥宁策应；第二兵团薛岳部先头已抵达洪江，周浑元部随后跟进；桂军开进至马蹄街、石村、独境山一带；黔军到达锦屏、黎平一线。

此时，中央红军如果继续北出湘西，与红二、红六军团会合，势必陷入数倍于我且以逸待劳的敌军包围圈，有全军覆灭之险。然而，李德、博古仍不顾客观实际，坚持原定计划。李德后来回忆道：

我提醒大家考虑：是否可以让那些在平行路线上追击我们的或向西面战略要地急赶的周（浑元）部和其他敌军超过我们，我们自己在他们背后转向北方，与二军团建立联系。

何去何从,红军面临着生死抉择。

危急关头,毛泽东根据当面军事态势,在通道会议上力主放弃北上湘西的原定计划,改向国民党统治力量薄弱的贵州前进,以摆脱敌人,争取主动,适时在川黔边创建苏区。

贵州,地处中国西南边陲,是个"天无三日晴,地无三里平,人无三分银"的贫穷偏僻山区。统治它的是国民党贵州省主席兼第25军军长、人称"双枪将"的王家烈。

当时,黔军第25军共有5个师,却分属4个派系:王家烈指挥第1、第2师,下辖5个旅15个步兵团及特务团、山炮团各1个;副军长侯之担指挥教导师,下辖4个旅8个团;副军长犹国才指挥独立第1师,下辖2个旅6个团;师长蒋在珍指挥第3师,下辖2个旅4个团。

中华苏维埃人民共和国川滇黔省革命委员会旧址

从表面上看,黔军人数不少,但编制复杂,派系林立,装备不整,缺乏训练,而且黔军上至军长下至伙夫,人人吸食鸦片,号称"双枪兵"(一支步枪,一支烟枪),战斗力极差,军纪太坏,每到一处都要大肆抢掠,"军行所至,鸡犬不留",简直就是一群乌合之众。

毛泽东力主红军转兵入黔正是看中了这一点。

正忍受疟疾折磨的李德在听翻译讲完毛泽东的发言后,愤然退席。

会议继续进行,王稼祥忍着伤痛从担架上抬起身子说:

"我同意老毛的意见,改变战略方针才是出路。"

随后,张闻天、朱德表态支持毛泽东的意见。主持会议的周恩来也表示同意。只有博古仍坚持北上与红二、红六军团会师的原定计划,但他也认为"从贵州出发可以一直向北,在那里才真正有了可能遇到很小的抵抗",最后还是同意了向贵州进军。

当晚19时30分,中革军委发出《关于我军十三日西进的部署》的"万万火急"电,命令中央红军"迅速脱离桂敌,西入贵州,寻求机动,以便转入北上","第一师如今天已抵洪洲司,则应相机进占黎平"。

中途退场的李德在《中国纪事》中,将只开了一天的通道会议称为"飞行会议",

红军进入贵州后写的标语
"不发欠饷不打仗"

以发泄内心的不满。然而,短促的通道会议却意味深长。这是从第五次反"围剿"开始以来,毛泽东第一次在中央有了发言权,而且他的发言第一次得到中央多数同志的赞同。

　　这个"第一次"至关重要,它使红军改变了博古、李德原定的行军路线,从而避免了再次钻入蒋介石布好的口袋阵里,遭受全军覆灭的危险。

　　正如索尔兹伯里在《长征——前所未闻的故事》一书中所写的:

　　尽管通道会议连一片纸也没留下(人们只是在最近几年才慢慢知道举行过这么一次会议),它作出的决定的重要性是毋庸置疑的。毛泽东参加了那次会议,这是他自一九三二年以来第一次在军事委员会上发言……

　　会上几乎没有什么争论。朱德和其他军事指挥官立即接受了毛的建议……长期以来红军领导人在一个问题上取得一致意见,这还是第一次,更不用说是对毛泽东的意见了。

●红军转兵入黔，"双枪将"进退维谷

中央红军根据通道会议的决定，开始西进"夜郎国"的故土——贵州。

这个贫穷偏僻的山国顿时处在九级风暴的震撼之中，而处在冲击中心的自然是"双枪将"王家烈。

王家烈，字绍武。国民党陆军中将。1893年生于贵州桐梓。自幼熟读圣贤之书，还曾教过几天私塾。但大丈夫生于乱世，自然要创立一番大事业，于是便投笔从戎，与周西城等几个桐梓老乡结为至交，开始耍枪杆子。

1914年，王家烈入贵州陆军步兵第6团当兵。次年8月，入黔军贵阳模范营学习。护国战争中，任陆军第1混成旅步兵第2团少尉排长。后入贵阳讲武堂学习。1918年参加护法战争。

时任第1混成旅营长的周西成为培植个人势力，大力提拔同乡，王家烈升任连长。随着桐梓派势力的不断壮大，王家烈步步高升，官运亨通。

1922年，周西成任黔军旅长，王家烈任营长，旋升任团长。次年初，周西成率部入黔，占领遵义，王家烈升任旅长。1926年，周西成任贵州军务会办，王家烈升任第25军第2师师长。同年6月，周西成任贵州省省长兼第25军军长，掌握了贵州军政大权。

这时，王家烈觉得自己跟随周西成多年，立下了汗马功劳，却没有得到更高的职位，心怀不满。

为了吞并周西成这一股割据势力，蒋介石屡次挑起贵州内部和滇黔两省的战争。1928年冬，国民党第43军在蒋介石的指使下回黔倒周。周西成阵亡，按资历、按战功都应由王家烈继任省长和军长之职。谁知事出逆料，桐梓系中的另一个拜把子兄弟、副军长毛光翔捷足先登，接任贵州省主席，并兼第25军军长。王家烈虽升任副军长，心中却是愤愤不平。

就像当年在粤军中扶植陈济棠一样，蒋介石又开始在黔军中寻找扶植亲蒋势力。这次，他选中了王家烈。

王家烈果然不负蒋委员长"重望"，没过多久便赶跑了毛光翔，把持了贵州省党政军大权。

如愿爬上了"贵州王"宝座的王家烈，唯我独尊，终日沉溺酒色，不理政事。王夫人万淑芬乘机干预军政，很快掌握了8个团的兵力，并在黔军中大量安插万氏

周西成战死后，时人为之修建的周公祠及全省各地为之题写的挽联碑刻

家族和铜仁县同乡，形成铜仁派。这样，桐梓派与铜仁派之间相互争权夺利，斗争日益激烈。王家烈对此不闻不问，放任自流，致使贪官污吏比比皆是，兵匪横行，税收多如毛牛。贵州百姓陷入深重灾难之中，怨声载道。

有人还专门做了一副对联进行讽刺：

上联是：自古未闻粪有税；下联是：如今只有屁无捐；横批是：国民万税。

当时，贵州盛产鸦片，黔军军纪败坏，吸食鸦片成风，一人一支步枪、一支鸦片烟枪，号称"双枪兵"，王家烈便成了名副其实的"双枪将"。

对共产党、对红军，王家烈不并陌生。在国民党将领中，他也算得上是一位"剿共"老手了。

早在1927年9月，王家烈就率部进抵湖南沅陵，进攻毛泽东领导的秋收起义军。但他还未同起义军接触，就先与湘系军阀熊震、陈汉章因争夺地盘打了起来。毕竟王家烈客籍他乡，孤军深入，结果被湘军扫地出门，狼狈地退返铜仁。

1930年7月，王家烈奉蒋介石之命出兵湘西，配合中央军"围剿"湘鄂西苏区。由于他"出兵积极，会剿有功"，深得蒋介石的欢心，旋即升任湘黔边区"剿总"司令。

1931年，王家烈又同湘军章亮基部堵截北上与中央红军会师的李明瑞、张云逸的红7军。

1934年4月，王家烈协同湘军李觉部、桂军廖磊部，对贺龙的红二军团进行"围剿"。随后指挥所部堵截萧克的红六军团入黔。

10月，王家烈在思南正部署追击红二、红六军团的计划时，接到蒋介石由牯岭发来的电报，称：中央红军已离开瑞金西进，其先头已到大庚县属之聂都山附近，有沿萧克部队的路线进入贵州模样，命他率部择要堵击。

王家烈一时如五雷轰顶，目瞪口呆。

对于中央红军此次大举入黔，究竟顶不顶得住这个问题，对他来说，是秃子头上的虱子——明摆着的。

因为在中央红军之前，红六军团作为先遣队已在一个多月前挥师入黔。王家烈率部亲自堵截，尝够了苦头。该部不过八九千人，尚且如此难以对付，如今红军的大本营数万人一齐来到贵州，如何能够招架得住呢？更何况贵州内部派系林立。

当时，犹国才割据盘江八属，侯之担割据赤水、仁怀、习水、绥阳等县，蒋在珍割据正安、沿河各县。他们对王家烈口头上表示拥护听命，但实际上名为贵州省主席兼第 25 军军长的王家烈竟然不能直接调动他们的一兵一卒。王家烈真正能直接调遣指挥的，不过 2 个师 5 个旅。就凭这点儿兵力，怎能与中央红军相抗衡！

王家烈暗暗叫苦不迭，看来自己辛苦经营的贵州地盘，这次是肯定保不住了。

而且更为复杂难办的是，他既要防堵红军，又要时刻警惕自己的上司蒋委员长。因为委员长的中央军，必会乘追击红军之势进入他的地盘的。

反"围剿"斗争中的工农红军

这次，王家烈的判断非常正确。

当闻听中央红军突破湘江后转兵贵州，蒋介石真是又气又恨又喜。

气的是，在他眼中已是"流徙千里，四面受制，下山猛虎，不难就擒"的红军竟然突破了数十万国军铁桶般的包围。

恨的是，陈济棠、白崇禧、李宗仁等地方军阀拥兵自重，采取"送客式的追击，敲梆式的防堵"，谁也不愿猛追强堵，致使他的"剿匪"大业功亏一篑。

喜的是，红军选择贵州作为进军方向。因为贵州遍地穷山恶水，久据不易，同时这也为他染指大西南，结束割据局面提供了一个千载难逢的好时机。

当时在西南，势力最大的军阀只有三人：刘湘、龙云、王家烈。三人中与蒋介石关系最好的当属王家烈。

1929 年冬，张发奎、李宗仁联合起兵反蒋。蒋介石委任王家烈为国民军讨逆指挥官，还特意将军政部第 4 电台拨给他使用，以便直接联系。

对蒋介石的栽培之恩，王家烈感激涕零，竭尽效力，出兵黔桂边境，牵制桂系李宗仁、白崇禧后方；接着又逼走四川军阀赖心辉，占据黔东南一带；随后多次参加"围剿"红军的作战。

在拉拢利用地方军阀为自己卖命方面，蒋介石是格外舍得花本钱的。不仅当面夸奖王家烈"剿共很有成绩"，而且出手大方，一次就赏给王家烈迫击炮 16 门、子弹 20 万发，后又赠送德国新式步枪 1000 支。

在蒋介石的支持和资助下，王家烈扩军备武，仅用短短三年多的时间，便新组建了几个团，武器装备也焕然一新，并创办了沅洲军士教导队，势力大增。

随着武力的增长，王家烈的野心也不断膨胀，认为自己羽翼丰满，便公开与贵州省主席兼第 25 军军长毛光翔决裂，希冀入黔主政。

1932 年春，在蒋介石的暗中怂恿和支持下，王家烈率所部兵马由洪江直趋贵阳，没费吹灰之力就迫使毛光翔交印让权。

王家烈在贵阳的公馆

蒋介石自然乐意做这种顺水人情，随即任命王家烈为贵州省主席兼第 25 军军长。

独揽贵州大权的王家烈，渐渐忘记了手中的权力是谁给的了。

王家烈深知，蒋介石已经觊觎贵州多年了，而贵州地贫人稀，要想在军阀割据混战不断的动荡中求得自保，坐稳"贵州王"的宝座，就必须千方百计地扩充实力。于是，他一面大量将贵州盛产的鸦片烟运出，换取武器装备扩充实力；一面同陈济棠、李宗仁订立粤桂黔三省同盟，暗中反蒋。

纸里毕竟包不住火。没过多久，蒋介石就获知了这一密约，自此便视王家烈为眼中钉，开始制造机会，夺取贵州。

王家烈回忆道：

蒋介石对我又不怀好意，我自己明白：自我主黔政以来，由于犹国才、蒋在珍作乱，蒋介石不调他二人离开贵州。我为保持地位，只好将贵州土产鸦片烟运出，通过两广换回武器补充。因此，曾经同陈济棠、李宗仁订立三省互助联盟，暗中反蒋。后来，这个密约被陈济棠的部下余汉谋盗出去，向蒋告密。从此，蒋视我为眼中钉。

在西南军阀中，刘湘的川军拥兵百团以上，兵力、战斗力最强，内部派系也最复杂。龙云的滇军兵力最少，没有军、师编制，全部兵力仅有 6 个旅加 1 个警卫团共 13 个团，比黔军还少一半，但兵员却最精，内部最统一，掌握控制也最严。王家烈的黔军成军最晚，虽说兵员尚足，兵力居中，但战斗力最弱，在历次军阀战争中很少得胜，不是败于滇军，就是败于川军。

毛泽东选择打击对象时，总是强调先拣弱的打。

蒋介石对付地方军阀也是如此。收拾大西南，他首先选中了与他关系最深、但实力最弱的王家烈。

晏道刚回忆道：

蒋介石早已安下乘追堵红军的机会，完全掌握西南的一个双管齐下的计谋。我最初是从陈布雷处得知这一消息的。

当红军于12月进入黔边时，蒋在南昌对陈布雷说："川、黔、滇三省各自为政，共军入黔我们就可以跟进去，比我们专为图黔而用兵还好。川、滇为自救也不能不欢迎我们去，更无从借口阻止我们去，此乃政治上最好的机会。今后只要我们军事、政治、人事、经济调配适宜，必可造成统一局面。"

王家烈对蒋介石翦除异己的伎俩早就见识过，但对他图黔决心之大，却始料不及。眼见红军大举入黔，王家烈的确是又惧又怕，深感以他势单力薄的"双枪兵"阻止红军主力在黔境内纵横，无异于登天。更令他畏惧的是薛岳率中央军长追入黔，这将直接威胁到他的地位和权力，因为蒋介石早就对贵州垂涎三尺。

不过，这时王家烈心里还存有极大的侥幸，红军不会来吧？贵州地贫人穷，可能不会为红军所注目。

王家烈的如意算盘打错了。毛泽东在通道会议上的一个妙计，把他的梦幻击得粉碎。

红军大举入黔，蒋介石严令王家烈防堵，电文中有"务必摒弃境域观念，戮力同心，莫使赤匪立足斯土"之语。

在王家烈看来，蒋介石这段话颇有用意，简直就是专门针对他的良苦用心而言的。这也使他进退两难：听命防堵吧，黔军不堪一击；不听命吧，薛岳的中央军来了更有好戏看。

王家烈回忆道：

我在思南接蒋介石的上述电报后的想法是：红军主力到贵州来了，共产党要占据我的地盘，要阻挡他们，我无力办到。蒋介石对我又不怀好意，……他早就想攫取贵州，从而控制西南各省。这次，他的中央军乘追击红军的机会，要进贵州来了，想拒绝他，也不可能。前思后想，心绪非常烦乱。在当前形势下，我只有执行蒋介石的命令，阻击红军，使其早日离开黔境；一面相机同两广联系，保存实力，以图生存。……联系结果：广西第四集团军李宗仁、白崇禧同意派他第七军（军长廖磊）率覃联芳、周祖晃两师开到贵州都匀、榕江策应；广东第一集团军陈济棠同意派其第二军（军长张达）推进到广西浔州（桂平），必要时进到柳州策应。他们说，若再远离其各自的省境，就感觉自己后防空虚，无法办到了。

且说王家烈一面望眼欲穿地盼着援军的到来，一面召集侯之担、犹国才、何知重、柏辉章等黔军将领到贵阳开会，商量对策。

会议在黯淡、慌乱的气氛中进行。

虽说这些将领平日里各自拥兵自重，相互间矛盾重重，但现如今面对可能的双重压迫，经过一番争吵，还是很快达成了共识：

一切以保存地盘和军政大权为目的。红军若来，即采取"防而不打、堵而不追"的方式，尽量避免冲突；若不能避免时，则退避三舍，让其通过，以图自保。

王家烈回忆道：

由于大家的根本利害一致，犹国才、侯之担、何知重等均来省参加会议。会议决定：执行蒋介石的命令，对红军协力防堵。具体部署是：侯之担部担任防守乌江以北，原驻湄潭王家烈部第八团归其统一指挥。犹国才部开到乌江以南，犹本人同我先到马场坪，他任东路的左翼指挥，负责平越、瓮安之线；我指挥所部，担任东路的右翼作战，便于接近广西。尔后看情况发展，相机推进。

王家烈能在军阀多如牛毛的贵州当上省主席，呼风唤雨，自然也不是一个酒囊饭袋。在部署防堵时，他又留了一手，把和他有隙的侯之担、犹国才部署于乌江两岸，心想让他们先抵挡一阵再说。自己的实力则置于紧挨广西的黔东南，坐观形势。如若堵截顺利，出击不晚；如若不顺，可与关系素好的桂系联系，以退其身。

他的想法倒不错，可惜只是一厢情愿。

部署完毕后，王家烈同犹国才率军部指挥所人员，由贵阳出发，没走多远就接到侦报：

1934年12月，王家烈在福泉县马场坪主持召开军事会议，与会人员合影

中央红军沿萧克部队经过的路线，取道湘西进入贵州黎平、剑河一带，有经镇远、施秉、黄平向北行进模样。

王家烈叫苦不迭：

"共军来得好快呀！"

随即命第2旅旅长杜肇华率第5、第6团向黎平增援；命第1旅旅长李成章率第2、第3、第9团推进剑河策应；命榕（江）下（司）黎（平）永（从）民团指挥何韬率民团增防榕江，以解黎平之围。

同时致电南京政府，"恳请飞令到湘各军及桂军入黔"。电文如下：

国府主席林（森）、行政院长汪（精卫）、委员长蒋（介石）钧鉴：

顷据何副总指挥知重巧晨电称，据锦屏杜旅长肇华筱亥电报：赣匪一部约五六千人，删日在黎平被我周旅长芳仁击退，折向老锦屏，图绕天柱、青溪北窜，被我五、六两团迎头痛击，匪伤亡甚众。铣日匪分数股向南嘉堡、平兆、瑶光等处猛攻，企图强渡清江河，向剑河、台拱方面沿萧匪旧路北窜。当与我河防守兵激战半日，匪部续到甚众。复以机炮向我岸猛轰，江岸碉堡多被摧毁，官兵死亡二百余人，致被突破。等语。当饬该旅长集结所部，尾匪痛击，并令李旅长成章率二、三、九各团，推进施洞、剑河截堵；王参谋长伯勋督率团队及第三团扼守锦屏至清江河下流；周旅长芳仁转饬团队肃清后方，即行率部尾匪追剿。等语。查该匪号称十万，若今日久蔓延，不仅黔省被其赤化，恐川、湘及其他各省，亦同感危殆。除集中所部进剿堵截外，并恳中央飞令到湘各军，西移黔境；及桂省各部队越境会剿，以期聚歼该匪，挽救黔难，无任感祷。

王家烈叩。巧印。

教过私塾的王家烈竟忘了中国有句古训："饮鸩止渴"。他的"请军电"给自己闯了个弥天大祸。

蒋介石早就把"追剿"红军作为进入地方势力派实力范围的敲门砖，接到此电自然喜上心头，当即密令薛岳：

"黔军力弱，恐难防堵，希督励所属，克日迅由晃县、玉屏直趋镇远截击，并据贵阳，以期一举聚歼。"

薛岳心领神会，不管王家烈的"请军"是真是假，令所部以急行军速度长驱直入贵州。

从此，王家烈便如同坐在火山口上，日子一天不如一天——红军把他当"弱敌"打，蒋介石拿他当"软蛋"欺。

●黎平，一向温文尔雅的周恩来发火了

位于黔北的黎平城，四面环山，黔军周芳仁第4旅的1个团及附近各县民团在此驻守。

12月14日，红3团进抵黎平城郊。

别看黔军平日里在老百姓面前耀武扬威，可在英勇的红军将士面前压根儿就不是对手。眼见红军兵临城下，早就吓破了胆，当即弃城而逃，一口气退至大坡顶，固守待援。

黎平古镇

红军毫不费力地进占黎平，一下子把蒋介石部署在湘西的重兵置于无用武之地，赢得了主动。

这时，各路敌军远离红军约三天的路程："追剿"军正向铜仁、玉屏、天柱之线推进；黔军王家烈部退守施秉、镇远、台拱地区；桂军1个师向榕江进逼。

红军在两个月的连续行军作战中第一次获得了休整的可能，同时也为中共中央在黎平召开政治局会议赢得了时间。

12月18日，中共中央政治局会议在黎平县城二郎坡胡荣顺店铺内召开，开始清算"左"倾错误，史称"黎平会议"。

出席会议的有政治局委员博古、周恩来、毛泽东、张闻天、朱德、陈云，政治局候补委员王稼祥、刘少奇，各军团指挥员列席，而李德自称"因为患疟疾发高烧没有出席"。

会议仍由周恩来主持，集中讨论战略方针问题。

博古代表李德发言，仍坚持沿红六军团前进的路线进入湘西北，与红二、红六军团会合，创造新根据地的原定方针。毛泽东表示坚决反对，在分析了敌我形势之后，

明确提议红军继续向黔西北进军，夺取遵义，在川黔边地区建立新根据地。

王稼祥、张闻天、朱德等先后发言，对第五次反"围剿"以来的军事路线错误进行了尖锐的批评，一致赞成毛泽东的建议，进军黔北。

经过激烈讨论，绝大多数与会成员同意毛泽东的主张，形成了《中央政治局关于战略方针的决定》：

一、鉴于目前所形成之情况，政治局认为过去在湘西创立新的苏维埃根据地的决定在目前已经是不可能的，并且是不适宜的。

二、根据于：甲、使我野战军于今后能取得与四方面军及二、六军团之密切的协同动作。乙、在政治的、经济的及居民群众的各种条件上，求得有顺利的环境，便利于彻底的粉碎五次"围剿"及今后苏维埃运动及红军之发展。

政治局认为新的根据地应该是川黔边区地区，在最初应以遵义为中心之地区，在不利的条件下应该转移至遵义西北地区。但政治局认为深入黔西、黔西南及云南地区对我们是不利的。我们必须用全力实现自己的战略决定，阻止敌驱迫我至前述地区之西南或更西。

三、在向遵义方向前进时，野战军之动作应坚决消灭阻拦我之黔敌部队。对蒋湘桂诸敌应力争避免大的战斗，但在前进路线上与上述诸敌部队遭遇时则应打击之，以保证我向指定地区前进。

四、政治局认为，为保证这个战略决定之执行，必须反对对于自己力量估计不足之悲观失望情绪及增长着的游击主义的危险，这在目前成为主要危险倾向。

五、责成军委依据决定按各阶段制定军事行动计划，而书记处应会同总政治部进行加强的政治工作，以保证本决定及军事作战部署之实现。

对于黎平会议决议，当事人聂荣臻是这样评价的：

这是一个十分重要的决议，是我们战略转变的开始。其中最主要的是指出，去湘西已不可能也不适宜，决定向遵义进发。这样一下子就把十几万敌军甩在了湘西，我们争取了主动。

另一位当事人李维汉也高度评价道：

我认为长征改道是从通道会议开始酝酿，而由黎平会议最后决定的。这个决定非常重要，它既使红军避敌重兵，免遭灭顶之灾，又能放开自己的手脚，打运动战，主动消灭敌人。特别是使红1、2军团获得"解放"，可以灵活机动地消灭敌人的有生力量，红五军团也不致因担负后卫老吃苦头。

没有参加这次会议的李德，对这份完全"违背"他的意图的决议自然非常不满。许多年后，他在《中国纪事》里仍耿耿于怀地写道：

占领黎平之后，我们又举行了一次会议，彭德怀和林彪也参加了，我因为发高烧没有出席。周恩来事先来问我的意见，我提议，改变行军方向转向西北，以便绕过省会贵阳（因为根据我们的情报，已有六七个蒋介石的部分机械化精锐师向贵阳方向出动了），渡过乌江，消灭较弱的贵州省军队，解放乌江以北和以西的，以遵义为中心的地区；然后在这个地区建立临时根据地，寻找同蒋介石向前推进的军队进行战斗的时机。虽然这个方案，除去最后一部分，大体上符合毛泽东在以前的谈话中所表示的意见，但又被他粗暴地驳回了，他没有提出一个不同的建议。其实，如果撇开周恩来提出的几个战术行动，向遵义继续进军的方案，同我的建议并没有什么区别。

会议结束后，出于对军事顾问的尊重，周恩来在当天夜里把决议送给李德过目，并顺便探望正受疟疾折磨的"洋顾问"。李德看过译文后，很是恼火，与周恩来大吵起来，提出许多责问。涵养极好的周恩来忍无可忍，顶撞了李德。

据在场的周恩来警卫员范金标回忆：两人用英语对话，"吵得很厉害，总理批评了李德。总理把桌子一拍，搁在桌子上的马灯都跳起来。熄灭了，我们又马上把灯点上。"

周恩来后来回忆说：

从老山界到黎平，在黎平争论尤其激烈。这时李德主张折入黔东。这也是非常错误的，是要陷入蒋介石的罗网。毛主席主张到川黔边建立川黔根据地。我决定采取毛主席的意见，循二方面军原路西进渡乌江北上。李德因失败大怒。

黎平会议以中央政治局的集体决定否定了"左"倾领导者坚持去湘西与红二、六军团会合的主张，接受了毛泽东的正确意见，挥戈西指，从根本上改变了中央红军的进军方向问题，使红军避免了全军覆没的危险。这是中央红军长征以来的重大战略转折，从思想上、组织上、军事上、内容上为遵义会议的顺利召开奠定了基础。

黎平会议旧址

黎平会议也是毛泽东正确路线同以王明为代表的"左"倾冒险主义斗争中取得的第一个胜利。毛泽东又开始参与军事领导和指挥了。

1934年的冬天格外寒冷，似乎凝聚了一年的痛苦和不幸。对中国共产党和中国工农红军来说，1934年无疑是凝重而惨烈的一年。

但冬天来了，春天还远吗？

毛泽东和他的战友们在经历了血与火的考验之后，即将重新占领中国革命的大舞台，扮演叱咤风云、指点江山的重要角色。

三士争功

湘江一役，蒋介石取得了"剿共"以来最辉煌的战绩，
却意犹未尽，连声叹惜：无异纵虎归山，
数年努力，功败垂成！面对为保存实力、
出工不出力的各路地方军阀，更是破口大骂，
但也无可奈何。其实，这正是由他自己一手造成的。
大战过后，委员长论"功"行赏，
重奖湘军，"老虎仔"薛岳醋意大发，
愤愤不平道：湘、桂军不是我们中央军监视压迫他们，
一仗也不会打呀。"小诸葛"气得直骂娘，
李宗仁也"义愤填膺"，既不能让红军进入广西，
但也决不容许中央军的一兵一卒进入广西。
清水关，桂军上演了一出"捉放曹"的好戏，
领教了桂军厉害的中央军再也不敢踏入广西境内半步。
一部精心拍摄、
宣传桂军"追剿"战绩的影片——《七千俘虏》，
在全国各地公开放映，导演便是白崇禧……

● "湘、桂军不是我们中央军监视压迫他们，一仗也不会打呀"

湘江战役蒋介石共动用了中央军 9 个师、湘军 7 个师、桂军 5 个师、粤军 4 个师，参战兵力近 30 万人。中央红军在接连突破国民党三道封锁线到达湘江东岸时，兵力已由出发时的 8.6 万缩减至 6 万余人，东面、北面有国民党中央军和湘军，西面有湘军、桂军，南面有粤军，陷入四面包围之中，似乎已经插翅难飞，即将陷入灭顶之灾。

然而，中央红军死死守住新圩（界首以东五六十公里的灌阳县内）、觉山铺（界首以北五六十公里的全州县内）、光华铺（界首以南三公里）这个铁三角，硬是从二十多万"追剿"大军布下的铜墙铁壁中，杀出一条由东向西挺进的血路，突围而去，挫败了蒋介石寄予厚望的全歼红军于湘江以东之企图。

战后，何键不禁颓然叹息：

"键当时于役戎行恭承枢命，亲执槌与乎西路追剿诸役。每独居深念，既不能拾遗补缺有所献，替弭变乱于未事之先。复不能如乡先达曾人胡罗诸公以乡兵平大难，澄清海甸纾中枢西顾之忧。抚剑叹息，不能不自感其才力之不逮。"

抗战期间，何键被蒋介石解除兵权，委以抚恤委员会主任委员的闲差，住在陪都重庆。有人见他寂寞无事，便向他推荐了一本《延安一月》。

看后，何键沉默良久，叹息道：

"共产党组织民众，唤起民众是扎实的，毛泽东真有一套理论和办法。"

此时此刻，不知当年的"追剿"军总司令耳边是否响起脚山铺下隆隆的枪炮声，眼前是否浮现界首湘江渡口被红军将士鲜血染红的江水……

见精心炮制的"追剿"计划最终未能完全实现，蒋介石更是感到意犹未尽，暗自叹惜道：

"无异纵虎归山，数年努力，功败垂成！"

对粤、桂、湘军保存实力、出工不出力的做法，蒋委员长连声痛骂，大有恨铁不成钢之意。国民党军事专家们也将四道封锁线失守之责归罪于陈济棠、白崇禧和何键三人身上。

其实，真正的败因却在蒋介石，这正是由他一手造成的。

首先，这个湘桂边五路"追剿"红军的计划是中央军与粤、桂、湘军联合作战。既然是联合作战，薛岳所率第六路军的中央军 9 个师应归"追剿"军总司令何键指挥，当然作为前敌总指挥，薛岳也可以指挥何键第四路军的湘军7个师。实际上，双方谁也不买谁的账。

一向拥兵自重、尾大不掉的粤军陈济棠、桂军白崇禧就更不听蒋介石的招呼了。因此，名义上是联合作战，而且也有多方面电报联系，但他们各怀鬼胎，所谓通力合作不过是纸上谈兵、自欺欺人罢了。

蒋介石视察"围剿"红军的国民党军

正如时任国民党第六路军总司令部上校参谋的李以劻所回忆的：

在湘粤边、湘桂边追击红军由于是"中央军"第六路军与湘军第四路军联合作战，薛岳所带九个师总的方面要受何键指挥，按作战序列薛也可指挥湘军的第四路军。但第四路军各军师也不买账。

其次，蒋介石有意把粤、桂、湘军等地方部队摆在"追剿"第一线，威逼他们与红军拼死一搏。而给薛岳的命令却是：

"第六路军以机动穷追为主，匪行即行，匪止即止，堵截另有布置。如侦察匪军有久盘之计，务即合围，毋容其再度生根。对朱、毛与贺龙合股之企图，务必随时洞察其奸，在战略上要经常注意，加以防范。"

好一个"匪行即行，匪止即止"。说白了，就是让薛岳驱动中央军9个师的重兵，在后面像赶鸭子似的将中央红军赶入何键、陈济棠、白崇禧等一班地方军阀的地盘，自己则躲在第二线，坐等渔翁之利。

这自然引起了陈济棠、白崇禧、何键的极大不满，都想出了各自的高招。

陈济棠为维护其割据地位，主动与红军联系，进行秘密谈判，达成让道协议，只要红军不深入粤境，就奉行"敌不向我射击，不许开枪；敌不向我袭来，不准出击"的方针，为红军让开西进通道。

白崇禧更鬼，认为"给红军活路，也是给自己机会"；当然他是绝不允许红军进入桂境建立根据地的，所以奉行"不拦头，不斩腰，只击尾"的作战方针，先行撤防全（州）、兴（安）、灌（阳）铁三角，尔后杀了一个回马枪，对红军的后卫部队奋力出击，"放开脚山铺的红军头，死赶新圩的红军尾"，迫使红军尽快离境。

何键虽与中央军通力合作，"追剿"奔走最卖力，部队行动最积极，但也对堵截红军没有信心，只想如何能使红军迅速通过，不要在湘境停留下来。

湘军部署一直就是前轻后重，愈接近桂境兵力愈薄，愈靠近湘境兵力愈厚，随时准备将锋头缩回来，防止红军进入湘境。当他发觉白崇禧突然撤防、有意将红军放入湘西时，简直急疯了，指挥湘军在脚山铺拼死也要把红军赶出湘境。

红军渡过湘江后，即经西延、龙胜边沿山岳地区北进，何键总算是松了一口气，当即在湘南成立湖南善后处，划郴县、宜章、汝城、临武、桂阳、新田、宁远、嘉禾、江华、蓝山、永明、道县等县为特别区，将各地收容被俘的千余名红军士兵一律集中，然后分别资遣或"感化"。同时也将收容的中央军落伍兵两三千人加以处理，并对当地所谓有赤化嫌疑的民众，一律加以清查迫害。

谁知，没容何键高兴上两天，蒋介石又命薛岳跟踪追堵红军入黔。这下，一向"追剿"积极的何键不答应了，深恐薛岳率第四路军所辖的湘军第一、第四、第五纵队入黔后，自己失去控制，便以阻击湘西贺龙、萧克"股匪"为由，坚决不答应。

12月18日，何键急电蒋介石：

桃源于筱午被贺、萧股匪攻陷，罗旅被截断，两团长负伤，现匪围攻常城甚急，势难固守，请飞兵救援。等语。窃贺、萧乘虚进犯，职早引以为深虑，只以职辖部队正在专力进剿朱、毛大股，而迭电请求调用朱、岳、罗各师，又须留驻赣西。嗣后蒙派郭师，则以道途较远，刻仅两团到达长沙。匪现乘我援兵未集，猛攻常城，若即进一步分兵扰我益阳、安化，则糜滥更大。职负地方重寄，事先明知其故，而力不从心，及情急势迫，则已误事机，顾此失彼，心痛曷极。现一面飞令徐总司令迅令在澧之部队向临澧、鳌山夹击，一面令郭师已到长沙之两团及飞调十九师一部，与省会警备部队，兼程开常援剿，一面令陈渠珍师迅出大庸，断匪归路，勉应一时。至如何将该匪根本歼灭，并谋湘西之整理与巩固，俾免进剿之顾虑，容俟筹拟，呈候

蒋介石（右一）指挥国民党军"围剿"中国工农红军

钧核，示遵。

字里行间，何键在向蒋介石施压。

对此，蒋介石无可奈何，只得同意将何键的嫡系湘军李觉、陶广、章亮基等师回调湘西，进攻红二、红六军团，令刘建绪率余下的湘军4个师在薛岳的指挥下，进军黔东，跟踪追击中央红军。

李以劻回忆道：

何键的总部虽由衡阳移至宝庆（今邵阳市）"督剿"，实际上看到红军西征，额手称庆，喜在心头。当时何键隐忧的事情却是红二军团自与萧克的红六军团会合后，声势逐渐扩大，在湘西的桑植、大庸步步发展。在江西红军主力渡湘江时，红二、六军团为策应中央红军作战，乘湘军全力调往湘南时，就东下包围常德、桃源，威胁岳阳、长沙。当时何键无兵可调，蒋介石才由湘鄂边调来湘西绥宁布防的第四十三军郭汝栋部往援。迨12月13日（或14日）红军由通道入贵州黎平地境时，何键怕自己嫡系入黔脱离自己指挥，一再电请蒋介石将第十九师李觉部、第十六师章亮基部、第六十二师陶广部调至湘西沅陵集结，布置进攻红二、六军团；其余湘军第十五、六十三、二十三、五十三等四个师由刘建绪率领跟踪追击。

只要红军不进入自己的地盘，就不和红军死拼硬打，最大限度地保存实力。湘江之战，国民党地方军打红军，怀的正是这种心态。

一心想在湘江边完成委员长"剿共"大业、"名垂青史"的薛岳倒是异常勇猛，但他所率的中央军9个师，除周浑元纵队3个师加入战斗外，其余2个纵队6个师作为机动兵团，一直躲在湘南境内，远离桂北湘江岸边，用一种不远不近、不紧不慢的方式和红军保持两天路程，耐心等待红军尽可能多的与粤、桂、湘军相拼。因此该部没有大的战斗，只是天天跑路，结果落伍遍地，疲于奔命。战后经统计，薛岳部仅在赣湘地境落伍、伤病的官兵就高达9千余人之多。

晏道刚回忆道：

在战役过程中，战报雪片飞来，我阅后凡属重要的即交给蒋的机要秘书汪日章摘要转给蒋看。我素知陈诚、薛岳见重于蒋，蒋对薛的来电比较重视，因此薛岳的来电在当时是不能积压的。……薛岳所率吴奇伟部及直辖部队，由于红军不是由永州北上与红二、六军团会师的，该部在湘南境内没有战斗。但薛对何键的湘军及白崇禧的桂军这样摆长蛇阵未阻止红军通过湘江，曾向蒋表示他的不满，对白、何等怕"中央军"抢地盘的处置也有所揭露。这一点我当时是理解到的。薛岳所率周浑元部，这次也没有大的战斗。唯该部抢先占领道县，使红军行动受阻，达成战略任务，曾受到蒋的嘉奖。

名利心极强的薛岳看到粤军在延寿之役，桂军在灌阳、新圩之役，湘军在全州、觉山（即脚山）之役的告捷，分别受到蒋介石嘉奖时，醋意大发，认为他们是"车大炮"（粤语吹牛之意），并愤愤不平地说：

"湘、桂军不是我们中央军监视压迫他们，一仗也不会打呀。"

蒋介石那种企图以湘、粤、桂地方势力消耗歼灭红军主力、而中央军作壁上观的一箭三雕、两败俱伤的精心算计，终害及其身。

●清水关，广西兵缴了中央军的枪

湘江之战在国民党军各派系尔虞我诈、相互指责抱怨的叫骂声中落下了帷幕。硝烟尚未散去，又一轮尔虞我诈的明争暗斗上演了。

蒋介石遇到的第一个棘手的问题便是"论功行赏"。

从委员长的内心说，他想把"头功"赏给自己的嫡系中央军薛岳部，但他所率的中央军9个师，"匪行即行，匪止即止"，基本未与红军发生大的战斗，只是天天跑路，不仅没有显著战绩可言，反倒是落伍遍地。

姜还是老的辣。蒋介石终于找到了奖赏薛岳部的借口——周浑元部抢先占领道县，使共军行动受阻，达成战略任务，予以通令嘉奖。

然后，蒋介石又开始考虑奖赏地方势力派，尤其是打头阵的湘军出力最大。

但奖励湘军也有麻烦，毕竟红军主力是从他们的防线渡过湘江的，应负失守之责。其实，何键、刘建绪在战斗刚刚结束，就提心吊胆，害怕蒋介石以"失守江防"为由而问罪湘军。于是，他们一面向委员长"告捷"，虚报伤毙红军人数，称"斩获数千"；一面又为逃避湘江失守之责，指控桂军撤出文市以南各关，私自转移兵力并未通报友军之罪。

何键、刘建绪作战一贯要滑头，蒋介石知之甚深，对他们这种所谓"捷报"，心里也很明白。但出乎人们意料的是，蒋介石并未追究他们的湘江失守之责，反而给予嘉奖。

原来，善于玩弄权术的蒋介石心存别图，意在收买拉拢分化湘军诸将，以达到其最终控制湘军之目的。

蒋介石的此番良苦用心很快便收到了奇效。刘建绪果真投靠了蒋介石，唯委员长的命令是从。

1935年7月，刘建绪奉蒋介石命令，接替何键出任第四路军总指挥，并兼任湖南省政府委员、国民党湖南省党部监察委员、湖南省保安司令等职，夺取了何键的军政大权，成为湘军新统帅。

失之东隅，收之桑隅。蒋介石没有完成他在湘江岸边全歼朱毛赤匪的伟业，却将湘军牢牢地控制在自己的手里。

对付地方实力派，蒋介石的惯用伎俩是打拉结合。在重奖湘军的同时，对桂军就不客气了，尤其是对白崇禧擅自开放全（州）、兴（安）、灌（阳）地区的做法更是大为不满，称此举"任匪从容渡河，殊为失策"。

白崇禧可不干了，立即给蒋介石拍发了一封措辞颇不客气的电报：

顷奉委座俭亥电，拜诵再三，惭悚交集。赤匪盘踞赣闽，于滋七载，东南西北四路围剿，兵力达百余万，此次任匪从容脱围，已为惋惜，迫其进入湖南，盘踞宜章，我追剿各军，坐令优游停止达十余日不加痛击，尤引为失策。及匪沿五岭山脉西窜而来，广西首当其冲，其向桂岭东南之富、贺，抑向东北之兴、全，无从判定。职军原遵委座电令，将兵力集中兴、全，后以共匪分扰富、贺，龙虎关之警报纷至沓来。复奉委座电令，谓追剿各军偏在西北，须防共匪避实就虚，南扰富、贺西窜，更难剿

蒋介石视察部队

灭。等因。兹以湘、桂边境线长七百里，我军兵力总数不过十七团军，处处布防，处处薄弱，故只得以军一部，协同民防堵，而以主力集中于龙虎、恭城一带，冀以机动作战，捕捉匪之主力而击破之；又虑匪众我寡，顾此失彼。选经电请进入全州附近之友军，推进兴、全，并经与湘军协定，共匪主力侵入兴、全时之夹击方案。自匪以伪一、九两军团由江华、永明方面分扰富、贺边

境及龙虎关，与我防军接触后，当指挥进击，经两日激战，将其击溃，并判明匪之主力窜入四关，即以十五军全部及第七军主力星夜兼程转移兴、灌北方之线截击该匪。感日以来，在文市方面苏江、新圩之线与匪第三、五、八军团主力决战四日，未结战局。其经过情形，曾经陆续电呈在案。委座电责各节，读之不胜惶恐骇异。无论职军在历史立场上，已与共匪誓不并存，而纵横湘、赣边境数年之萧匪主力，目前为我七军追至黔东将其击溃。即此次共匪入桂以来，所经五日苦战，又何尝非职军之独立担负，不畏螳臂挡车之识，更无敌众我寡之惧。至于于全、咸之线，因守兵单薄，被匪众击破，则诚有之；谓觅守兵，则殊非事实。以我国军百余万众尚被匪突破重围，一渡赣江，再渡耒河，三渡潇水，如职军寡少之兵力，何能阻匪不渡湘江，况现届冬季，湘江上游处处可以徒涉乎。职军之历史士气，职历来作战指挥，向抱宁为强敌粉碎之志，决无畏敌苟存之心，尤其对于共匪，向来深恶痛绝。淞沪清党，频年剿共，

事实俱在，可以复按，凤隶委座拼愫，谅邀洞鉴。共匪虽多，欲求安全通过桂境而不遭我军痛击者，无此理也！道程虽远，飞机不难侦察。周司令浑元所部，宥日进入道县，本日已入桂境，通觅匪我决战之场，亦可令其实地调查，究竟何军与匪决战，战斗经过几日，共匪死伤几何，又何军瞻望不前，何军迟迟不进，便明真象矣！至示以遵照芸、先计划，速为亡羊补牢各节，当遵令执行。唯目前问题似不全在计划，而在实际认真攻剿，尤忌每日捷报浮文，自欺欺人，失信邻国，贻笑共匪。至若凭一纸捷电，即为功罪论断，则自赣、闽剿共以来，至共匪侵入桂北止，统计各军捷报所报，斩获匪众与枪械之数，早已超过共匪十有几倍，何至此次与本军激战尚不下五六万乎！至于此后追剿，仍当决尽全力与匪周旋，功罪毁誉，不暇顾及也。

本应做贼心虚的白崇禧此时竟完全是一副大义凛然、兴师问罪的模样。

这也难怪白崇禧生出如此大的气。还在中央红军越过第二道封锁线时，他就接到南昌行营的一纸电报，责怪其对共匪"围而不击，堵而不剿"。正当他窝火憋气之时，蒋介石又任命何键为"追剿"军总司令，把他的桂军也划进去，统归何键指挥。

虽说白崇禧是地方实力派中第一个发电祝贺何键就任总司令的，但那是虚情假意的官样文章。背地里，一提起这个打游击出身的保定军校老同学兼"把兄弟"何键，白崇禧就气不打一处来！

想当年，蒋介石是北伐军总司令，他是副总参谋长代理参谋长，何键才是个师长，如今竟成了他的顶头上司，指挥起他来了。更可气的是，何键原先一直攀附桂系，与他和夏威义结金兰，亲如手足，可蒋桂战争爆发后，竟临阵倒戈投蒋，在背后给桂军狠狠地插了一刀，使他战败远逃越南。

这次又是何键恶人先告状，说是"因为桂军方面堵截不严，才使共匪一部渡过了湘江"。

旧仇未解又添新恨。从此，白崇禧与何键至死不和，以至他晚年在台湾回忆起这一幕时，仍愤恨不平地说：

检讨这次战役如刘建绪之部队能努力合作，战果更大。当刘部甫入全州，我们为尽地主之谊，特备酒肉款待，望其饱食之后，协助共同作战。我们派飞机侦察刘部是否行动，驾驶员回来，很怨愤地说："他们不在剿共，而在'抗日'。"原来刘部架着枪在睡觉，驾驶员说的日不是指日本，而是指太阳。

不光白崇禧气得直骂娘，李宗仁也是"义愤填膺"。数十年后，定居美国新泽西州的李宗仁在他的回忆录中仍对此事大发感慨：

湘江血泪

民国23年（1934年）冬季，中共号称十万红军，忽自江西突围西窜，并自湖南经茶陵、桂东等处，直迫桂北的恭城、灌阳、全州三个县边境。中央当局拟借刀杀人，故任由共军进入广西，并未跟踪追击，一面反捏造电讯，诬蔑我们私通共军，居心险恶，令人发指。

桂系首领——李宗仁

民国22、23年间，江西剿共战事正炽烈之时，我们也派一师军队假道广东入赣助剿。不久，江西共军在中央第五次围剿之下，有突围他窜模样，我军乃撤返广西，增加省防。

共军此次西窜是由于中央第五次围剿战略的成功。这一战略原是采取德籍顾问的建议，一面用碉堡政策，一面建筑公路，稳扎稳打，步步为营，封锁共军，并断绝其食盐的供给，使其坐困。就战略的原则来说，中央应自四方筑碉，重重围困，庶几使共军逃窜无路，整个就地消灭。如不得已要网开一面，也应将缺口开向闽、粤两省，把共军驱至沿海一带，加以消灭。如民国16年贺、叶南窜，终于在潮、汕一带为李济深、黄绍竑所击败，便是一绝好的例证。但此次中央的战略部署却将缺口开向西南，压迫共军西窜。

共军入湘之后，按当时情势，中央军本可利用粤汉铁路和湘江，水陆两路南下，截击共军，使其首尾不能相顾。而蒋先生却屯兵湘北，任共军西行，然后中央军缓缓南下，迫使共军入桂。同时，中央宣传机构在海内外大事宣传，捏造截获我们予共军电报，说广西李、白勾结共党，期待我和共军互斗两败俱伤之后，中央军可有借口入占广西，居心极为阴险。民国23年9、10月间，共军先遣部队万余人在萧克率领之下，窜至湘、桂边境，全军十余万人随后跟进，有入桂模样。为应付这一紧急局面，第四集团军总司令部乃下令地方政府，将桂东北各县坚壁清野，以防共军入侵。同时将本省常备军14个团悉数调往湘、桂边境，由白崇禧指挥，堵截共军入境，全省民团也奉令动员，以为增援的准备。共、我两军遂在湘、桂北边境的全州、灌阳、资源等处发生接触。共军来势极猛，所幸该地山岭重叠，地形险要，易守难攻。我军以寡敌众，共军无法逞其志。经旬余的战斗，共军攻势已有再衰三竭之势，我军乃全面出击，共军狼狈溃窜，伏尸遍野，死伤万余人，被俘七千余人，造成抗战前剿共战役中罕有的大捷。

其实，对李宗仁、白崇禧的做法，蒋介石心里面一清二楚，若是他处在桂军的位置，他也会这样干，甚至比李白二人干得更狡猾、更彻底。

吵归吵，闹归闹，李宗仁、白崇禧不允许红军进入广西，但也决不容许中央军的一兵一卒进入广西。

就在湘江战役打响后不久，桂军便上演了一出"捉放曹"的好戏。

桂军第7军第24师尾随红军，由灌阳追赶到文市附近。说来真是凑巧，中央军周浑元纵队正由清水关进入。其先头部队万耀煌第13师与桂军覃联芳第24师前卫第72团相距2公里时，双方不约而同地停止前进，用信号联络，明确彼此身份。

覃琦回忆道：

前卫团长程树芬派传骑驰来本队报告，覃联芳闻报，带我快马赶到程团位置，他用望远镜略一探望，即对程树芬说："那是共军，立即攻击前进。"我鉴于过去同湘军成铁侠部队发生误会的教训，再用望远镜仔细观察后，我说："确属中央军服装颜色，不要发生误会。"覃坚定地说："即使是中央军，也不能放过。"

程树芬心领神会，立即派出1营兵力向当面中央军攻击前进。随后，覃联芳再令第70团团附黄炳钿率1个营向右前方包围攻击。

一时间，迫击炮和轻、重机关枪一起开火，炮弹的爆炸声、子弹的呼啸声和桂军士兵的呐喊声响成一片：

"共匪来了，狠狠地打！"

"这回绝不能再叫共匪跑了！"

"你们这群共匪，看你们还跑到哪里去！"

中央军突遭桂军两面袭击，一下子被打蒙了，一面四处躲藏，一面高喊：

"别开枪，别开枪，我们是自家人！"

桂军正杀得兴起，哪管这些，一阵排枪打来，中央军又伤亡了十余人。这时，中央军才醒过梦来：

"这群'广西猴子'是要我们的命啊！"

于是一面拼命还击，一面急向关外撤退。

但桂军的速度实在是太快了，中央军先头部队1个连还是被黄炳钿部截断退路，就地缴械。

这时，第7军军长夏威和第15军参谋长蓝香山"及时"赶到，下令吹联络号停战，制止了这场"误会"。

"误会"结束了，但故事并没有结束，好戏还在后头。

覃联芳当即将俘虏的中央军连人带枪统统放回，并写信一封，派人送与周浑元，"恳切"地向他道歉，表示此事实因误会所致。

事后，覃琦不解地问覃联芳：

"师座，您为什么要这样做？"

覃联芳颇为神秘地一笑，说：

"这是上面的指示。"

覃琦自然清楚覃联芳所说的上面就是白崇禧。

"误会"的直接受害者万耀煌不但没有抗议，反而亲自向白崇禧道歉。周浑元也不傻，心里清楚这是桂军有意制造事端，意在敲山震虎，却又不好发作，只得咽下了这口窝囊气。在领教了桂军的厉害后，他终不敢再踏入广西境内半步，遂指挥所部向东安、武冈方面绕道前行。

时任国民党广西桂林区民团指挥部参谋长的虞世熙回忆道：

当中央军进入广西边境时，第七军覃联芳师的第七十团在文市附近缴了中央军总指挥周浑元第三十六军的先头部队一连人的枪（缴枪后，说是误会，旋即退还）。这就是警告中央军不要打广西的主意。结果，周浑元、李觉、陶广、章亮基、萧致平、郭思演等部队，都不敢沿着红军所走的石塘圩、麻子渡、凤凰嘴、洛江、西延的路线尾追红军，而是由文市一路经两河圩，一路经白宝岭取道全州县城经黄沙河、庙头出湖南安东。

周浑元在清水关吃了一个哑巴亏，讪讪地退出广西。白崇禧却乐不起来，深恐中央军另有企图，便派蓝香山到咸水与湘军第19师师长李觉会晤，探听中央军动静。

李觉如实相告：

"薛岳部队已沿黄沙河向湖南靖县前进。"

白崇禧这才如释重负，长长地松了一口气。

● "小诸葛"导演了一出"七千俘虏"的大闹剧

12 月初，桂军已侦悉红军并无久留广西企图，白崇禧就派不足 2 个师的兵力在越城岭大苗山下监视了事。

返回桂林后，白崇禧和桂军总参谋长叶琪在城里大摆筵宴，唱戏三天，慰劳参战将领。并对外界大肆吹嘘：此役桂军将士上下同心，勇猛无敌，重创共匪，斩获颇非。

这时，虞世熙密报：各地乡公所收容了一些红军病兵和因足痛不能行动的士兵或挑伏，有数百人之多，请示如何处置。

白崇禧眼前一亮，计上心来。

数日后，一部精心拍摄、宣传桂军"追剿"战绩的影片——《七千俘虏》在全国各地公开放映。

白崇禧便是这部"巨片"的总导演。

对于拍摄这部影片的原委，李宗仁在他的回忆录中写道：

当共我两军正打得血肉模糊之时，"中央"追兵却在湘中一带作壁上观。京沪一带 CC 系的报纸，更鼓其如簧之舌，被尽颠倒黑白之能事，说共军已和我军妥协合作云云。因此，在共军被我击溃之后，我即发一急电给上海市长吴铁城。略谓，此次共军"西窜"，我军加以堵截，在湘、桂边境发生激战，共军为我击伤击毙的几万余人，生俘七千余人。俘虏之中，湘、粤籍的约三千余人，已就地设法遣送还乡。其余四千余人，都是共军在苏、浙、皖、赣一带，裹胁来的，就地遣散不易，弟拟租用专轮，将该批俘虏，分批运往上海，敬烦吾兄就便遣散回籍，庶使被胁良民返乡务农，并慰其父母妻子喁喁之望，实为德便云云。

吴铁城得电后，立即回电说，请将俘虏就地遣散，千万不必运来上海云云。在我和吴市长数度电报往返后，全国非 CC 系的报纸俱有报导。因而 CC 系报纸造谣中伤的阴谋，适自暴其丑，从此不敢再度造谣了。这也是"剿共"战役中一段有趣的小插曲。

尽管李宗仁说得理直气壮，煞有介事。但许多年后，时任桂军第 4 集团军总部高参的刘斐道出了白崇禧拍摄此片的真正目的：

1965年7月，毛泽东在中南海亲切接见从美国归来的李宗仁夫妇
（右起：李宗仁、毛泽东、郭德洁、程思远）

白崇禧为了抵赖蒋介石责备广西堵击不力起见，大肆夸张战斗激烈程度，并慌报俘虏红军战士七千余人，阵亡数以万计，还拍了一部电影从事扩大宣传，吹嘘广西部队的战斗力，用以压低中央军的威风。目的无非是为了恐吓蒋介石不要轻于向广西进攻而已。

当事人之一的虞世熙则在回忆中揭开了所谓红军"七千战俘"的真相：

红军过境之后，新桂系开动宣传机器，大肆吹牛说击溃红军，俘获数千之众，甚至不惜伪造事实，制成"七千俘虏"影片来夸耀他的"战功"。所谓七千俘虏，原来是这样的：当红军大军过境后，沿途遣散一些病兵和因足痛不能行动的士兵或挑夫，当时好些乡公所曾打电话来问我对这些兵夫如何处置？我叫他们将这些落伍的兵夫送到县府来，同时报总部请示。各乡送来的落伍兵夫，我指定城北小学校为收容所，每天每人发给伙食费两角，共计收容了300人左右（兴安、灌阳两县也收容了一些，但数目不详）。在收容完毕之后，即接总部来电话，要县府把这批落伍兵夫送到桂林，交由桂林区民团指挥部转送南宁总部。由于人数无多，他们就厚颜无耻地雇请一些平民化装成"俘虏"，制成"七千俘虏"的影片，并把这部影片运到各地去放映。白崇禧对群众演说时，都夸耀桂军击溃红军的"战绩"，并且责备中央军"剿共"不力。其中有两句最滑稽的讽刺话，说："蒋介石叫他们（指中央军）去'剿共'，他们偏要'抗日'（指晒太阳）。"

另外一位当事人，参加拍摄这部影片的周游则讲得更为详细、直白：

当时我是广西桂系"中国国民革命军第四集团军总司令部政治训练处宣传科少校处员"。处长是潘宜之，科长是李文钊。我们率领一个电影队到兴安，队长是黄学礼。那时红军已经过了兴安、华江，越过老山界，进入资源的浔源乡，向龙胜、三江去了。

在兴安县城外收容了由各处送来的一些跟随红军长征的掉了队的男女老幼，其中还有背孩子的妇女。总共约有一百二三十人。这些人，都由电影队作为红军俘虏摄了影，上了镜头。

另外，华江千家寺烧了十多间房子，这是桂系尾随红军部队的第七军因不慎失火烧的，我带着电影队长黄学礼去把残余的烟火及颓墙断瓦等尽量上了镜头。后来这些都做了制造《七千俘虏》电影的镜头材料。随后，李文钊就率领电影队回南宁拍摄《七千俘虏》电影纪录片。所有俘虏战利品等镜头，都是由民团扮演的，全是假的。

当时正值国民党五中全会召开前夕，李宗仁、白崇禧等桂系军阀便以《七千俘虏》大做文章，四处宣传，声称桂军以2个军4个师的兵力在湘江击败了红军第三、第八、第九军团，湘军以3个军7个

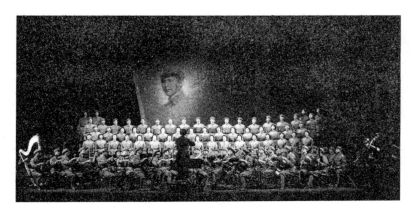

《长征组歌》（剧照）

师的兵力打败了红军第一军团，而中央军的3个纵队9个师只击败了担任后卫的红军第五军团，借以压低别人，夸耀自己。

蒋介石自然也看了这部"精心拍摄"的影片，而且还收到了白崇禧的亲笔信：

蒋委员长钧鉴：

自共军西窜以来，我军即枕戈待旦，遵命驱驰，先则有萧克所部二万余人以为先驱自赣入湘继则入桂，于9月20日自道县、洪水关、永安关等地窜入广西之灌阳、新圩、文市及全县之石塘，经兴安之界首续由资源、龙胜绕湘桂边境之绥宁通道经黔东入川。我广西主力部队与地方民团奋力痛击，屡次战果已达上闻。

侯11月下旬，朱、毛率部蜂拥入湘，意在沿萧克之旧道西窜。广西全部兵力只有两个军共十五个团，即使配合各地民团，亦无法与共军之兵势相比，因此在战略指导上，决定沿恭城、灌阳、兴安之线占领侧面阵地，置重点于右翼，拟乘其长驱入境之际，拦腰痛击，战果奇佳。仅文市、咸水一战，即俘虏共军七千余人，缴枪三千余支。为纪念此次大捷，特摄《七千俘虏》之影片奉上……

看完影片后,蒋委员长的内心是苦涩的。他很清楚这肯定又是白崇禧搞的鬼把戏,用以虚报邀赏,不给军饷就不干事,但大量的军费物资若交给他,岂不是养虎为患吗?

一心想削弱地方实力派的蒋介石,自然不会傻到从自己的兜里拿出大把的银子,去扶植异己。可白健生既然已经出招儿挑战,他又该如何接招儿应对呢?

思来想去,蒋委员长还是毫无办法,干脆来了个装聋作哑,任由白崇禧折腾去。

●蒋介石仰天长叹："这真是外国的军队了"

在成功地"礼送"红军出境，"小诸葛"白崇禧还没有高兴两天，便又眉头紧蹙。

原来，红军转兵入黔，势单力薄的贵州省主席兼第 25 军军长王家烈向广西求援。此时，薛岳的中央军集结于武岗至洪江一线，何键的湘军以重兵置于城步、绥宁、靖县之线，黔东南极为空虚，而蒋介石又限制桂军入黔，规定洪州以南（不含洪州）为桂军的守备区域。

蒋介石染指贵州的企图已是"司马昭之心——路人皆知"。贵州一旦落入蒋介石之手，不仅使广西失去主要的财源，而且在军事上对广西也是一个直接的威胁。

于是，白崇禧立即对桂军进行重新编组，准备"星夜赴援"王家烈。具体部署为：

第 15 军军长夏威为第 1 追击队指挥官，指挥黄镇国第 43 师、王缵斌第 44 师，在红军的左后方追击；第 7 军军长廖磊为第 2 追击队指挥官，指挥周祖晃第 19 师、覃联芳第 24 师，进驻龙胜；第 15 军所属第 45 师留驻后方。

红军入黔后，设在贵州习水县狮子沟的司令部旧址

"南天王"陈济棠也看出了其中的玄机。

12 月 11 日，陈济棠、李宗仁、白崇禧联名致电蒋介石：

共匪朱、毛正突围西窜，号称十万，气焰紧张，天诱其衰，是我军最好歼灭之机会。途次信丰、安息、铅厂、城口、仁化、延寿、九峰、良田、临武、下灌、四眼桥、道县、洗砚圩、桃川、四关、文市、新圩、苏江、界首、寨圩、珠兰铺、宝洛冈、石塘等处，经我湘、粤、桂各军节节兜剿，计已歼灭过半。计凭隔匪众约五万人，转向湘、黔边境，所过之地，焚毁掳掠，庐舍为墟，非各路大军继续追剿，不能根本肃清，若任其转黔入川，会同萧、贺、徐匪，则共祸之烈，不堪设想。盖川、黔

两省，卯谷西南，山深林密，形势险峻，远非赣、闽无险可恃之比，若不趁其喘息惶恐未定，加以猛力攻剿，则匪众一经休养整顿，组织训练，北进足以赤化西北，打通国际路线；南向足以扰乱黔、桂，影响闽、粤，破坏东亚和平，危害友邦安宁；而党国民族之危亡，更将无从挽救。济棠、宗仁、崇禧等，迭承各方同志奖勉有加，亦应当仁不让，继续努力，窃以为共匪不除，国难未已，一切救国计划，皆属空谈。粤、桂两省军旅，素以爱国为职志，拟即抽调劲旅，先组编追剿部队，由宗仁统率，会同各路友军，继续穷追，以竟全功。如蒙采纳，即请颁布明令，用专责成，并请蒋委员长随时指示机宜，俾便遵循。除另派专员面陈一切机密外，谨此电闻。

为何一向以"保境安民"、"防共与防蒋并举"为己任的陈济棠、李宗仁、白崇禧，这次竟主动请缨，入黔"追剿"红军呢？

道理很简单：桂、粤、黔三省在鸦片烟的种植和运输方面，有着共同的利益关系。尤其是"贫困省"广西，当时全省将近一半的财政收入来自于黔、滇两省的鸦片烟过境税，可以说是桂系的经济命脉。

王家烈在贵州发行的纸币

李宗仁在回忆录中写道：

共军既不能得志于广西，乃"西窜"入黔。我得报后即分电中央和贵州省主席王家烈，建议将湘、黔边境道路彻底破坏，凭险防堵。因湘、黔边境多羊肠小道，一经破坏，共军即运动困难。中央军和我军再从后夹击，则湘黔边区便为远东共党的坟场了。熟知中央置若罔闻，其原因固然是中央别有企图，同时也可能是"中央军"实在不经打，与其见屈于共军，倒不如保存实力，慢慢跟进，以占领共军离去后的地盘。

23年底，共军入黔，贵阳吃紧。为免贵阳沦陷，我遂派廖磊率我军精锐的第七军，星夜赴援。

老奸巨滑的蒋介石又怎能不知他三人的心思，遂即命令薛岳率部日夜兼程向贵州进发，并于次日发出《重申湘水以西地区会剿计划大纲电》：

查赣匪西窜，前已拟定湘、桂、黔各军会剿计划大纲，业经十一月筱戌行战一电知在案。兹为严防赣匪入黔，重申前令起见，各军守备区域，按照筱电规定地点，迅速完成碉堡，严守之。

到嘴的肥肉，蒋介石是不会让别人动的。

等到薛岳的 10 万中央追击大军深入贵境、图黔大局已定时，蒋介石又想用"借刀杀人"之计，命令桂军入黔配合追击红军，继续充当中央军的"替死鬼"。

"小诸葛"早已把蒋介石的心思摸得一清二楚，便密令廖磊率周祖晃、覃联芳两个师依中央军之前例，始终与红军保持 40 里路程，一路相随，直到把红军送出黔境。

就这样，廖磊的第 7 军在红军后卫董振堂的红五军团之后徐徐跟进，虽锲而不舍，但再也没有与红军发生战斗。

虞世熙回忆道：

这次桂军的追赶红军，锲而不舍，有非将红军驱出贵州省境绝不罢休之势。这种醉翁之意，局外人了解是不多的。当我率何、蒋两个大队随廖磊前进至才喜界岭脚时，遇着由城步来大埠头的两个小商贩，我就问他们："红军走向哪里去了？"他们说："红军已向通道县方向前进了。"我把所得情况报告廖磊后，我对他说："红军既离开广西向贵州前进了，何必越境追击呢？这种做法，不但徒劳无功，还会惹起邻省的误会；而且万一敌人后续大队跟着来，那我军的处境和广西的安宁就不堪设想了。"廖沉默了许久才对我说："云、贵两省的鸦片烟过境税，是我们一笔最大的财政收入，如果贵州被共产党盘踞了，或者被蒋介石假途灭虢，把王家烈撵走了，我们这笔财源也就断绝了，而且直接受到威胁。"

曾在清水关俘虏了周浑元部 1 个连的桂军第 24 师第 70 团团附黄炳钿也参加了这次"追剿"行动。他回忆道：

红军深入贵州境内，第七军军长廖磊亲率第十九师及第二十四师，始向贵州的从江、下江、榕江、经三都、丹寨到都匀停止。这条路线不是红军长征的道路，没有与红军接触。不久，由薛岳指挥的中央军进入贵州。而红军经镇远、湄潭，亦已到达遵义，复折回开阳，经贵定进军。廖磊深恐薛岳所部南下，借追击红军的机会，乘势侵入广西。当即把第二十四师和第十九师移至都匀的西北端，在文德一带地区布防，构筑防御工事，名为"防共"，实则"防薛"。后来红军经贵定及麻江之间，通过都贵公路，经惠水而至安顺。廖磊仍恐红军向桂北进发，复把第二十四师由都匀调到独山，再沿平塘、平丹、通州而到罗甸，转移到广西的乐业、天峨布防。后闻红军由安顺入川，第二十四师奉调回桂、黔边界的六寨、麻尾驻防；第十九师驻防独山，一直驻了数月之久，直到1935年夏间，第七军全部始由贵州调回柳州。此时正值罂粟收割完毕，麻尾圩场，每逢圩日，男男女女，把新鲜的鸦片烟土，运到圩上，公开摆卖，每两2角。所有投机烟商，云集圩内大肆抢购。第二十四师官兵，这次又遇到发财机会，四处找寻旧木板，制成弹药箱，大装烟土，伪装弹药，运回广西。官兵所带的水壶、饭盒，也满载烟膏而归。沿途经过禁烟局卡，明知官兵携带大量烟土，却不敢在老虎头上捉虱，自找苦吃。从这些事例中又可看到桂军的腐化和骄横。

蒋介石召开军事会议，商讨"剿共"大计

见桂军赖在都匀不走了，蒋介石心急如焚，急电催促廖磊继续"追剿"行动。

廖磊复电：

"容请示白副总司令允许，才能前进。"

蒋介石不禁仰天长叹："这真是外国的军队了。"

雄关漫道

在 1935 年辞旧迎新的鞭炮声中，

中央红军强渡乌江，突破天险。

守将侯之担弃城而逃，一路狂奔到重庆。

蒋委员长龙颜大怒，下令：缉拿侯之担，以儆效尤。

暂时摆脱了追兵的红军终于在遵义城豪华气派的柏公馆里，

坐下来反思第五次反"围剿"失利的原因。

在残酷的现实和血的教训面前，

博古、李德再也无法继续掩盖他们的错误，

红军再也不能容许他们"瞎指挥"了。

遵义会议上，众望所归的毛泽东重新恢复了在党和红军中的领导地位，

中国革命自此得救了……

●红军强渡乌江天险，"猴子蛋"吓破了胆

如果说 1934 年国共军事斗争的赢家属于蒋介石的话，那么这年最后 1 个月的最后几天则成了国共两党及其军队决胜的分水岭——红军从此走出低谷，取得了一个又一个的胜利。

1934 年的最后一天，红军进至乌江南岸。同日，军委纵队经瓮安县的老坟嘴，到达猴场。这时，博古、李德反对红军转兵贵州，坚持要返回湘西，与红二、红六军团会合。

第二天，也就是 1935 年元旦，在辞旧迎新的鞭炮声中，中共中央政治局会议在猴场召开，做出了《关于渡江后新的行动方针的决定》，再次否定了博古、李德的错误主张，重申"建立川黔边新苏区根据地。首先以遵义为中心的黔北地区，然后向川南发展，是目前最中心的任务"。会议还决定"关于作战方针，以及作战时间与地点的选择，军委必须在政治局会议上做报告"，从而彻夜改变了博古、李德取消军委集体领导、个人说了算的不正常状况。

据此，红军必须首先占领黔北重镇遵义。但在红军前进的道路上横亘着一道天险——乌江。

从西南到东北斜贯贵州全省的乌江，奔流在两岸深灰色的坚硬山岩之间，水深流急，是贵州最大的一条河流，也是黔北各线的一条天然屏障。关于乌江之险，明朝游记作者谢鸿在《夜郎蒙拾》一书中写道：

> 黔地多川，乌江为右，水如奔箭，浪涛惊魂，险滩如麻，滩滩相接，渔人不见踪影。两岸峭岩陡壁，猴不可攀，河谷狭窄如肠，往下俯瞰，人如蚁点，往上仰视，窄窄一线青天……

1934 年 5 月，贺龙、关向应率中国工农红军第三军攻克彭水县城后，经此渡过乌江到黔东开辟革命根据地。图为刻在乌江东岸巨石上的"红军渡"

中革军委命令红一军团强渡乌江，其中第 1 师由军委直接指挥，第

2 师由林彪和聂荣臻率领，分别在龙溪、江界渡口突破。

防守乌江天险的是黔军第 25 军副军长兼教导师师长侯之担。

按照与王家烈在贵阳制定的作战部署，侯之担为了阻止红军渡过乌江，调兵遣将，将驻川南、黔北的大部分兵力向遵义集中，并召集所部旅、团长到遵义开会商议对策。

会上，侯之担信誓旦旦地称：

"教导师奉令防守乌江，必须堵截红军越过。如有玩忽职守，军法从事。"

但手下诸将却没有那么乐观，纷纷摇头叹气，表示：红军战斗力非同一般，蒋介石数十万中央大军尚且不能阻挡，也不敢迎头截堵，乌江又何能阻止得住？况且乌江河防战线过长，万一被突破一点，全线动摇，部队难以集中。

诸将判断红军不会久留贵州，便建议侯之担不如兵分两路撤离遵义，一部撤至赤水、仁怀，保住地盘，并拱卫川南；一部撤至绥阳、正安，以避红军之锋，俟红军走后，可就近收复遵义。

侯之担自恃有乌江天险，并没把红军放在心上，坚持要据守。他判断：袁家河和孙家渡位于瓮安、余庆、湄潭三县边境交界处，河面宽广，水流较缓，背面山势又不太陡峭，可能是红军强渡的目标，据此做出如下部署：

教导师第 1 旅旅长刘翰吾任右路指挥，率第 1、第 3 团防守乌江的江界河一带渡口及河岸沿线，重点放在江界河；川南边防军第 1 旅旅长易少荃任中路指挥，与副旅长任骧率第 6 团防守袁家渡一带河岸，并与防守湄潭的直属第 8 团衔接；教导师第 3 旅旅长林秀生为左路指挥，率第 5 团及机炮营防守孙家渡、茶山关一带，与第 3 团取得联络；教导师副师长侯汉佑为前敌指挥，率特务第 2 营进驻猪场指挥；川南各县留川南边防军第 2 旅侯之玺部防守，由川南边防副司令岑炯昌指挥；赤水、仁怀留第 2、第 7 团驻守，作为总预备队，由邹瑾在赤水坐镇指挥；侯之担亲率特务第 1 营驻遵义指挥。

最后，侯之担又给部下打气：

"乌江素称天险，红军远征，长途跋涉，疲惫之师，必难飞渡。红军或不致冒险来攻乌江，可能另走其他路线。"

12 月 31 日，先头部队红一军团第 4 团在团长耿飚和政委杨成武的率领下，飞速抢占了乌江南岸的江界渡口。

耿飚和杨成武亲自化装来到江边侦察。乌江果然名不虚传，但见湍急的江水滔滔奔腾，浪花如雪，犹如万马奔腾，大有一泄千里之势。两岸到处是数十丈高的悬崖绝壁，岁月风雨早已把它冲刷成蜂窝状，其间怪石凸起，甚是狰狞。

1935 年元旦，红军先在渡口佯渡，以吸引敌人注意力，同时组织以 3 连连长毛振发为首的八位擅长游泳的勇士，冒着严寒和急流，在上游老虎洞悄悄泅水过江。

突破乌江（油画）

但由于准备架桥的绳索被敌人的炮火打断，只得又游了回来。

当夜，红军又组织十八位勇士乘竹筏偷渡。由于水深浪急，只有毛振发率四名战士所乘坐的第一筏渡河成功，悄悄潜伏于黔军罗玉春团防线内岩石脚下。

次日，红军主力在密集的火力掩护下进行强渡。当红军逼近北岸，敌人正在拼命阻击时，突然发现在自己阵地岩石脚下埋有伏兵。红军如同天兵天将，刹那间便冲到黔军阵地上，枪声、手榴弹的爆炸声响成一片。

黔军招架不住，纷纷溃逃。机炮营营长赵宪辉督队反扑，当场被击毙。黔军兵败如山倒，乱作一团。罗玉春见指挥失灵，急得嘶声嚎叫：

"我不走，我要死在这里！"

卫兵们只好拖着他仓皇逃命。

罗玉春团的崩溃，震动了林秀生旅的整个右侧阵地。

3日下午，林秀生旅纷纷溃退，逃窜至珠藏被副师长侯汉佑收容，后经遵义、鸭溪向长干山退却。

惊闻江界河失守，易少荃即率欧阳文、刘安祯两团仓皇撤到龙坪、深溪水设防堵击，在与红军交战数小时后惨败，伤亡及被俘者甚众。易少荃率残部绕过遵义城，向桐梓狼狈逃跑，其残部由刘翰吾收容。

与此同时，扼守茶山关的右路指挥刘翰吾，被林秀生、易少荃两旅相继惨败的消息吓得失魂落魄，江界河、孙家渡相继失守，慌不择路往桐梓退却。

红军不费一枪一弹，夺取茶山关，乘势突破乌江天险，从而扭转了不利局面。

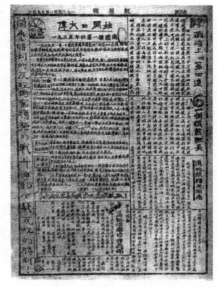

《红星报》报道的红军强渡乌江的英雄事迹

对此，国民党军史专家、时任赣粤闽湘鄂"剿匪"军总司令部顾问的胡羽高不禁哀叹道：

乌江为黔中第一大水，有天险之称。而今朱、毛到此，天堑本难飞渡，然竟易渡。1934年算是过去了，而抗日必先'剿匪'的口号，又成为过去。不料贵州的乌江竟成为朱、毛的过年洗礼，中央军"剿匪"之成就等于零也。

许多年后，新中国的电影工作者将此段历史改编成了一部脍炙人口的电影——《突破乌江》，搬上了银幕。

●扭转中国革命命运的遵义会议在柏公馆里召开

突破乌江天险后，中央红军浩浩荡荡地向侯之担部所驻扎的黔北重镇——遵义前进。

遵义，北通重庆，南接贵阳，东有武陵山，西有大娄山，四周山峦起伏，形势雄峻，为黔北重镇。战国时属夜郎国，汉时设县，到唐代改名遵义县。遵义城以一条穿城而过的小河为界，分为新城和老城。它是黔北各种土产的集散地，汉、苗、布依、回、彝等各族商旅云集的场所，也是中央红军长征以来所经过的第一座繁华的大城镇。

此时，遵义城早已乱成了一锅粥。

在得知前线一连串败讯后，侯之担成了惊弓之鸟，急忙收拾多年来搜刮的金银细软，准备弃城而逃。他刚刚坐进汽车，从前线溃败下来的副师长侯汉佑就气喘吁吁地跑来，请示撤退路线和集中地点。

侯之担不耐烦地说：

"我要去重庆会刘湘再转赤水。你赶快收容部队到仁怀、茅台一带集中听候命令……"

话还没说完，城内突然响起了一阵急促密集的枪声。随即有人高喊：

"不好了，快跑呀！共军打进城了！"

侯之担顿时脸色大变，也来不及向侯汉佑交待任务，就命令司机：

"快、快、快开车！"

在刺耳的喇叭声中，汽车一溜烟向城外驶去。

其实，这不过是一场虚惊。枪声是逃进城内的散兵所放的。

且说侯之担丢下部队，经桐梓、仁怀、习水，一路狂奔，径直朝重庆逃去。见离红军越来越远，侯之担渐渐回过神来，一种不祥的念头涌上心间：

"临阵脱逃可是杀头之罪，老头子会放过我吗？"

经过一番深思熟虑，1月10日，侯之担在逃往重庆的路上，精心拟制了一封颠倒黑白、假报军情、邀功诿过的电报，并加急发给了南京的林森、汪精卫、蒋介石、何应钦，以及各地军事首要张学良、何成濬、何键、陈济棠、李宗仁、白崇禧、刘湘、龙云、王家烈等人：

共匪朱、毛西窜，自上月中旬由湘入黔，此剿彼窜，狼奔豕突，直趋乌江。担奉命总领后备军，率教导师全部沿乌江三百余里扼防，构筑堰固截工事，严阵以待。匪于一日抵江来犯，担部沉着应战，防制该匪于南岸，俾追剿各部易于成功，该匪竟猛攻三昼夜，片刻未断，各渡均以机炮集中轰击，强渡数十次，均经击退，毙匪、溺匪约三四千名，浮溺满江。冬午，匪忽增至二三万之众，拼命强渡。担仰体钧座埋头苦干之训诲，督各部死力抵抗，务祈追剿各军一致奋击。无如众寡不敌，我林旅守老渡口、岩门之一五团，被该匪机炮灭净。匪于冬日午后五时，突过乌江，不得已收集各部退守湄潭龙岩一带，死守待援，以图反攻。该匪渡江后，节节进攻，连日激战肉搏，担部虽伤亡过重，仍以孤军固守遵义。至虞晚，匪以大部攻城，卒以寡不敌众，弹尽援绝，不得不暂率所部北进于娄山关及长岗山之线待援。现匪之主力在遵、湄等处。担部正整顿补充中。查共匪为全国公敌，此间军民等早已具杀敌决心，山河可残，壮志不磨。谨电告明，伏乞睿察，并请中央早颁围剿明令，期于一致进行，以达早日歼灭之效。

真是一篇天下奇文，也难为侯之担能想得出来。

电报发出的第二天，侯之担便跑到了重庆城，面见国民党军事委员会重庆行营参谋团主任贺国光。

没等侯之担开口，贺国光就说：

"老兄既然来了，也就不必走了。"

侯之担起初满心欢喜，还以为是贺主任对他的宽慰和关照。谁知，贺国光倒把他送进一家独门独院，看押起来。

原来，蒋介石见黔军节节败退，尤其是侯之担竟然丢掉部队，临阵脱逃，实在可恶，不禁拍案大骂：

"娘希匹，这个该死的'猴子蛋'必须严惩，以儆效尤！"

随即以作战不力、擅自离职之名下令缉拿侯之担归案，教导师改编为新编第25师，师长一职由吴奇伟部中央军第59师副师长沈久成充任。他要杀"猴"（侯之担）给"蛇"（王家烈属蛇）看。

1月18日，贺国光致电蒋介石：

查侯之担迭失要隘，竟敢潜来渝城，已将其先行看管，听候核办。该部善后事宜，已由刘总司令湘负责处理，以俟复电到渝，再行奉闻。

红军在长征中编写的童谣

侯之担这才知道自己是自投罗网。

消息传到桐梓，桐梓便有民谣说：

"侯之担，侯之担，飞了鸡，打了蛋。"

1月9日下午，博古、张闻天、周恩来、毛泽东、朱德等中共中央领导人骑着骏马，带领中央红军主力，精神抖擞地开进了遵义城。

遵义城的老百姓举着"中国共产党万岁"、"红军是保护老百姓的军队"等标语，兴高采烈地欢迎红军的到来。

中央红军自从踏上转移的征程，几个月来一直在崇山峻岭行走，在险山恶水间战斗，许久没有受到过群众如此盛大的欢迎，感到格外的亲切和兴奋。

美籍华裔作家韩素音在《周恩来与他的世纪》一书里是这样描写这一动人场面的：

博古和朱德，随后是毛泽东骑马进城了。看到毛，战士们高呼"毛主席，毛主席"。他们一遍遍呼喊他的名字。部队已经选择了自己的领袖。

红军占领遵义城，暂时把敌人抛在了后面，有时间讨论红军第五次反"围剿"失败的原因，以及今后怎么办等问题。毛泽东、王稼祥等人向中共中央建议：立即准备召开政治局扩大会议。

1981年人民出版社的《遵义会议文献》一书中，据李德的翻译伍修权回忆：

这时王稼祥、张闻天同志就通知博古同志，要他在会议上作关于第五次反"围剿"的总结报告，通知周恩来同志准备一个关于军事问题的副报告。

一个星期后，1月15日，中共中央政治局扩大会议在遵义城柏辉章公馆召开。这就是决定中国革命成败的遵义会议。

柏辉章本是贵州一个自由商贾和银行家，遵义城周围凡是有利可图的企业中，都有他的股份。由于他善于经营，家产百万，被王家烈任命为黔军第2师师长。遵义正是他的司令部所在地。

就在一年前，柏辉章在遵义城中心为自己建造了一座豪华住宅。这是一幢中国传统建筑和少许西方风格的混血体，两层柱廊式的灰色砖瓦建筑，屋檐略微突出，二层上有带顶篷的阳台，在当时的仅有3万多人口的遵义城里，算得上是最豪华气派的了。

房子周围有高高的围墙，黑色厚重的铁大门正对着遵义一条主要街道。外院是青砖地，房子旁边有一棵大槐树。如果说房子的外观是中西合璧，屋内的陈设则地地道道是中国特色——古香古色的红木家具、山水屏风、仕女花瓶、紫砂茶具、文房四宝等等，一应俱全。

柏辉章万万想不到的是，自己辛辛苦苦建造的、一心想光宗耀祖的"柏公馆"，竟成了中国共产党召开遵义会议的会址。

几十年后，"柏公馆"在纪念章、宣传画和文艺舞台的背景上，被绘成了一幢光芒四射的圣殿。不过所有权永远不属于柏辉章本人，而属于伟大的、光荣的、正确的中国共产党了。

遵义会议旧址——"柏公馆"

出席这次会议的有政治局委员博古、周恩来、张闻天、毛泽东、朱德、陈云，政治局候补委员王稼祥、邓发、刘少奇、凯丰（何克全），红军总参谋长刘伯承，红军总政治部代主任李富春，红一军团军团长林彪、政治委员聂荣臻，红三军团军团长彭德怀、政治委员杨尚昆，红五军团政治委员李卓然，中共中央秘书长邓小平，共产国际军事顾问李德及其翻译伍修权，一共20人。

由于中央政治局和中革军委白天要处理战事和日常事务，会议多在晚饭后开始，一直开到深夜。

这是一次真理战胜谬误、决定中国革命命运的会议。根据刘伯承、聂荣臻的建议，会议首先分析了黔北地区是否适合建立根据地的问题。经讨论，大家认为此地人烟稀少，党的基础薄弱，不便于创建根据地。于是，会议决定放弃黎平会议确定的以黔北为中心创建根据地的计划，改以北渡长江，同红四方面军会合，在川西或川西北创建根据地。

随后，会议进入重点议题：检讨在反第五次"围剿"与向西转移中军事指挥上的经验教训。

会上，中共中央总负责人博古首先作"主报告"，但片面强调客观困难，没有检讨自己以及李德在军事指挥上的错误。正如10年后他在中共七大的发言中所说的：

在这个会议上，我个人是不认识错误的，同时不了解错误，我只承认在苏区工作的政策上有个别的错误，在军事指导上，有个别政策的错误，不承认是路线的错误，不承认军事领导上的错误。因为继续坚持错误，不承认错误，在这种情形下，遵义会议改变领导是正确的，必要的。我不但在遵义会议没有承认这个错误，而且我继续坚持这个错误，保持这个"左"倾机会主义的观点、路线，一直到1935年底1936年初瓦窑堡会议……

与会的绝大多数同志都对博古的报告很不满意。

接着，中革军委副主席、红军总政委周恩来作"副报告"，指出第五次反"围剿"失败的主要原因是军事领导的战略战术错误，并且主要承担了责任，作了自我检讨。

第三位发言的是张闻天。在遵义会议的参加者中，张闻天的地位仅次于博古。在一个多小时的报告中，他根据事先与毛泽东、王稼祥商定的意见，以及一些同志的反映，旗帜鲜明而又比较系统地批判了博古和李德在第五次反"围剿"和长征途中的军事指挥错误。因此也称之为"反报告"。

博古同志在他的报告中过分估计了客观的困难，把五次"围剿"不能在中央苏区粉碎的原因归之于帝国主义、国民党反动力量的强大，同时对于目前的革命形势却又估计不足，这必然会得出客观上五次"围剿"根本不能粉碎的机会主义的结论。……中央苏区的党在中央直接领导之下，在动员广大工农群众参加革命战争方面，得到了空前的成绩。……而博古同志在他的报告中，对于这些顺利的条件，显然是估计不足的。这种估计不足，也必然得出主观上我们没有法子粉碎'围剿'的结论。

……

对军事领导上战略战术上是错误的估计，却又不认识与不承认，这就使我们没有法子了解我们红军主力不能不离开中央苏区与我们不能在中央苏区粉碎"围剿"的主要原因究竟在哪里。这就掩盖了我们在军事领导上战略战术上的错误路线所产生的恶果。红军的英勇善战，模范的后方工作，广大群众的拥护，如果我们不能在军事领导上运用正确的战略战术，则战争的决定的胜利，是不可能的。五次"围剿"不能在中央苏区粉碎的主要原因正在这里。

……

"不放弃苏区寸土"的口号，在政治上是正确的，而机械地运用到军事上尤其在战略上，则是完全错误的，而适足成为单纯防御路线的掩盖物。……单纯防御可以相当削弱敌人力量，可以在某一时期内保持土地，但最终的粉碎敌人"围剿"以保卫苏区是不可能的。……由于对堡垒主义的恐惧所产生的单纯防御路线与华夫同志的"短促突击"理论，却使我们从运动战转变到阵地战，而这种阵地战的方式仅对于敌人有利，而对于现时工农红军是极端不利的。

……

一方面预备突围，一方面又"用一切力量继续捍卫中区"的矛盾态度，正是单纯防御路线的领导者到了转变关头必然的惊慌失措的表现。……突围的行动，在华夫同志等的心目中，基本上不是坚决的与战斗的，而是一种惊慌失措的逃跑的以及搬家式的运动。

……

博古同志特别是华夫同志的领导方式是极端的恶劣，军委的一切工作为华夫同志个人所包办，把军委的集体领导完全取消，惩办主义

《遵义会议》（油画）

有了极大的发展，自我批评丝毫没有，对军事上一切不同意见不但完全忽视，而且采取各种压制的方法，下层指挥员的机断专行与创造性是被抹煞了。……特别指出博古同志在这方面的严重错误，他代表中央领导军委工作，他对于华夫同志在作战指挥上所犯的路线上的错误以及军委内部不正常的现象，不但没有及时的纠正，而且积极的拥护了助长了，这方面应负主要的责任。

"反报告"为遵义会议彻底否定单纯防御的军事路线定下了基调。

第四位发言的是毛泽东。他系统地分析了红军第五次反"围剿"失败的原因，批评了博古、李德在军事指挥上的错误，详细阐述了中国革命战争的战略战术问题和当前在军事上应该采取的正确方针。

伍修权在《我的历程》一书中回忆道：

会上重点批判的是博古，同时批判了李德。因此，会议一开始，李德的处境就很狼狈，别人都是围着长桌子坐的，他却坐在会议室的门口，完全是个处在被告席上的受审者。我坐在他旁边，别人发言时，我把发言的内容一一翻译给他听，他一边听一边不断地抽烟，一支接一支地抽，垂头丧气，神情十分沮丧。

红军政治部主任王稼祥第一个站出来表态：

"我同意泽东同志的发言，第五次反'围剿'之所以失败，主要原因在于我们在军事指挥上犯了严重错误，不能归咎于客观，客观原因有一点，但不是主要的……我认为，李德同志不适宜再领导军事了，应该撤销他军事上的指挥权，泽东同志应该参与军事指挥。"

遵义的这座小楼1935年初曾是红军总政治部所在地

王稼祥是从教条宗派主义营垒中冲杀出来的第一人，是提议召开遵义会议解决党的领导权问题的第一人，他在关键时刻投了毛泽东一票。

据王稼祥的夫人朱仲丽回忆，在1945年4月召开的中共七大上，时任中共中央军委副主席、总政治部主任的王稼祥竟然落选新一届中央委员会。原因就是王稼祥在中央苏区时执行了王明、博古领导的党中央的教条主义错误路线，受到了少数与会代表的不满和攻击，致使大多数代表对王稼祥产生了误解。

第二天，毛泽东立即在大会上发言，指出：王稼祥虽然以前犯过路线错误，但他是建有功劳的，并当场列举了他的三大功劳。

最后，毛泽东诚恳地说：

"昨天选举正式中央委员，王稼祥没有当选，所以主席团把他作为候补中央委员的第一名候选人，希望大家选他。"

经毛泽东一番开诚布公的讲话，代表们对王稼祥有了充分的了解。王稼祥顺利地以全票当选候补中央委员。

"文化大革命"期间，王稼祥不可避免地遭受林彪反革命集团的残酷迫害。1971年"九·一三"事件后，他给毛泽东写了一封信，又一次检讨了自己在30年代前期执行"左"倾教条主义路线的错误，并说自己"为此终生不安"。

毛泽东看过信后，对周恩来说：

"这样的老干部只讲过，不讲功，很难得，应该很快让他出来工作。他是有功的人，他是教条主义中第一个站出来支持我的。遵义会议上他投了关键的一票。王稼祥功大于过。遵义会议后成立了三人军事领导小组嘛，你嘛，我嘛，还有王稼祥嘛，夺了王明等人的军权。"

毛泽东没有忘记王稼祥的功劳，这时距遵义会议已过去了整整36年。

王稼祥表态后，朱德发言，旗帜鲜明地支持毛泽东的正确意见。伍修权在《生死攸关的历史转折——回忆遵义会议的前前后后》一文中回忆道：

朱德同志历来谦逊稳重，这次发言时却声色俱厉地追究临时中央的错误，谴责他们排斥了毛泽东同志，依靠外国人李德弄得丢掉根据地，牺牲了多少人命！他说："如果继续这样的领导，我们就不能再跟着走下去！"

遵义会议通过的关于反对敌人五次"围剿"的总结决议

随后，周恩来、刘少奇、李富春、聂荣臻等也相继发言，支持毛泽东，批评博古、李德的错误。

会议决定推选毛泽东为中共中央政治局常委；指定张闻天起草《中共中央关于反对敌人五次"围剿"的总结的决议》，委托中央常委审查后，发到支部中去讨论；常委中再进行适当的分工；取消"最高三人团"，仍由最高军事首长朱德、周恩来为军事指挥者，"恩来同志是党内委托的对于指挥军事上下最后决心的负责者"。

遵义会议是中国共产党历史上第一次独立自主地运用马克思列宁主义的基本原理，解决中国革命和革命战争的重大问题，是中国共产党在政治上成熟的重要标志。它结束了以王明为代表的"左"倾冒险主义在中共中央的统治，确立了以毛泽东为代表的新的中央领导，在中国共产党和中国工农红军最危急的关头，挽救了党，挽救了红军，挽救了中国革命。

正如中共十一届六中全会通过的《关于建国以来党的若干历史问题的决议》中所指出的：

一九三五年一月党中央政治局在长征途中举行的遵义会议，确立了毛泽东同志在红军和党中央的领导地位，使红军和党中央得以在极其危急的情况下保存下来，并且在这以后能够战胜张国焘的分裂主义，胜利地完成长征，打开中国革命的新局面。这在党的历史上是一个生死攸关的转折点。

《中国共产党历史》第一卷，对遵义会议作出如下评价：

遵义会议明确地回答了红军的战略战术方面的是非问题，指出博古、李德军事指挥上的错误，同时改变中央的领导特别是军事领导，解决了党内所面临的最迫切的组织问题和军事问题，结束了"左"倾教条主义错误在中央的统治，确立了毛泽东在中共中央和红军的领导地位。

张闻天在1943年12月延安整风笔记里写道：

遵义会议在我党历史上有决定转变的意义。没有遵义会议，红军在李德、博古领导下会被打散。党中央的领导及大批干部会遭受严重的损失。遵义会议在紧急关头挽救了党，挽救了红军，这是一。第二，遵义会议改变了领导，实际上开始了以毛泽东同志为领导中心的中央的建立。第三，遵义会议克服了"左"倾机会主义，首先在革命战争的领导上。第四，教条宗派主义开始了政治上组织上的分裂。这个会议的功绩，当然属于毛泽东同志，我个人不过是一个配角而已。

在这所天主教堂里，红军干部听取了遵义会议精神的传达

遵义会议后，毛泽东、张闻天、陈云等分别向各军团、军委纵队传达会议精神，号召"全党同志像一个人一样团结在中央的周围，为党中央的总路线奋斗到底"，极大地鼓舞了全军将士的斗志。

1972年6月，周恩来在一次报告中谈起遵义会议时说：

"这是中国革命历史的伟大转折点。毛主席的正确路线在党中央取得了领导地位。遵义会议一传达，就得到全党全军的欢呼。"

正在松坎负责保卫遵义会议召开的红一军团第2师第4团，收到了军团发来的一份非常简短的电文：中央胜利地召开了遵义会议，毛泽东同志当选为政治局常委，和周恩来副主席、朱总司令等指挥红军。

这一喜讯立即传遍了全团。团长杨成武回忆道：

我们四团进驻松坎，对川敌进行警戒，就是掩护这次会议的。同志们为能执行这样的任务而骄傲！我拿着电文纸的手，簌簌地抖个不停，热泪滚滚，情不自禁。……同志们奔走相告，群情激奋。

……

我不禁想起了从这次战略转移以来，一路上，指战员们一直盼望着毛主席来指挥的那种急切心情；想起了湘江之滨的血与火；想起了五次反"围剿"中的一场场恶战，啊，那么多的好战友，血染江流，横尸沙场，他们要是能看到今天的伟大变化，该多么高兴啊！今天，终于云消雾散了，红军危难之际，有了众望所归的领袖！

由于时间紧促，遵义会议没有来得及就党中央总的负责人的更换问题进行讨论。会议结束后，中央红军由遵义出发向云南扎西行进。

在川滇黔交界的一个被人称为"鸡鸣三省"的村子，中央政治局常委决定由张闻天代替博古,"负总的责任";决定"以泽东同志为恩来同志的军事指挥上的帮助者"。随即又由周恩来、毛泽东、王稼祥组成新的"三人团",统一指挥全军的军事行动。

据当事者回忆,遵义会议上和会议后,有人主张

遵义会议确立了毛泽东在红军和党中央的领导地位,反映毛泽东指导中国革命从胜利走向胜利的油画

立即撤换博古在党内负总责的职务,而由毛泽东负总的责任。毛泽东不同意,认为这样不能团结党内犯过错误并愿意改正错误的同志,还是先由博古负总的责任,后来由于党内广大同志反对博古继续负党的总责,毛泽东建议由张闻天接替博古职务。

毛泽东让张闻天出任总负责,同样出于一种策略上的考虑。

一是中国共产党仍然是共产国际的一个支部,现在虽然中断了联系,日后总要再恢复联系。我党更换主要领导人,按规定要经过共产国际的批准。张闻天留过苏,是"二十八个半布尔什维克"之一,共产国际了解他,容易通得过。而毛泽东从未去过苏联,共产国际与他没有直接接触,王明也不会在那里替毛泽东说好话,而且毛泽东在中共六届五中全会上只是排名最末位的政治局委员,如果马上一跃担任"总负责",不但不易为共产国际通过,还可能惹出麻烦。

二是张闻天在遵义会议上"立了大功"。他原来就是中央政治局常委,担任"总负责"名正言顺,变动幅度不大,易于为人接受;而张闻天"这个同志是不争权的",是个"明君",有马列主义理论修养,又开明谦逊,有民主作风,能保证毛泽东的主张得到尊重和实行。总的来说,张闻天当"总负责",一可以向共产国际交代,二便于团结莫斯科回来的"布尔什维克"同志,"一举两得"。

果然不出毛泽东所料,当周恩来找博古谈话时,博古心情坦然地说:

"我已经想通啦,我知道我领导下去,没有人再听我的了。明天叫小康把挑子送过去。今后有事,尽管分派我干。"

周恩来后来回忆道：

当时博古再继续领导是困难的，再领导没有人服了。本来理所当然归毛主席领导，没有问题。洛甫那个时候提出要变换领导，他说博古不行。我记得很清楚，毛主席把我找去说，洛甫现在要变换领导。我当时说，当然是毛主席，听毛主席的话。毛主席说，不对，应该让洛甫做一个时期。毛主席硬是让洛甫做一做看，人总要帮嘛。说服了大家，当时就让洛甫做了。

就这样，博古心甘情愿地把象征中共中央最高权力的一副挑子（里面装有党中央的重要文件和印章）交给了张闻天，自己留任中央常委。进村时这副挑子还由博古的勤务员挑着，第二天早上出村时就改由张闻天的勤务员挑着了。挑子主人的更换，意味着中共中央最高权力实现了平稳交接。至于博古在何地交权给张闻天，党史学界笼统称为在一个"鸡鸣三省"——四川、云南、贵州三省交界处的一个小村庄。

娄山关

反映毛泽东率领中国工农红军长征的油画——而今迈步从头越

一个月后，中央红军二渡赤水，勇夺娄山关，重占遵义城，共击溃和歼灭国民党军2个师又8个团，毙伤敌2400余人，俘敌3000余人，缴枪2000支（挺）以上，漂漂亮亮地打了一场大胜仗。这也是中央红军撤离苏区被围追堵截一万余里以来取得的最大胜仗。

　　毛泽东怀着胜利的喜悦登上娄山关，极目四望，作《忆秦娥·娄山关》词：

> 西风烈，
> 长空雁叫霜晨月。
> 霜晨月，
> 马蹄声碎，
> 喇叭声咽。
>
> 雄关漫道真如铁，
> 而今迈步从头越。
> 从头越，
> 苍山如海，
> 残阳如血。

参 考 书 目

1. 中国军事百科全书编审委员会：《中国军事百科全书》，军事科学出版社，1997 年版。

2.《中国工农红军第一方面军史》编写组编：《中国工农红军第一方面军史》，解放军出版社，1993 年版。

3.《中国人民解放军军史》编写组编：《中国人民解放军军史（第一卷）》，军事科学出版社，2010 年版。

4. 中共中央文献研究室编：《毛泽东年谱（1893–1949）》（上卷），人民出版社、中央文献出版社，1993 年版。

5. 中共中央文献研究室编：《周恩来传（1898–1949）》，人民出版社、中央文献出版社，1989 年版。

6. 中共中央文献研究室编：《朱德传》，人民出版社、中央文献出版社，1993 年版。

7.《当代中国人物传记》丛书编辑部编：《彭德怀传》，当代中国出版社，1993 年版。

8. 全国政协文史和学习委员会编：《国民党将士话长征》，中国文史出版社，2006 年版。

9. 中国第二历史档案馆编：《国民党军追堵红军长征档案史料选编（中央部分）》上，档案出版社，1987 年版。

10. 军事科学院军事历史研究部编：《中国工农红军长征全史（一）：中央红军征战记》，军事科学出版社，2006 年版。

11. 彭德怀著：《彭德怀自传》，解放军文艺出版社，2002 年版。

12. 程中原著：《张闻天传》，当代中国出版社，1993 年版。

13. 朱仲丽著：《黎明与晚霞》（王稼祥文学传记），解放军出版社，1986 年版。

14. 李志英著：《博古传》，当代中国出版社，1994 年版。

15. 毛毛著：《我的父亲邓小平》（上卷），中央文献出版社，1993 年版。

16. 刘金田主编：《邓小平的历程》（上），解放军文艺出版社，1994 年版。

17. 蒋建农、郑广瑾著：《长征途中的毛泽东》，红旗出版社，1993 年版。

18. 李安葆主编：《长征路上：毛泽东和他的战友们》，黑龙江人民出版社，1993 年版。

19. 郭晨著：《中国出了个毛泽东丛书：万水千山只等闲》，军事科学出版社，1993 年版。

20. 李安葆著：《长征史》，中国青年出版社，1986 年版。

21. ［美］哈里森·索尔兹伯里著：《长征——前所未闻的故事》，解放军出版社，1986 年版。

22. 中共中央党史资料征集委员会、中央档案馆编：《遵义会议文献》，人民出版社，1985 年版。

23. 《在历史的激流中——刘英回忆录》，中共党史出版社，1992 年版。

24. 聂荣臻著：《聂荣臻回忆录》，战士出版社，1983 年版。

25. 伍禄香著：《喋血湘江》，新华出版社，2009 年版。

26. 黎汝清著：《湘江之战》，北岳文艺出版社，1995 年版。